a última
catástrofe

a última catástrofe

a história, o presente, o contemporâneo

henry rousso

Tradução de Fernando Coelho e Fabrício Coelho

Copyright © 2016 Editora FGV

Direitos desta edição reservados à
EDITORA FGV
Rua Jornalista Orlando Dantas, 37
22231-010 | Rio de Janeiro, RJ | Brasil
Tels.: 0800-021-7777 | (21) 3799-4427
Fax: (21) 3799-4430
editora@fgv.br | pedidoseditora@fgv.br
www.fgv.br/editora

Impresso no Brasil | *Printed in Brazil*

Todos os direitos reservados. A reprodução não autorizada desta publicação, no todo ou em parte, constitui violação do copyright (Lei nº 9.610/98).

Os conceitos emitidos neste livro são de inteira responsabilidade do autor.

1ª edição: 2016

Cet ouvrage, publié dans le cadre du Programme d'Aide à la Publication 2015 Carlos Drummond de Andrade, a bénéficié du soutien de l'Ambassade de France au Brésil.
Este livro, publicado no âmbito do Programa de Apoio à Publicação 2015 Carlos Drummond de Andrade, contou com o apoio da Embaixada da França no Brasil.

Este livro contou com o apoio financeiro da Fundação de Amparo à Pesquisa e Inovação do Estado de Santa Catarina (Fapesc).

Revisão técnica: Luiz Felipe Falcão e Silvia Maria Fávero Arend
Coordenação editorial e copidesque: Ronald Polito
Revisão: Marco Antonio Corrêa e Sandro Gomes dos Santos
Capa: André Castro e Paula Cruz
Projeto gráfico de miolo e diagramação: Estúdio 513

Ficha catalográfica elaborada pela
Biblioteca Mario Henrique Simonsen

Rousso, Henry, 1954-
     A última catástrofe: a história, o presente e o contemporâneo / Henry Rousso; tradução de Fernando Coelho, Fabrício Coelho. - Rio de Janeiro : FGV Editora, 2016.
     344 p.
     Tradução de: La dernière catastrophe: l'histoire, le présent, le contemporain.
     Inclui bibliografia.
     ISBN: 978-85-225-1894-4
     1. Historiografia. 2. História moderna – Historiografia. 3. História – Filosofia. I. Fundação Getulio Vargas. II. Título.

CDD – 907.2

SUMÁRIO

Prefácio à edição brasileira   7
Henry Rousso

Apresentação   9
Luiz Felipe Falcão e Sílvia Maria Fávero Arend

Introdução. "Vocês não estavam lá!"   13

Capítulo I. A contemporaneidade no passado   31
    Um problema antigo?   31
    "Toda história digna desse nome é contemporânea"   39
    O tempo presente antigo   43
    O eterno presente medieval   48
    História contemporânea e história mediada   53
    Nascimento da história contemporânea moderna   64
    A recusa paradoxal do fim do século XIX   80

Capítulo II. A guerra e o tempo posterior   99
    O horizonte da catástrofe   99
    Saída de guerra e contemporaneidade   117
    Depois do nazismo   129
    Mobilização e desmobilização ideológica   146
    O tempo dessincronizado   160

Capítulo III. A contemporaneidade no cerne da historicidade 165
A longa duração ou a resistência ao presente 166
Apreender a história em movimento 178
Uma história engajada em seu tempo 188
A reinvenção do tempo presente 195

Capítulo IV. O nosso tempo 219
Tempo presente e presentismo 219
Denominações mais ou menos controladas 232
O que é ser contemporâneo 237
Uma definição por critérios constantes 245
Um período móvel 246
Uma duração significativa 247
Um prazo político de reserva 250
O ritmo secular 251
O ator e a testemunha 255
Uma história inacabada 262
Uma definição por critérios variáveis 264
1789 265
1917 267
1945 268
1940 271
1914 275
1989, 2001? 279

Conclusão. Diante do trágico 281
Agradecimentos 303
Referências 305
Índice 333

PREFÁCIO À EDIÇÃO BRASILEIRA

A tradução desta obra no Brasil, publicada originalmente na França em 2012, constitui para mim uma honra e uma felicidade. Com efeito, pude constatar muitas vezes, seja na ocasião de algumas estadas no Brasil, seja pelos intercâmbios regulares com colegas brasileiros, quão comum era o interesse pela prática da história do presente em nossos países. De ambos os lados, houve nesses 30 últimos anos um grande investimento intelectual na maneira de abordar uma história no processo de se fazer, nos papéis respectivos da história e da memória, na importância decisiva do testemunho, da história oral e dos arquivos orais. Ainda que os contextos políticos ou sociais sejam diferentes, sinto que há uma mesma sensibilidade no Brasil e na França (assim como na Europa de modo geral) no que diz respeito à maneira de tratar as sequelas dos períodos de guerra e de violência política que deixam rastros e cicatrizes duradouros. Esses acontecimentos, que marcaram a história do século XX e já a do nascente século XXI, modificaram profundamente o ofício do historiador, obrigando-o a se engajar de modo permanente no espaço público, sabendo ao mesmo tempo que sua missão, que consiste em explicar o mais amplamente possível a complexidade do passado, iria adensar sua prática, fazendo-o sair da torre de marfim da universidade para que adentrasse um pouco mais nos vivos combates do tempo presente, tanto o seu quanto o dos homens e das mulheres que ele estuda. Agradeço calorosamente a meus colegas Silvia Maria Fávero Arend e Luiz Felipe Falcão, que tomaram a iniciativa desta tradução, a Marieta Moraes Ferreira, que viabilizou sua publicação, e a Fernando e Fabrício Coelho, que se encarregaram da tarefa delicada de realizá-la.

Henry Rousso
24 de abril de 2016

APRESENTAÇÃO

É com grande satisfação que colocamos à disposição do público leitor brasileiro, numa iniciativa conjunta entre o Programa de Pós-Graduação em História da Universidade do Estado de Santa Catarina (PPGH-Udesc), por meio de recursos disponibilizados pela Fundação de Amparo à Pesquisa e Inovação do Estado de Santa Catarina (Fapesc), e a Editora da Fundação Getulio Vargas, este livro intitulado *A última catástrofe: a história, o presente, o contemporâneo*, do historiador, professor e pesquisador francês Henry Rousso.

Lançada na França em 2012, esta obra pode ser considerada uma reflexão sobre a importância e as características de uma história do presente, dimensão historiográfica que tem se expandido rapidamente em muitos países e para a qual o autor sempre voltou sua atenção, concentrada na história da França de Vichy, ou seja, do colaboracionismo francês com a ocupação alemã (1940-44), incluindo aí a chamada "solução final da questão judaica" (remoção dos judeus dos territórios ocupados pelos nazistas e, posteriormente, sua eliminação planejada e meticulosa nos campos de extermínio). Esse interesse pelo contemporâneo e a

10 A ÚLTIMA CATÁSTROFE

qualidade de seus estudos, inclusive, levaram-no a dirigir, entre os anos de 1994 e 2005, o Instituto de História do Tempo Presente (IHTP), uma unidade do prestigioso Centro Nacional da Pesquisa Científica (CNRS em francês) criada na França em 1978 e inaugurada dois anos depois por François Bédarida, que foi seu primeiro diretor.

De acordo com isso, *A última catástrofe* enfrenta com maestria suspeitas e objeções, abertas ou veladas, que a história do tempo presente vem despertando, mostrando que a questão da contemporaneidade não é nova para a área de conhecimento história, ainda que na segunda metade do século XX e nas primeiras décadas deste nosso século ela tenha se deparado com novos problemas e desafios. Afinal, é preciso levar em conta as grandes tragédias que continuam a assombrar os vivos, muitos deles sobreviventes de grandes catástrofes sociais (como escreveu Rousso num outro livro, voltado para a história da memória coletiva sobre Vichy, "um passado que não passa"), suas linhagens ancestrais e suas reverberações na atualidade: por exemplo, é possível abordar a cooperação francesa com a "solução final" do nacional-socialismo sem perceber nenhum vínculo, apenas para não ir tão longe no passado, com o caso Dreyfus a partir do final do século XIX? Supremo repto: que marcação temporal estabelecer então para uma história do presente?

A história, quando de seu aparecimento como forma de narrativa acerca dos feitos humanos, e depois com sua instituição como campo disciplinar, não recebeu para tanto nenhum ditame prescrevendo que seu foco estaria em definitivo direcionado para um tempo já encerrado, no qual as paixões não exerceriam maior influência. Todavia, reconhecer isso significa levar em conta as conexões entre história, memória e justiça, com todas as dificuldades que contempla: convenhamos que a "solução final" tem parentescos, distantes ou próximos, com o que aconteceu em Kigali e Sarajevo, ou nas ditaduras latino-americanas da segunda metade do século XX, bem mais perto de nós...

Consciente de tudo isso, Rousso sublinha que uma história que versa sobre o presente transita obrigatoriamente no inacabado, no que está sucedendo ou sucedeu tão adjacente que seu halo segue ofuscando e seu hálito ainda pode ser respirado. Exatamente por essa razão, necessita admitir de maneira sincera que lida com incerteza e instabilidade, sem que isso represente algum tipo de imperfeição ou inferioridade. Mais: envolve relações com outras áreas de conhecimento, como a antropologia, a ciência política ou a teoria literária, conforme o objeto de análise e a abordagem pretendida, buscando intersecções entre a habitual diacronia e a menos comum — para historiadores — sincronia.

Trata-se, em suma — complementaríamos nós —, de uma história que está fundada no impreciso, naquele não preciso cunhado por Fernando Pessoa para comparar a arte da vida com a ciência da navegação, regrada por seu instrumental científico e por seus cálculos matemáticos: "navegar é preciso, viver não é preciso". Em outras palavras, se viver não é preciso, não há por que a interpretação do vivido humano inserido no tempo seja, ela mesma, precisa, sem que isso, decerto, seja compreendido como uma desobrigação em face dos regramentos e parâmetros de validação próprios do conhecimento histórico.

Para concluir, gostaríamos de agradecer a Henry Rousso por acreditar nesse projeto desde o seu início e a Marieta de Moraes Ferreira por possibilitar concretizá-lo, assim como desejamos a todos e a todas uma boa e instigante leitura.

Luiz Felipe Falcão e Sílvia Maria Fávero Arend
Florianópolis, abril de 2016

INTRODUÇÃO

"Vocês não estavam lá!"

A cena se passa em 1989 no Instituto de História do Tempo Presente, constituído por uma equipe do Centre National de la Recherche Scientifique (CNRS). Nesse dia, François Bédarida, o diretor, preside a uma reunião dedicada à organização de um colóquio internacional sobre "o regime de Vichy e os franceses", previsto para o ano seguinte. Um desacordo sobre o conteúdo surge entre ele e dois jovens pesquisadores, Denis Peschanski e eu. Historiador renomado, com 63 anos de idade, o primeiro viveu a Ocupação como estudante e como resistente, no círculo da revista *Témoignage Chrétien*. Os outros dois têm ambos 35 anos e se lançaram à aventura de uma instituição criada 10 anos antes para estruturar e desenvolver uma historiografia do contemporâneo. A discussão se anima, a tensão aumenta. De repente, François Bédarida exclama com autoridade e um tanto irritado: "Vocês não viveram esse período, vocês não podem compreender!". Um silêncio se segue bruscamente, e os participantes hesitam entre o riso e o estupor.

A afirmação não tem, no entanto, nada de excepcional em um laboratório em que coabitam gerações diferentes. Tendo os pesquisadores atravessado na adolescência ou na idade adulta o nazismo, a Segunda Guerra Mundial, a descolonização, o stalinismo ou mesmo as barricadas da primavera de 1968 — episódios, entre outros, que eram então objeto das pesquisas dessa instituição —, se chocam às vezes com os mais jovens, cuja visão coincide raramente com sua própria experiência, ainda que relida sob o prisma do seu trabalho de historiador. Contudo, naquele dia, a reação de François Bédarida me atinge como uma chicotada certeira. Espontaneamente, eu a julgo incongruente, quase absurda, pois "não ter estado lá" é, em princípio, próprio do historiador. Mas a observação parece tanto mais estranha quando é ouvida em um lugar que fora destinado à tarefa de trabalhar com o tempo próximo, defendendo a ideia de que isso era não somente possível, mas necessário, em um plano científico, político e ético. Ora, a característica primeira do tempo próximo é precisamente a presença de atores que viveram os acontecimentos estudados pelo historiador e capazes eventualmente de testemunhá-los, de participar de um diálogo com os mais jovens quando se trate de episódios relativamente mais antigos. Se o historiador do tempo presente não viveu diretamente tudo o que entra no seu campo de observação, ele pode, pelo menos, falar com aqueles que o viveram. Ele é uma testemunha da testemunha, por vezes mesmo a primeira, se foi ele que tomou a iniciativa de interrogá-la. Ele pode também ser o último a ter podido lhe falar enquanto estava viva. Portanto, a reação de François Bédarida adquire seu inteiro sentido: entre os historiadores presentes, ele é o único que viveu efetivamente os acontecimentos que são o objeto da discussão, e, portanto, ele tem indubitavelmente uma vantagem aparente sobre os outros, que ele assume e tenciona fazer saber.

Lidar com a exclamação "não ter estado lá" significa para um historiador passar pelo aprendizado de dois preconceitos antinômicos ainda que sempre enraizados no senso comum. O primeiro afirma que nenhuma boa história é possível sem recuo, ou ainda que o historiador não pode entrar em cena senão quando todos os atores que ele estuda tiverem saído. Nessa concepção da profissão, o historiador observa um passado encerrado, uma história acabada, ele não age senão no tempo dos mortos, ainda que seja para os ressuscitar no papel. Ele possui sobre aqueles que o precederam a vantagem absoluta de pretender dizer a última palavra, graças a uma leitura que se quer objetiva, distante, fria, de fatos tornados "históricos" porque seus efeitos teriam deixado de agir no presente. Esse preconceito possuía ainda uma parcela de validade no fim dos anos 1970, sobretudo no ensino superior, no qual escolher o caminho da história contemporânea significava correr o risco de passar ao lado de uma carreira prestigiosa, representada sobretudo pela figura do medievalista ou do modernista. O desenvolvimento ou a criação naquele momento, em toda a Europa, de instituições encarregadas de trabalhar com o passado próximo mostrou a evolução dos espíritos nesse campo. O segundo preconceito acredita, em um movimento quase contrário, que a experiência prevalece sobre o conhecimento, que a narração histórica não poderá nunca substituir verdadeiramente o testemunho, que a pretensão à verdade dos profissionais do passado é uma ilusão cientificista. Somente aquele que fez parte pode contribuir, por primeiro, a fazer com sua própria voz um discurso autêntico sobre o passado próximo antes de abrir espaço àqueles que não terão dele senão os vestígios e, precisamente, os testemunhos. François Bédarida conhece melhor do que ninguém o impacto dessa crença, pois ele está dentro de um universo no qual a testemunha, ex-combatente, ex-resistente, ex-deportado, ocupa um lugar cada vez maior nos debates e nas controvérsias sobre o passado recente. Mais exatamente, é a época em que os historiadores começam a compreender a dimensão da presença e da intervenção dessas testemunhas no espaço público, figuras morais e atores sociais cuja aparição remonta aos dias seguintes à Primeira Guerra Mundial. Isso criou muitas vezes atritos com os historiadores que lhes são, contudo, próximos e também controvérsias entre os próprios historiadores, entre aqueles que recusam *a priori* todo valor probante ao testemunho oral e aqueles, ao contrário, que sentem pela testemunha, sobretudo se é uma vítima, um fascínio quase crístico, para mencionar as duas posições extremas. François Bédarida está, portanto, nos primeiros camarotes, e pode assim medir a dificuldade deste confronto entre conhecimento elaborado e lembranças reconstituídas, ao mesmo tempo que ele próprio está, por seu percurso e por sua idade, dividido entre esses dois polos mais significativos da representação do passado. Naquele dia de 1989, no espaço de um instante, ele esqueceu o seu hábito profissional para dar livre curso à manifestação de sua subjetividade sem por isso deixar de ser um historiador do tempo presente. Ou melhor, se é possível dizer, ele parece dizer implicitamente que o único historiador verdadeiro é aquele que foi ele próprio testemunha dos fatos estudados, retomando a postura de Tucídides, com a diferença de que durante os acontecimentos — no período da Ocupação — o jovem François Bédarida não podia saber que ele se tornaria um dia historiador desse período. Ora, há uma grande diferença entre a experiência direta e ingênua de um momento histórico e a produção de uma narrativa informada sobre o evento. Uma coisa é observar conscientemente seu tempo com o objetivo de fazer dele uma narração, como o historiador grego, outra é pôr em ação muito tempo depois suas lembranças da juventude como elementos de uma narrativa histórica crível.

Com esse episódio, o historiador ainda um pouco imaturo que eu era começou a compreender que a história do tempo presente que nós pretendíamos fundar se caracterizava por um procedimento inteiramente marcado pela tensão, e por vezes pela oposição, entre a história e a memória, entre o conhecimento e a experiência, entre a distância e a proximidade, entre a objetividade e a subjetividade, entre o pesquisador e a testemunha, divisões que podem manifestar-se no interior de uma mesma pessoa. Como outras maneiras de fazer a história, essa parte da disciplina deve levar em conta temporalidades diferenciadas e uma dialética particular entre o passado e o presente. Esse tempo sobre o qual ela se debruça pertence sobretudo ao campo do imaginário. No real, ombreiam-se gerações dessemelhantes, percepções diferentes do distante e do próximo, abordagens diversas do vivido e do transmitido. Nesse sentido, o tempo presente se caracteriza por uma ficção científica do mesmo modo em que existem ficções literárias ou jurídicas. A anistia, por exemplo, apaga uma pena conferida por uma decisão formal que faz "como se" a condenação não tivesse sido dada, sem com isso buscar apagar a lembrança do próprio crime, e menos ainda obrigar a vítima a esquecer. A ficção permite aqui agir no presente — perdoar ou esvaziar as prisões — sem ser inteiramente dependente do peso do passado que, de todo modo, continuará a ter efeito. O historiador do tempo presente faz "como se" ele pudesse agarrar na sua marcha o tempo que passa, dar uma pausa na imagem para observar a passagem entre o presente e o passado, desacelerar o afastamento e o esquecimento que espreitam toda experiência humana. A ficção consiste em não considerar esse tempo presente um simples momento inapreensível, como o rio Lete, mas em lhe conferir espessura, uma perspectiva, uma duração, como fazem todos os historiadores empenhados em uma operação de periodização. Aliás, a dificuldade não é insuperável, pois, até mesmo para os contemporâneos dos fatos estudados, esse tempo presente não se reduz a um instante fugidio: sua consciência, seu inconsciente — que supostamente ignora o tempo —, sua memória lhe confere uma duração, que é mais uma percepção do que uma realidade tangível, mas que é a única que pode dar sentido aos acontecimentos atravessados. Pode-se identificar essa duração, essa temporalidade específica como uma "contemporaneidade", um qualificativo que pode aplicar-se a tudo o que reconhecemos como pertencente ao "nosso tempo", incluindo-se a tradição, o vestígio, a lembrança de épocas encerradas. A contemporaneidade não é, aliás, própria dos períodos recentes. Desde o surgimento das primeiras formas de cultura, as sociedades têm vivido num presente marcado pelo peso do passado, que se constitui por vezes em fardo, e aberto às possibilidades e quiçá às incertezas do futuro, ainda quando a percepção do tempo tenha podido evoluir. Quando um historiador observa um ator da história, desse passado acabado, ele deve guardar constantemente na memória o "tendo-sido" que ele foi, aquele que viveu e agiu em um tempo presente que já não existe, mas que é preciso reconstituir, segundo nos ordena toda uma tradição epistemológica desde Raymond Aron a Paul Ricoeur, passando por Reinhart Koselleck. A particularidade da história do tempo presente está em que ela se interessa por um presente que é o seu, em um contexto em que o passado não está nem acabado, nem encerrado, em que o sujeito da sua narração é um "ainda-aí". E isso apresentará alguns escolhos.

Compreendê-los, superá-los, tal tem sido a ambição da história do tempo presente, um movimento que começou a se desenvolver, dependendo dos lugares, entre os anos de 1950 e 1970, reinventando uma tradição que remonta às origens gregas da historiografia. O objeto deste livro é retraçar a evolução, compreender os móbiles, explicar os paradigmas e os pressupostos dessa parte da disciplina histórica que passou, em algumas décadas, da margem ao centro. A história do tempo presente existiu de fato desde sempre? Possui ela singularidades próprias ou não é senão um aspecto da historiografia geral sem traços distintivos particulares? Quais mudanças surgiram no último terço do século XX a ponto de se considerar que a disciplina foi inteiramente transformada? Tais são algumas das questões que eu desejo levantar aqui ao explicar que, se a noção de história do tempo presente se enraizou no panorama historiográfico internacional, é porque ela possui uma história e características próprias aptas a responder a interrogações a um só tempo conjunturais e universais. Ainda que ela tenha adquirido sua legitimidade, essa forma de história não deixa por isso de suscitar reservas e críticas, menos sobre a factibilidade enquanto tal, como no século XIX, do que sobre as escolhas epistemológicas que uma parte desse movimento fez nas duas últimas décadas. Nesse sentido — volto a esse assunto longamente nesta obra —, o termo "história do tempo presente" não se confunde com história "contemporânea", e cada tradição nacional possui a sua própria maneira de qualificar o passado próximo. Essa diversidade reflete tradições por vezes antigas, por vezes recentes, e diferentes escolhas epistemológicas, objetos históricos e posturas no espaço público. Igualmente, a noção de contemporaneidade remete a uma polissemia que não constitui a menor das dificuldades para o historiador, quer ele busque compreender a dos tempos encerrados, quer a dele próprio. Essa noção não remete unicamente a uma temporalidade, ela não significa somente uma proximidade no tempo, e, portanto, uma curiosidade em relação ao seu próprio tempo. Ela remete também a outras formas de proximidade, no espaço, no imaginário. A presença do passado mais distante pode ser por vezes mais intensa do que eventos próximos, e podemos ter muito poucos pontos em comum com nossos semelhantes biológicos, e ao contrário uma grande proximidade com ancestrais de outro tempo, e até de outro lugar, bastando que o descubramos e que lhes demos uma atualidade no presente. Essa constatação aparentemente banal gera inúmeras questões. É o objetivo desta obra que se situa em um lugar epistemológico relativamente bem identificado, tanto no plano intelectual quanto no institucional: o de uma história que se confrontou com o trágico do século passado e também com o deste século balbuciante. Esse movimento, ou antes essa prática da história, tentou esboçar empiricamente uma maneira de fazer, um modo de pensar a história quando esta atinge, ou mesmo ultrapassa, o limite do compreensível e do aceitável. Ela se acha em todo lugar em que o passado recente deixou marcas a ferro quente, nos corpos, nos espíritos, nos territórios, nos objetos.

Em um artigo publicado em 2006, o historiado Antoine Prost proclamava que "a história do tempo presente é uma história como as outras", denunciando "um pseudoconceito" forjado por questões puramente circunstanciais (Prost, 2006-2007:21-28). O tom surpreendentemente vingativo desse pequeno texto de sete páginas consistia em dizer que esse movimento, tendo efetivamente vencido a batalha da legitimidade, devia doravante abandonar a bandeira que tinha permitido a sua vitória. Nenhuma nova bandeira foi proposta, como se essa parte da disciplina devesse ser expropriada do seu nome e da sua identidade em prol de um imperialismo epistemológico ou talvez de um ressentimento que não diziam, nem um nem outro, seu nome. Ora, precisamente, essa prática historiográfica possui de fato algumas singularidades que não podem ser apagadas por um traço de caneta. Dos quatro grandes segmentos da historiografia ocidental: Antiguidade, Idade Média, Idade Moderna e Idade Contemporânea, somente a última possui uma periodização constantemente incerta e discutível. Segundo os locais e as tradições nacionais, o "contemporâneo" poderá, com efeito, começar tanto em 1789, em 1917, em 1959, quanto em 1989. Em relação à sua data final, ela é por definição móvel, outra diferença trivial, mas de monta. Dessas quatro periodizações, a história contemporânea é a única que é objeto de desacordos recorrentes não sobre a interpretação dos próprios segmentos temporais — existem debates sobre o fim da Antiguidade ou sobre o fim da Idade Média, assim como existe sobre o início da história contemporânea —, mas sobre a sua factibilidade, seu significado, sua denominação, a exemplo precisamente do artigo citado. Ademais, "O que é ser contemporâneo?" pertence a uma interrogação surgida no século XIX que ultrapassa a reflexão puramente histórica. Ela atravessa tanto a filosofia quanto a antropologia ou a história da arte, ou a musicologia, que utilizam o adjetivo do seu modo. Há aqui uma questão epistemológica sobre a qual os historiadores devem posicionar-se, e é o que eu tento fazer ao interrogar ao mesmo tempo a longa evolução de uma prática que pretende fazer a história do seu próprio tempo, a conjuntura específica do século XX, que acabou por lhe dar certa configuração particular, e finalmente os critérios constantes ou variáveis que permitem identificar as singularidades relativas dessa maneira de pensar a história no interior da disciplina em seu conjunto.

Em vez de aceitar os clichês que repetem que "toda história é contemporânea" ou que essa prática remonta às origens da disciplina, procurei compreender inicialmente o que podia significar concretamente, na longa duração, o termo "contemporâneo" e as noções de "história contemporânea" ou de "história do tempo presente", partindo de minha própria experiência — o estudo da história e da memória dos grandes conflitos recentes — para retrilhar o tempo de maneira regressiva. Concentrei em seguida minha atenção no século XX, que vê progressivamente a emergência de uma história do tempo presente institucionalizada, com seus métodos próprios, seus paradigmas, seus debates e seus detratores no interior de uma profissão histórica renovada em profundidade. Meu propósito não é propor nesta parte uma história erudita da contemporaneidade, mas situar no tempo mais longo possível a hipótese geralmente aceita de um aumento do poder da história contemporânea a contar dos anos 1970. O último terço do século XX é um momento sobre o qual eu me demoro, pois ele é objeto hoje de debates para saber se ele inaugura ou não uma mudança de "regime de historicidade", um termo afortunado, há alguns anos, na historiografia francesa, mas ainda muito pouco discutido alhures. Nascido com a filosofia da história, no contexto do debate sobre o historismo, o termo *historicidade* (*Geschichtlichkeit* em alemão), tomado na sua acepção mais simples, designa o caráter propriamente temporal e, portanto, evolutivo, variável, limitado e mortal do homem ou das sociedades, que implica que o conhecimento que eles podem produzir sobre si mesmos possui, igualmente, um limite, uma finitude, sobretudo por oposição à metafísica tradicional. O termo mudou de sentido com o impulso da antropologia, que designa por ele ao mesmo tempo "a riqueza de acontecimentos" (Claude Lévi-Strauss) de uma dada sociedade e um meio de diferenciar as sociedades entre elas, sobretudo pela famosa distinção entre "sociedades quentes e frias" ou entre "culturas que se movem e que não se movem". Acresce-se também a ideia essencial de que a historicidade é uma consciência ou uma percepção de si, uma imagem subjetiva que o homem ou as sociedades têm de sua própria dimensão temporal. Nos anos 1980, sob a assinatura de historiadores como François Hartog ou de antropólogos como Gérard Lenclud, influenciados por Marshall Sahlins, a questão do "regime de historicidade" serviu de ponte entre as duas disciplinas e para pôr fim a uma década de querelas entre o histórico e o estrutural. Com o uso, e no contexto dos anos 1980-2000, em que se desenvolveu um debate intenso sobre o lugar respectivo nas sociedades atuais do passado, do presente e do futuro, a noção tomou um sentido mais amplo:

> A expressão *regime de historicidade* remeteria, por conseguinte, primeiramente, pelo menos logicamente, ao tipo de relação que toda sociedade mantém com seu passado, ao modo pelo qual ela o trata e trata dele antes de (e para) utilizá-lo e constitui esta espécie de coisa que chamamos de história. O modo pelo qual uma sociedade trata seu passado e do seu passado. Por ordem crescente de ativismo no tratamento: o modo pelo qual uma sociedade dispõe os quadros culturais que organizam os vieses através dos quais o seu passado a afeta (além do que está implicado no fato de toda sociedade ter um passado), o modo pelo qual esse passado é presente no seu presente (mais do que haja necessariamente), o modo pelo qual ela o cultiva ou o enterra, o reconstrói, o constitui, o mobiliza etc. Haveria assim toda uma escala de atitudes ligadas à variabilidade cultural: aqui o passado é "magistério de vida", lá um fardo intolerável, alhures um recurso inesgotável, um bem raro... O regime de historicidade definiria uma forma culturalmente delimitada, portanto convencional, de relação com o passado; a historiografia seria uma dessas formas e, enquanto gênero, um elemento sintomático de um regime de historicidade englobante. [Hartog e Lenclud, 1993:26]

Além do seu interesse teórico, essa noção permitiu estimular as pesquisas sobre a história e a sociologia da memória, sobre as representações e os usos do passado, sobre a história da história, uma vez que ela postula que não somente as sociedades são históricas, mas que sua maneira de se pensar no tempo e no espaço possui também uma história, uma variabilidade, donde o recurso ao termo "regime", que permite ver vários tipos de relação com o tempo, as quais podem suceder-se ou coexistir em um mesmo lugar ou em um mesmo momento. Trabalhar com os regimes de historicidade não é, portanto, somente debruçar-se sobre a historiografia — a evolução da produção dos historiadores —, mas também postular que a maneira de ver o tempo, aqui o tempo presente, constitui um elemento essencial de compreensão de uma dada sociedade, em um dado momento. Assim, François Hartog desenvolveu recentemente a hipótese de que vivemos desde 1989 em um regime de historicidade "presentista", o qual teria vindo após um regime de historicidade "futurista", surgido em 1789. A dominação do "futuro" como horizonte cultural — o Progresso, a Revolução, o Crescimento —, inclusive nas suas piores declinações, como os milenarismos totalitários, foi suplantada pela dominação do "presente": "sem futuro e sem passado, [o presente] gera, no dia-a-dia, o passado e o futuro do qual tem, dia após dia, necessidade e valoriza o imediato" (Hartog, 2003). Eu compartilho em grande medida essa constatação, com, entretanto, algumas diferenças e divergências que eu explico adiante nesta obra. Elas versam sobre a ligação entre o presentismo e o surgimento de uma nova história do tempo presente, que eu vejo menos como um sintoma do que como uma reação. Ela diz respeito ao momento de mudança de um regime de historicidade para outro, uma vez que as evoluções da relação com o tempo no mundo ocidental, e sobretudo a questão da contemporaneidade, começaram, a meu ver, antes da queda do Muro de Berlim, nos anos 1970, e pertencem, portanto, a uma ordem de fatores explicativos diferente do fim da Guerra Fria ou do sistema soviético. Enfim, se o presente constitui hoje, sem contestação, uma categoria dominante e mesmo invasiva, se ele influi particularmente na maneira pela qual encaramos as lembranças do passado próximo, acontece também que essas lembranças, essa memória, se exprimem, em sua essência, sob o regime assaz tradicional de um fardo, de uma assombração do passado, ainda quando as soluções trazidas para o enfrentar pertencem, com efeito, a uma forma de presentismo.

Nesse sentido, fiquei surpreso em constatar, depois de outros, até que ponto o fenômeno bélico escande o tempo histórico ocidental moderno desde a Revolução Francesa. A maior parte das fronteiras utilizadas pelos atores ou pelos historiadores para delimitar a idade contemporânea pertence aos registros das saídas de guerra, e por vezes à entrada em guerra: fim da Primeira Guerra Mundial, fim da Segunda Guerra Mundial, fim da Guerra Fria, datas às quais se podem acrescentar as duas grandes revoluções de 1789 e 1917, tendo a primeira implicado uma longa sequência de guerras na Europa, e a segunda resultando em parte da Primeira Guerra Mundial. Com mais profundidade, a maior parte das saídas de guerra ou de revolução tem suscitado uma forte renovação de interesse pela história contemporânea, quando não cria pura e simplesmente um novo regime de historicidade, como após 1789. O interesse pelo passado próximo parece assim estar inelutavelmente ligado a um momento de violência paroxística e ainda mais aos seus efeitos, ao tempo que se segue ao acontecimento deflagrador, tempo necessário à compreensão, à tomada de consciência, à tomada de distância, mas tempo marcado também pelo traumatismo, e por fortes tensões entre a necessidade da lembrança e o atrativo do esquecimento. É em todo caso a hipótese que eu desenvolvo aqui apoiando-me nesta definição lapidar e espantosa, segundo a qual toda história contemporânea começa com "a última catástrofe em data", e em todo caso a última que parece a mais loquaz, senão a mais próxima cronologicamente.

> Então quando começa o presente respectivo de uma época? Começa com o último acontecimento constitutivo, aquele que determina a sua existência. Para um casal feliz, o presente tem sua origem no casamento. Partindo desse exemplo, poder-se-ia dizer que cada presente de uma dada época começa

com a última catástrofe em data. Certamente, esse termo mascararia o essencial. Quase todo povo — para nos limitarmos agora à história dos povos — viveu a mesma última catástrofe, a Segunda Guerra Mundial. Mas não é o fato mesmo de ser vítima de catástrofes, por mais violentas que sejam, que marca sozinho a origem do presente, o presente não começa em todo lugar em 1945, mas é com a catástrofe que se inicia o presente da estrutura histórica daqueles que são vítimas.[1]

Nesse texto de escrita um tanto difícil, a definição da história do tempo presente — *Zeitgeschichte* em alemão — oscila entre o chiste e a afirmação erudita. Seu autor, Hermann Heimpel, pertence ao estabelecimento universitário da Alemanha do Pós-Guerra e foi diretor do Max-Planck Institut für Geschichte no fim dos anos 1950. Seus escritos e seus percursos ilustram as ambivalências da historiografia alemã contemporânea, sem dúvida o modelo paradigmático de uma parte dos problemas que eu tento levantar neste livro. Tendo dado mostras de fidelidade ao regime nazista e nomeado na Universidade do Reich instalada em Estrasburgo após a derrota da França, ele também esteve, após a guerra, entre os primeiros a se confrontar com a questão da culpabilidade alemã. Ele teria mesmo contribuído para forjar, desde os anos 1950, o conceito ambivalente de *Vergangenheitsbewältigung*, a necessidade de "dominar o passado" nazista, que ocupará um lugar central na história da República Federativa, um ponto de que eu trato no capítulo III (Berg, 2003). Nesse sentido, o termo "catástrofe" possui uma longa história no contexto do pós-nazismo. Ele foi utilizado no fim dos anos 1940 para diluir as responsabilidades propriamente alemãs no uso eufemístico, compreendendo tanto as vítimas dos nazistas quanto os sofrimentos do povo alemão em geral. Nos anos 1980, generalizou-se na sua

---

[1] Heimpel (1957:12). Foi uma conferência de Ulrich Raulff (1997:19) que chamou pela primeira vez a minha atenção para esse texto.

versão em hebraico — *Shoah* —, em consequência do filme epônimo de Claude Lanzmann, para designar dessa vez a unicidade e a singularidade do extermínio dos judeus, sem chegar realmente a substituir o termo *Holocausto*, utilizado no mundo anglófono. A palavra "catástrofe" consequentemente disseminou-se por mimetismo ou por reação para designar a tragédia original e fundante da identidade de certos povos, à imagem da *Nakba* palestina, que remete às expulsões massivas de 1948.

É preciso, portanto, compreender aqui o termo "catástrofe" em seu sentido etimológico, ao mesmo tempo como um "revolvimento", como um "fim" na sua acepção grega, os quais têm consequências frequentemente insuperáveis, mas também como um "desenlace", um "movimento teatral" no sentido literário e dramatúrgico do termo, na sua acepção latina. Ao insistir na catástrofe como origem provisória de um tempo presente cujo caráter fugaz ela aceita, esta concepção historiográfica, cujas premissas remontam a 1917-18, se insere em uma visão discreta da história, em ruptura com a lógica da modernidade revolucionária que repousou antes na ideia de uma continuidade, de uma linearidade, de uma realização, sobretudo em direção ao Progresso, depois que ela própria surgiu de uma ruptura maior no curso da história, pelo menos a ocidental:

> Toda vez que há um acontecimento suficientemente significativo para esclarecer o seu próprio passado, a história advém. Somente então o emaranhado desordenado das ocorrências passadas aparece sob a forma de uma narrativa que pode ser contada porque possui um início e um fim. O que tal acontecimento revela é um começo, pertencente a um passado, que estava até então escondido; o acontecimento esclarecedor não pode aparecer ao historiador senão como um acabamento daquele começo que ele acaba de trazer à luz. Será somente quando sobrevier, na história vindoura, um acontecimento novo que esse "fim" se revelará ser um começo aos olhos dos historiadores futuros. [Arendt, 1990:55]

Certamente, a noção apresenta algumas dificuldades, uma vez que é raro que uma "catástrofe" histórica, humana, seja percebida como tal de maneira unânime e universal. Pelo menos se pode notar que as do século XX que nos servem de baliza compõem uma situação relativamente inédita: com o tempo, os vencedores e os vencidos das duas grandes guerras mundiais acabaram por considerar que elas estiveram ambas e para ambas as partes em presença de calamidades sem precedentes na história da humanidade, mesmo que a partilha das responsabilidades ainda gere debates. Essa observação se junta à de Jean-Pierre Dupuy, cuja defesa de um "catastrofismo esclarecido" tem certa ressonância com a tese desenvolvida aqui, uma vez que a necessidade de pensar lucidamente no presente as catástrofes futuras pode implicar a necessidade de pensar com igual lucidez, e do mesmo modo no presente, as catástrofes históricas do passado recente, que servem de ponto de partida:

> Foi no século passado que a humanidade se tornou capaz de se destruir, seja diretamente pela guerra nuclear, seja indiretamente pela alteração das condições necessárias à sobrevivência. A ultrapassagem desse limiar estava preparada havia muito tempo, mas ela tornou manifesto e crítico o que era até então apenas um perigo potencial. [Dupuy, 2002:9]

Há, portanto, algumas convergências que permitem considerar que as catástrofes do século XX, e em particular o segundo conflito mundial, inauguraram com uma nova contemporaneidade, não marcada pelo otimismo, como acreditaram aqueles que fizeram do ano 1945, nos anos 1960, o ponto de partida de um novo mundo cheio de promessas — Europa, crescimento, paz —, mas pelo pessimismo, um espírito do tempo que privilegia, no plano da memória coletiva, os momentos mais mortíferos do passado próximo, aqueles que têm mais dificuldade de "passar". O projeto de uma nova história do tempo presente não foi o de acompanhar essa visão obsedante, traumática do passado, mas o de ajudar a compreendê-la, o de colocar essa história à distância apesar de sua imposição à memória. Essa historiografia teve de lhe dar chaves de leitura, frequentemente incompletas e incertas. Ela teve de enfrentar as grandes fases de amnésia do passado nazista ou da história da descolonização no momento mesmo em que buscava suas próprias bases epistemológicas: é uma de suas principais características e sem dúvida sua maior fragilidade. Além disso, fazer remontar o tempo presente à última catástrofe em data é também uma definição estrutural: desde sempre, certas catástrofes escandiram o tempo histórico, mas apenas de uma situação conjuntural: nosso regime de historicidade se define em grande parte pela dificuldade de superar a lembrança das grandes catástrofes recentes, de reatar, portanto, com certa continuidade histórica de maior duração. É o último ponto abordado nesta obra, que busca compreender a parte respectiva dos critérios constantes que permitem definir uma "contemporaneidade", por exemplo, a presença de atores vivos capazes de testemunhar com a própria voz, e com aquelas dos critérios variáveis, sobretudo das periodizações diferentes de um autor, de uma cultura, de um país para o outro, frequentemente independentes de *a priori* ideológicos ou intelectuais.

A ideia inicial desta obra se constituía em manifesto ofensivo. Com o tempo, o projeto se transformou em uma interrogação mais aberta. Nem tratado de epistemologia, nem ensaio normativo sobre a melhor maneira de escrever a história, esta obra pretende simplesmente propor uma reflexão sobre certa maneira de pensar a história do tempo presente. Ela se fundou e não pôde ser possível senão porque derivou de uma prática de pesquisa de campo e de um hábito de estudo dos períodos sensíveis que induziram certo olhar sobre a minha disciplina. De resto, ela não pretende representar todos os modos de escrita possíveis de uma história contemporânea. A obra se insere, tanto quanto ela a analisa, em uma conjuntura particular das sociedades atuais acerca das relações que elas mantêm com o passado, apoiando-se na situação historiográfica francesa, alemã ou nos países anglófonos — por falta de tempo, de espaço ou de competência, não pude incluir nela elementos vindos da historiografia italiana, espanhola ou ainda de alguns países da América Latina, cuja situação entra em parte na perspectiva desenvolvida aqui. A história contemporânea obteve nesses lugares um espaço incomparavelmente maior do que anteriormente, tanto na esfera universitária quanto no espaço público. Hoje, ela atrai uma grande porção dos estudantes de história, do ensino, dos recursos alocados para a disciplina no seu conjunto em inúmeros países, situação impensável há 30 anos, quando o tempo presente era objeto quase exclusivamente, na melhor das hipóteses, das outras ciências sociais, e, na pior, do jornalismo esclarecido. A história recente tem, ademais, um número crescente de escritores, de cineastas, de documentaristas, de artistas de todos os horizontes. Inúmeros blogs, sites e fóruns lhe foram dedicados, dos mais disparatados aos mais informados. Essa evolução mostra a emergência de novas curiosidades e de uma expectativa de inteligibilidade do passado recente.

Ao mesmo tempo, o lugar da história em geral mudou de natureza. As noções de memória ou de patrimônio invadiram o espaço público e científico. O testemunho tomou o aspecto de um imperativo social e moral. A justiça temporal se transformou em tribunal da história para julgar crimes políticos de já há meio século. Os Estados verteram muitos recursos e muita energia para implementar "políticas públicas do passado", nacionais e internacionais. No senso comum, no vocabulário, o passado se tornou um problema para resolver. Diz-se de bom grado hoje que as sociedades, os grupos ou os indivíduos devem "enfrentá-lo", "confrontar-se" com ele, como nas expressões inglesas: *coping with the past*; ou ainda que se deve "superá-lo", "dominá-lo", *coming to terms with* ou *mastering the past*, ideia que se encontra na expressão alemã *Vergangenheitsbewältigung*. Estranha metáfora, a pensar bem, que significa literalmente que colocamos o passado em um lugar que não é em princípio o seu, a saber, diante de nós, ou que estamos constantemente com as costas viradas para o futuro para poder lidar com ele, ilustração concreta da visão profética de Walter Benjamin feita ao observar o *Angelus novus* de Paul Klee. As sociedades contemporâneas parecem assim manter com a história, e singularmente com a história recente, uma relação profundamente marcada pela conflituosidade: conflitos íntimos ou coletivos nascidos de traumatismos insuperáveis, guerras de memórias, polêmicas públicas e controvérsias científicas, frequentemente misturadas. A história já não se caracteriza, primeiramente, por tradições a respeitar, por heranças a transmitir, por conhecimentos a elaborar ou por mortos a celebrar, mas antes por problemas a "gerir", por um constante "trabalho" de luto ou de memória a empreender, haja vista o enraizamento da ideia de que o passado deve ser arrebatado do limbo do esquecimento, e que somente dispositivos públicos ou privados permitirão exumá-lo. O passado tornou-se assim uma matéria sobre a qual se pode, ou mesmo se deve, constantemente agir para adaptá-lo às necessidades do presente. Ele é doravante um campo da ação pública. A exigência de verdade própria da atividade histórica transformou-se em exigência social de reconhecimento, em políticas de reparação, em discursos de desculpa e de "arrependimento" em relação às vítimas das grandes catástrofes recentes. Foi nesse contexto que se desenvolveu uma nova história do tempo presente, chamada, logo depois de instituída, a responder aos desafios da amnésia de um passado próximo enunciado em sua versão mortífera, às necessidades da reparação que exige muita perícia, às exigências de um discurso onipresente sobre a memória, termo que perdeu pouco a pouco em clareza à medida que o fenômeno ganhava em importância. Às vezes, agindo em legítima defesa, às vezes tomados pela exaltação da ação tão afastada da sua formação de observadores distantes, esses historiadores do tempo presente se tornaram também atores de uma história que se está fazendo.

CAPÍTULO I

A contemporaneidade no passado

Um problema antigo?

Se a história contemporânea, compreendidas todas as escolas e todas as tendências, teve nesses últimos 30 anos um desenvolvimento que era imprevisível nos anos 1970, isso não significa, por esse fato, que ela constitua uma inovação sem nenhum antecedente. "A história do tempo presente é uma velha história!", escreve Antoine Prost (2006-2007:21) no artigo citado anteriormente. A afirmação reflete uma das manias mais comuns da profissão do historiador: reduzir toda inovação a um "*déjà-vu*" e opor-lhe a lista inesgotável dos antecedentes que sublinham a pretensão de ver o novo onde não haveria senão repetição. Contudo, a afirmação exprime também certa realidade que não somente nunca foi contestada, mas foi, ao contrário, frequentemente invocada para fundar em uma longa tradição as bases da nova história do tempo presente. Escrever a história do seu tempo constitui, com efeito, para os historiadores uma prática tão antiga quanto seu surgimento como literatos ou eruditos, pelo menos à primeira vista. Ela foi uma das principais características da sua arte ou da sua disciplina, qualquer que tenha sido seu *status* através das épocas. E, portanto, não haveria assim, uma vez lembrada essa evidência, nenhuma razão para se interrogar sobre as particularidades dessa história, e boas razões, ao contrário, para recolocá-la sem demora na sua posição.

Há uma grande distância, todavia, entre a aparente evidência e a observação mais precisa. Mesmo que Tucídides e Eric Hobsbawm tenham escrito sobre a sua respectiva época, eles o fizeram com algumas diferenças, uma vez que a Grécia Antiga e a Europa após 1945 constituíam, contudo, contextos dessemelhantes. Do mesmo modo, o lugar da história contemporânea nos estudos acadêmicos, tanto quanto em sua relação com o poder ou com a sociedade, não permaneceu a tal ponto imutável em quase três milênios, que seja preciso limitar-se à simples constatação de uma permanência, ou até mesmo de uma invariância. Evidência por evidência, se desde sempre os historiadores se debruçaram sobre a história do seu tempo, eles não o fizeram da mesma maneira, nem com os mesmos métodos, nem com as mesmas finalidades. Aliás, não existe até hoje nenhum estudo científico de conjunto sobre o modo pelo qual a história do passado próximo foi intelectual e socialmente concebida e recebida através dos tempos. Se já há muito tempo há interesse pela história da percepção e da medida do tempo, não há ou há poucos estudos sistemáticos sobre a história específica da contemporaneidade, um problema raramente levantado como tal nos estudos historiográficos. Nas suas *Douze leçons sur l'histoire*, publicadas em 1996, uma das referências em língua francesa sobre a epistemologia da história, Antoine Prost não diz nada sobre essa noção, ao mesmo tempo que a emergência da história do tempo presente constitui um fenômeno importante na historiografia europeia de então e suscita muitos debates e controvérsias, sobretudo após a queda do Muro de Berlim (Prost, 1996). É inútil, por conseguinte, afirmar que a prática de uma história do tempo presente teria existido por toda a eternidade, sem esboçar nem sequer os rudimentos de uma história do conceito. O empreendimento consiste certamente em um desafio, em razão da erudição necessária, mesmo limitando-se apenas ao universo ocidental.[2] Há diferenças demais nas concepções e nas percepções do tempo na longa duração para que a noção de contemporaneidade possa comparar-se facilmente através das épocas. Contudo, esse desvio é indispensável para compreender certos debates recentes, ou pelo menos para situá-los em uma longa duração. No caminho, responder-se-á parcialmente assim à crítica dirigida por vezes aos historiadores do tempo presente por nunca levarem em consideração essa longa duração e por se situarem quase unicamente no curto prazo do evento.[3] Uma crítica que pode acabar em acusações por vezes curiosas: se é possível dar crédito ao relatório encomendado em 2008 pelo Ministério da Cultura para anteceder o projeto abortado da "Maison de l'histoire de France", tencionado pelo presidente da República, Nicolas Sarkozy, a história do tempo presente, apenas pela sua existência, teria freado o desenvolvimento das pesquisas de longa duração e constitui mesmo uma das causas da dificuldade dos franceses em "assumir a sua história na sua globalidade":

---

[2] Encontram-se, contudo, elementos de reflexão em Noiriel (1998), que aborda o tema nos séculos XIX e XX, Hartog (2003). Com Christian Delacroix, François Dosse e Patrick Garcia, exploramos esse tema em um seminário interdisciplinar que aconteceu em 2002, no Instituto de História do Tempo Presente: "L'histoire du temps présent à l'épreuve du passé", com especialistas em Antiguidade (François Hartog), em Idade Média (Michel Sot e Patrick Boucheron), em história moderna (Jacques Guilhaumou, Nicolas Leroux, Jean-Louis Fournel e Jean-Claude Zancarini), em história contemporânea (Robert Franck e Olivier Dumoulin).

[3] Esta crítica é explícita no artigo citado de Antoine Prost. E ela o é ainda mais na obra de Noiriel (1999), sobretudo na introdução intitulada "Pour une autre histoire du temps présent", um texto polêmico mas embasado que dá uma visão crítica da história do tempo presente tal como ela se desenvolvia então e ao qual eu respondi na época: Rousso (2000:23-40). Observarei, com um pouco de polêmica da minha parte, que nem Antoine Prost, nem Gérard Noiriel jamais desenvolveram análises de "longa duração" em seus próprios trabalhos, que tratam essencialmente do fim do século XIX e da primeira metade do século XX, prova de que a objeção deriva de uma simples postura.

As pesquisas e os debates sobre "a história do tempo presente" ocultaram por vezes a análise dos fatos de longa duração e engendraram querelas epistemológicas e metodológicas; a transposição ao conjunto dos períodos históricos dos métodos próprios à "história do contemporaneíssimo", sobretudo em matéria de história política e social, tendeu a deixar caducos os velhos quadros de referências: cronologia, epistemologia das fontes; geografia histórica etc. [Lemoine, 2008:9]

A herança negativa de Pétain teria ocultado, portanto, a herança positiva de Joana d'Arc, e a história do tempo presente teria feito perder o gosto da cronologia; quanto aos debates epistemológicos, eles constituiriam em si mesmos uma ameaça à história nacional. A afirmação mereceria um dar de ombros, se o sobredito relatório não tivesse servido de base para um dos projetos culturais mais controvertidos desses últimos anos do poder político na França e se ele não constituísse um exemplo dessas críticas recorrentes dirigidas à história do tempo presente, que têm dificuldade em encontrar argumentos sérios.

O adjetivo "contemporâneo", do latim *contemporaneus* — de *cum* e *tempus*, "que pertence a um mesmo tempo compartilhado" — aparece sobretudo por volta de 1475, a darmos crédito ao *Trésor de la langue française*. O termo "história contemporânea" parece mais tardio, pelo menos em sua acepção moderna: encontra-se vestígio dele notadamente nos *Pensamentos* de Pascal, um ponto estudado mais adiante. Contudo, o termo se generaliza muito mais tarde, no século XIX, após o choque cultural e cognitivo da Revolução Francesa: o romance de Balzac, *L'envers de l'histoire contemporaine*, é publicado em 1848 e Taine publica suas *Origines de la France contemporaine* a partir de 1875. É nessa época que surge a acepção que tem hoje, a saber, o estudo de um tempo que é também o do observador e o estudo de uma sequência distinta que vem progressivamente completar a tripartição historiográfica ocidental da história antiga, medieval e moderna, que se articula em torno de duas grandes rupturas: a queda do Império Romano do Ocidente e o Renascimento. Se a datação respectiva desses dois "acontecimentos" continua a evoluir segundo as escolas e os autores, o corte tomou uma dimensão de uma periodização canônica (Leduc, 1999:92 e ss). Esta surge, lembremo-lo, em meados do século XV com os humanistas italianos que queriam marcar a clara distinção de sua época com um passado qualificado de "idade média", termo que aparece em 1469 sob a pena de Giovanni Andrea dei Bussi, bibliotecário pontifical. Ela foi popularizada nos estudos historiográficos do fim do século XVII, notadamente nos escritos do alemão Christoph Keller, dito Cellarius (Guenée, 1980:9-10). É, portanto, uma tradição antiga que se perpetuou até os nossos dias após ter sido completada pela adição de um quarto período — "contemporâneo" — no século XIX, igualmente criado para estabelecer a distância em relação a uma "modernidade" que tinha adquirido certa idade e mudado de natureza após a Revolução de 1789. Não é, contudo, por falta de críticas constantes. Reinhart Koselleck, por exemplo, vê nesse corte a ilusão a um só tempo de um tempo linear e de um tempo homogêneo que impede de ver "a contemporaneidade do não contemporâneo na história" enquanto "cada um de nós pode constatar que ainda temos contemporâneos que vivem na idade da pedra" (citado por Leduc, 1999:101). Jack Goody (2010) denuncia esse corte e essa leitura global da história por terem sido impostos pela civilização europeia ao resto do mundo, sobretudo durante a fase de expansão colonial. Donde esta outra ilusão de que as civilizações que, apesar de dessemelhantes, vivem em um mesmo tempo devem fatalmente ter em um tempo determinado a mesma evolução em direção ao progresso, à democracia, ao mercado, sob a condição de recuperar seu "atraso", graças, inclusive, à ajuda do mundo ocidental, que deveria ter-lhe aberto caminho: essa ilusão teve profundas consequências mortíferas, inclusive mui recentemente no Iraque ou no Afeganistão.

A noção mesma de regime de historicidade teve o efeito, precisamente, de desconstruir a ideia de que existiria uma adequação entre o tempo biológico, o tempo social e o tempo cultural, contribuindo, de passagem, para enfatizar um pouco mais as ambivalências e as ambiguidades da palavra "contemporâneo": um mesmo tempo não significa um mesmo espaço; uma mesma "época" não cobre um mesmo universo cultural; e a uma mesma época ladeiam-se estruturas, ideias, práticas que evoluíram de maneira diferente relativamente a um passado que deve ser analisado em uma evolução diferenciada.

Não obstante, a periodização tradicional se manteve na disciplina histórica. Além do hábito profissional, há sem dúvida uma necessidade mais geral que se manifesta aqui, como escreve Michel de Certeau:

> A historiografia separa primeiramente o seu presente de um passado. Mas ela repete em todo lugar o gesto de dividir. Assim, sua cronologia se compõe de "períodos" (por exemplo, Idade Média, História Moderna, História Contemporânea) entre os quais se rastreia a cada vez a *decisão* de ser *outro* ou de *já não ser* o que foi até então (o Renascimento, a Revolução). Alternadamente, cada "novo" tempo deu *lugar* a um discurso que trata como "morto" o que precedia, mas que recebe um "passado" já marcado por rupturas anteriores. [Certeau, 1975:16, grifo do autor]

Sem dúvida, nós somos contemporâneos de indivíduos ou de grupos que vivem ainda na "idade da pedra", mas o fato mesmo de identificá-los como tais, e, portanto, de remetê-los a *outro* tempo por causa de suas diferenças, ilustra esta necessidade de distinção entre *hoje* e *ontem* que caracteriza a historicidade moderna. Se fazer a história do seu tempo constitui, portanto, uma prática à primeira vista antiquíssima, a singularização e a conceitualização de uma história explicitamente contemporânea, sem falar da noção mesma de contemporaneidade, se desenvolveram, em realidade, sobretudo nos séculos XIX e XX.

A CONTEMPORANEIDADE NO PASSADO   37

Traçar a história dessas noções na longa duração, mesmo em linhas gerais, pode parecer uma presunção, porém afigura-se-me necessário para compreender o surgimento de uma nova história do tempo presente no fim dos anos 1970. Nessa época, a questão foi, aliás, saber se era preciso inventar completamente uma nova prática, uma nova maneira de fazer a história, em um contexto em que a disciplina dava mostras de efervescência intelectual, ou se se tratava antes de reatar com uma tradição desamparada. Alguns buscam então uma legitimidade em uma tradição tão antiga quanto a própria história, outros insistem antes em seu caráter inovador, mas ambos reclamam para ela um lugar no seio de uma profissão que a mantém em certa marginalidade institucional, para não dizer em uma relativa suspeita. Em uma mesma obra coletiva publicada em 1978 e dedicada à "nova história" — uma fórmula editorial que designa a abundância de uma historiografia então em plena transformação, mas que continua a reclamar para si os *Annales* —, Jean Lacouture e Pierre Nora, que preconizam cada um à sua maneira a constituição de uma historiografia do contemporâneo, adotam a esse respeito duas atitudes diferentes (Le Goff, Chartier e Revel, 1978). No artigo dedicado à "história imediata", outro termo novo para designar a história contemporânea e título de uma coleção das Editions du Seuil, à qual voltarei no capítulo IV, Jean Lacouture invoca tanto Tucídides quanto Júlio César, Ibn Khaldoun e Charles de Gaulle, os cronistas de Joinville, Froissart e Commynes, assim como Michelet ou Lissagaray, autores que têm como ponto em comum o fato de terem produzido obras "abertamente ancoradas no presente, mas como atores, por vezes como protagonistas" (Lacouture, 1978:274). Ele defende, contudo, a ideia de que essa forma de história constitui uma novidade, lembrando que a história em geral — e não somente a contemporânea —, entendida como "uma ciência do passado [que] não encontra sua razão de ser, sua nobreza, sua justificação senão no laborioso desembaraço das suas fontes da montanha dos arquivos", é um "dogma muito recente", surgido por volta do fim do Segundo Império.

Pierre Nora, em um artigo que ele dedica ao "Presente" — uma escolha original no contexto da historiografia de então —, não se interessa muito pela história contemporânea tal como pôde existir antes do século XIX: "Houve uma 'história contemporânea' no passado? Santo Agostinho, os humanistas do Renascimento, Voltaire certamente tiveram o sentido de uma era nova, mas sem que lhe seja associada, como para nós, a consciência de um olhar histórico particular" (Nora, 1978:467). Ele lembra que essa prática foi, com efeito, particularmente excluída do campo da história que estava então em vias de se tornar uma disciplina científica com pleno direito, a contar dos anos 1870, momento que ele vê paradoxalmente como fundador, para melhor situar seu próprio procedimento, um século depois. É um debate do qual se redescobre o interesse nos anos 1970-80, pois essa exclusão se torna então a referência negativa por excelência da nova história do tempo presente, que se justifica em primeiro lugar ao recusar os argumentos sobre os quais essa rejeição se apoiou. Pierre Nora chega a retomar uma hipótese à qual voltarei com mais detalhes: é no exato momento em que a noção de contemporaneidade começa a enraizar-se no universo mental do século XIX que a disciplina histórica em vias de profissionalização decide separar a história contemporânea do resto da história, dando-lhe de fato uma singularidade, uma vez que sua identidade se vê reforçada em razão dessa exclusão.

Com o recuo e a experiência de uma história do tempo presente doravante instalada na paisagem historiográfica, a questão merece, a meu ver, ser colocada de outro modo: por que, no fim dos anos 1970, o desenvolvimento da história contemporânea constituiu um fato de inovação no interior de uma disciplina que estava em plena ascensão e em plena reconfiguração, enquanto um século antes, em um contexto mais ou menos comparável de inovação, a história contemporânea foi percebida, ao contrário, como um freio a ponto de ser exilada em uma espécie de purgatório? Por que o que parece inovador no fim do século XX suscita a desconfiança no fim do século XIX? Por que a história contemporânea se deslocou em um século, no interior da disciplina, da margem para o centro? Como fazer a repartição na evolução dessa prática entre os elementos estruturais, ligados à posição mesma dos historiadores que trabalham com "o seu" tempo, e os elementos de conjuntura, que constituem contextos diferentes e cambiantes?

"Toda história digna desse nome é contemporânea"

É conhecida a célebre fórmula do historiador e filósofo italiano Benedetto Croce, tornada quase um clichê. Ela significa que toda escrita da história, do passado próximo ou do passado longínquo, tem sua fonte no presente:

> Se a história contemporânea surge diretamente da vida, o mesmo acontece com aquela que se chama de não contemporânea; ela também surge diretamente da vida, pois, com toda evidência, somente uma preocupação com a vida presente pode levar-nos a fazer pesquisas sobre um fato do passado. Portanto, esse fato, unido a um interesse pela vida presente, não responde mais a uma curiosidade do passado, mas a uma preocupação presente. As fórmulas empíricas dos historiadores o disseram e redisseram de cem modos, e essa observação explica o sucesso, senão o conteúdo profundo, deste lugar comum tão repisado: a história é *magistra vitae*.[4]

Benedetto Croce sublinha um dos traços próprios de todo procedimento histórico que a história contemporânea não é a única a levar em conta: o papel exemplar da história e o fato de que o conhecimento do passado deve guiar as ações do presente, um traço identificado por Cícero há cerca de 2 mil anos: "a história, esta testemunha dos tempos, esta luz da verdade,

---

[4] Croce (1968:13 ss [1. ed. em alemão: Tübingen, 1915; esses textos são publicados em italiano em 1912-13]).

esta memória viva que nos instrui a viver [*magistra vitae*], esta intérprete dos tempos antigos" (Cícero, 1830:258). Essa ideia de uma história "mestra da vida" criou na tradição uma ligação indissociável entre o passado e o presente, mas uma ligação que também tem uma história. A fórmula permite, portanto, sublinhar a que ponto a história como processo de conhecimento e de compreensão do mundo não é uma atividade gratuita, desinteressada e situada fora do tempo daquele que escreve. Ela dá um primado ao historiador em relação ao objeto. Benedetto Croce estabelece com efeito uma diferença entre o que ele chama de "crônica" e a história:

> Não se deve considerar a crônica e a história como formas de história que se escrevem uma após a outra, ou que seriam subordinadas uma à outra. São duas *atitudes* espirituais diferentes. A história é uma história viva e a crônica uma história morta. Uma é história contemporânea, e a outra história passada. A história é principalmente um ato de pensamento e a crônica um ato de vontade. Toda história se torna crônica quando não é mais pensada, mas somente rememorada em palavras abstratas, em palavras que foram concretas e expressivas uma vez e já não o são. [Croce, 1968:17-18, grifo do autor]

Escrever a história é, portanto, um ato intelectual que transcende a simples relação dos fatos e visa o geral, diferentemente da crônica, que se limita ao particular. Benedetto Croce defende aqui uma concepção idealista da história na qual esta, graças a vestígios vivos e por definição presentes, "precede" a crônica, e mesmo lhe dá uma aparência de consistência: "o que é exterior, estranho ao espírito não existe" (Croce, 1968). Comentando essa obra, Robin G. Collingwood vê nela "a síntese perfeita entre o sujeito e o objeto, na medida em que o historiador se pensa a si mesmo na história, os dois tornando-se contemporâneos".[5]

---

[5] Collingwood (1966:7). O primeiro ensaio é dedicado ao livro de Croce e foi publicado em 1921.

Da leitura dessa famosa passagem de Benedetto Croce, pode-se portanto concluir que a história em geral — e não somente a história contemporânea *stricto sensu* — é triplamente contemporânea: ela se funda nos vestígios acessíveis à observação e à análise, que se oferecem ao olhar do historiador em seu estado presente, de entidades passadas cuja integridade original é por definição inacessível, mesmo que ela seja situada na concepção positivista que postula que essa realidade existiu antes que o historiador a observasse; ela é um ato de pensamento que se desdobra sobre o presente graças ao trabalho de um narrador consciencioso que conta o passado; enfim, ela permite fazer reviver o passado no presente, *re-presentá-lo*, como dirá mais tarde Paul Ricoeur, e até mesmo, a seguir a posição assaz radical de Benedetto Croce, dar-lhe simplesmente vida, uma vez que a história não existe fora do pensamento que a produz e lhe dá forma após o acontecimento.

Embora modernas, alimentadas pelo desenvolvimento recente da história como disciplina científica, mas defendendo o primado do ato historiográfico sobre a ilusão de que se pode captar "objetivamente" a história "tal como foi", dogma da historiografia do século XIX, as teses de Benedetto Croce retomam, apesar de tudo, uma definição ancestral da história no mundo ocidental, expressa sob uma forma mais ou menos constante dos historiadores da Antiguidade aos da Idade Moderna, que não separa o passado do presente. Não se pode, por isso, esquecer que a relação entre os dois não se revestiu do mesmo significado antes e após a ruptura de 1789. Antes, toda história é contemporânea não porque os "historiadores do tempo presente" e os "historiadores do tempo passado" partiriam, não obstante as diferenças, das mesmas premissas ou de uma mesma postura, mas porque a história não se concebe fora do presente, porque a história do passado encerrado que seria distinto, e até mesmo cortado em relação ao tempo presente, não tem sentido realmente. Antes do choque da Revolução Francesa, fazer a história do seu tempo não constitui uma prática singular no que diz respeito à mera escrita da história. É mesmo, de certa maneira, o contrário, uma vez que só há história contemporânea, no primeiro sentido do termo, uma escrita cujo propósito, estrutura, finalidades, objetos são orientados por e em direção ao presente. Se as concepções do tempo mudam profundamente do período antigo ao período moderno, a distinção entre um passado próximo e um passado longínquo, entre o período contemporâneo e o que lhe precede, é um corte da Revolução. Ela cria, por exemplo, a noção de Antigo Regime para designar um passado repentinamente encerrado, embora ainda próximo e inserido em uma longa tradição que se deve precisamente combater. Interrogações que nos parece pertencerem hoje antes à prática da história contemporânea propriamente dia, como o papel da testemunha ou o peso de uma memória viva, foram levantadas desde a origem a propósito da história em geral, quando a questão da "contemporaneidade" simplesmente não se colocava, ou pelo menos não nos nossos termos. "A história moderna ocidental começa com a diferença entre o *presente* e o *passado*", escreve Michel de Certeau (1975:14-15, grifo do autor), para quem a operação historiográfica consiste, já o vimos, em uma separação, um corte, uma distinção. Emancipando-se progressivamente da tradição religiosa, a história se torna prática científica voltada à compreensão da alteridade, a dos homens e mulheres do passado, a da própria mudança, a da perda. Sua missão visa "acalmar os mortos que ainda assombram o presente e oferecer-lhes tumbas escriturais" (Certeau, 1975). No decorrer do século XIX, a história se torna a quitação de uma dívida para com os mortos, um sepultamento que os separa assim dos vivos. Michel de Certeau situa esse corte em Michelet. Mas como era antes? Como o historiador pôde pensar um tempo presente, uma sequência "contemporânea", se não havia a ideia de que uma parte do passado pudesse ser encerrada? Que significado podia de fato ter o termo "contemporâneo" em um tempo histórico que não era assim fendido?

O tempo presente antigo

A seguirmos François Hartog no que diz respeito ao período grego e romano, que vê nascer as primeiras grandes narrativas históricas, é precisamente a história do "presente" que é a única possível e não a história do "passado", tendo-se em mente aqui que os termos não têm a mesma acepção que hoje. O historiador Heródoto, contrariamente aos aedos e às narrativas épicas, estabelece para si mesmo como única alçada "o que aconteceu com o destino dos homens" e distingue em suas *Histórias* o tempo dos deuses e o dos homens — o seu próprio. Nessa nova concepção da narrativa, "o tempo dos deuses ou o dos heróis", escreve François Hartog, "são 'passados' que certamente ocorreram, mas eles escapam ao saber do historiador que observa a partir do seu presente". E acrescenta: "de saída, preso no tempo e às voltas com ele, o historiador decide entre o passado e o presente, mas ele o faz a partir do seu próprio presente, a partir desse nome próprio que ele profere ao começar e que lhe permite distinguir entre 'agora' ou 'do meu tempo' e 'antes', 'outrora'".[6] A subjetividade, inclusive a temporal, condiciona, portanto, desde a origem a escrita histórica: desde a primeira frase das *Histórias*, é o próprio Heródoto que entra em cena. A narração resulta da observação direta do que ele viu: a autópsia (etimologicamente "com seus próprios olhos"). Esta visa um uso da palavra para a posteridade e distingue duas temporalidades, pois a história contada é aqui não somente "contemporânea" pelo fato de falar do tempo do historiador, mas ela se funda ao colocar como inacessível à observação outro tempo que não o presente ou o tempo dos homens.

Esta centralidade do olho se encontra mais claramente em Tucídides:

---

[6] Hartog (2005:68). Ver, igualmente, Hartog (2001) e o texto de Heródoto (1964, 1985: 2 v.).

Ao passo que os *mythoi* dos poetas são sem idade e os *logoi* dos logógrafos [*aqueles que relatam por escrito as narrativas da tradição oral*] são de idades misturadas, a vontade de verdade implica limitar-se ao presente: não há história "verdadeira" senão no presente. Assim, o (futuro) historiador da guerra do Peloponeso se pôs ao trabalho ao mesmo tempo que começavam as hostilidades. Dos dois meios do conhecimento histórico, o olho (*opsis*) e o ouvido (*akoê*), somente o primeiro pode conduzir (sob a condição de fazer dele bom uso) a um conhecimento claro e distinto (*sâphos eidenai*): não somente o que eu vi, o que outros dizem ter visto, mas sob a condição de que essas visões (a minha, a dos outros) resistam a uma crítica cerrada. [Hartog, 2005:77]

A despeito de suas diferenças com Heródoto, Tucídides exprime assim uma posição similar, a tal ponto que se pode ver nele um "historiador do presente", que "se põe ao trabalho", segundo as suas próprias palavras, "desde os primeiros sintomas" da guerra entre Esparta e Atenas, inventando a ficção de uma "história ao vivo"[7]. Para estar mais perto da *akribeia* — a verdade ou a conformidade com os fatos relatados —, Tucídides se concentra igualmente em "seu tempo". Desde a primeira página da *Guerra do Peloponeso*, ele escreve:

Quanto aos acontecimentos que marcaram o período que precedeu a esta guerra e, mais antigamente ainda, os séculos dos quais, em razão do tempo transcorrido, eu não podia ter um conhecimento preciso, estimo que eles foram, tanto do ponto de vista militar quanto de todos os outros, de medíocre importância. Eu fundo esta certeza sobre os indícios que eu recolhi no curso de uma investigação que remonta até os tempos mais recuados. [Tucídides, 2000: livro 1 (1), p. 35-36]

---

[7] Tucídides (2000). Ver Darbo-Peschanski (1989:653-675).

François Hartog aponta, contudo, nessa obra fundamental, o que pode parecer uma espécie de contradição original, lembrando que Tucídides "consegue a façanha de fazer ao mesmo tempo a exposição 'mais clara' sobre o passado da Grécia e a demonstração mais evidente de que a 'história verdadeira' no passado é impossível" (Hartog, 2005:96). Ele mostra como o antigo general ateniense pôde, por sua busca da verdade, aquela que dá todo o sentido à fórmula "história verdadeira", servir de referência aos fundadores da história positivista do século XIX, eles mesmos em busca de um método para apreender a história "tal qual ela foi". "Mas, ao passo que a história positivista pensa que a verdade, para se desvendar, precisa do silêncio dos arquivos e que a história se escreve, portanto, no passado, Tucídides pretendia demonstrar que a 'história verdadeira' não podia fazer-se senão no presente" (Hartog, 2005:100). Sem chegar a fazer dos historiadores gregos os inventores da "contemporaneidade", o que não faria muito sentido, nem reduzir esses textos apenas à questão da relação entre passado e presente, as relações assim estabelecidas entre uma investigação sobre o mundo tal como ele é, conduzida por um sujeito singular, escrevendo sobre seu próprio tempo, pondo em ação seu olhar e sua experiência direta dos fatos, e inserindo seu propósito em uma busca da verdade enraizada no presente e voltada para o futuro, não deixa de ressoar fortemente aos ouvidos do historiador do tempo presente de hoje. Como não fica sem ressonância essa ligação original entre a história e a política, entre a observação e a ação, entre aquele que "faz a história" e aquele que "faz história", para retomar a distinção de Michel de Certeau. Em Tucídides, "as duas atividades se alimentam da mesma matéria, o presente, e se caracterizam pelo mesmo objetivo, a utilidade para o futuro" (Darbo-Peschanski, 1989:688). A história se escreve para o bem da Cidade e não há diferença clara entre o que foi, o que é e o que deverá ser: o passado é um reservatório de experiências para compreender o presente e decifrar o futuro.

Pode ser que o público encontre escasso encanto nesta narrativa pouco romanesca. Considerar-me-ei, contudo, satisfeito se ela for julgada útil para aqueles que quiserem ver claro nos acontecimentos do passado, assim como naqueles, semelhantes ou similares, que a natureza humana nos reserva no futuro. Em vez de um trecho composto para o auditório de um momento, é um capital imperecível que se encontrará aqui. [Tucídides, 2000: 1, 22, p. 48]

A contemporaneidade significa, portanto, também a possibilidade para o historiador de agir sobre seu presente, quer ele seja um ator dos eventos que ele descreve, quer seu ato de narrar apresente uma utilidade política.

A importância da experiência pessoal e esta ligação orgânica entre história e política, entre passado e presente, se encontram dois séculos mais tarde em Políbio, e posteriormente na tradição romana da história exemplar, "mestra da vida".

Platão diz que as sociedades humanas não serão saudáveis senão quando os filósofos forem reis ou os reis filósofos. E eu serei tentado a dizer que a história não andará bem senão quando os homens de Estado empreenderem escrevê-la, não, como hoje, a considerando como uma ocupação acessória, mas com a ideia de que se trata da mais bela e da mais necessária das tarefas e... dedicando-lhe o tempo requerido no curso da sua vida, ou quando os homens que se destinam a essa tarefa pensarem que a formação adquirida na ação política é para isso indispensável. Na espera, os historiadores não cessarão de se perder por ignorância.[8]

Denis Roussel, tradutor desta edição, se vê forçado a notar que "de um modo geral, as memórias publicadas pelos homens de Estado e pelos generais, de César a Winston Churchill, não confirmam a opinião de Políbio" (Políbio, 2003: n. 122). É sem dúvida verdadeiro, e apenas

---

[8] Políbio (2003:837). Ver também François Hartog (2005:120-121).

a experiência, mesmo no cerne da ação, não constitui sozinha uma garantia de boa história, longe disso. Contudo, a ideia de que a experiência direta do historiador, que constitui por definição um elemento de contemporaneidade em seus escritos, possa desempenhar um papel decisivo em sua compreensão da história acaba por lembrar as posições de Lucien Febvre ou de Marc Bloch. Não obstante a impossível comparação entre César e Churchill, os textos de Políbio, assim como os de Tucídides, lidos com um olhar um pouco anacrônico, podem fazer eco no historiador do tempo presente hoje. Este é, com efeito, confrontado permanentemente com a legitimidade do ator transformado em historiador, uma figura certamente ancestral, mas que pode valer-se hoje dos mesmos métodos científicos, frequentar os arquivos, envolver-se com a historiografia, e pode então opor ao pesquisador profissional não somente uma capacidade por vezes igual de produzir conhecimento, mas também uma experiência insubstituível que lhe permite escrever uma história contemporânea ao mesmo tempo crível e "verdadeira".

A história se constitui, portanto, na origem como olhar e como ação sobre os vivos, e não como estudo, lembrança ou dívida para com os mortos. A contemporaneidade não é identificada, para falar com propriedade, pois ela é inerente ao procedimento dos historiadores e ela não tem nenhuma razão para constituir uma categoria singular. A prática de uma história no seu tempo não suscita menos, em relação a ela, apesar de tudo, reservas que se endereçam à história mesma, uma história — pode-se frisar — em que a guerra, a violência, o barulho e o furor são onipresentes. Narrar a história (próxima) não é nem sem riscos, nem sem efeitos, como diz o poeta Horácio em sua célebre ode a Anísio Polião, contemporâneo e historiador da luta fratricida entre César e Pompeu:

> As perturbações civis, derivadas do consulado de Metelo, as causas, os erros e os aspectos da guerra, o jogo da Fortuna, as amizades funestas dos primeiros cidadãos, as armas temperadas pelas ondas de sangue que ainda

não foi expiado, esta matéria cheia de acasos perigosos, tu pões-lhe a mão, e tu andas sobre fogos cobertos de uma cinza enganadora. Que um momento a Musa da severa tragédia faça falta no teatro: em breve, assim que tiveres ordenado a narrativa dos acontecimentos públicos, tu retomarás a nobre tarefa sobre o coturno cecropiano. [Horácio, 2002:95]

O excerto citado poderia servir de epígrafe a inúmeros trabalhos de história do tempo presente atuais, pois aí se expressa a tensão entre uma história julgada ardente, que mantém viva a lembrança, aqui de uma guerra civil, e o desejo, apesar de tudo, de uma trégua, de um tempo de latência, de um eventual esquecimento momentâneo que permitiria aos contemporâneos respirar um pouco e ao historiador ter tempo de dar sentido aos acontecimentos — "ordenar a narrativa" — antes de retomar o tom elevado, trágico, até mesmo presunçoso que convém à narração histórica — o que significa a expressão "retomar o coturno cecropiano" (do nome do calçado de sola alta de cortiça utilizado em cena em Atenas). Trata-se de uma tensão que atravessa toda a historiografia e ainda mais toda a cultura contemporânea há 30 anos. Com a questão da relação do historiador com a ação política ou a importância de sua própria subjetividade e de sua própria experiência, essa tensão constitui outro elemento constante de toda história contemporânea.

O eterno presente medieval

Falar de contemporaneidade para o Ocidente medieval parece à primeira vista ainda mais inapropriado do que para a Antiguidade, tanto mais que as concepções do tempo presente mudam radicalmente com o advento do cristianismo, e depois com a evolução das sociedades urbanas mercantes no início do século XIII.

Os historiadores pagãos viam a história do mundo sob uma forma cíclica. As civilizações floresciam, nasciam e morriam uma após a outra. A história estudava tempos sempre recomeçados. Mas o cristianismo impunha uma concepção linear do tempo. Toda a história do mundo, de sua criação ao seu fim, se passava em um só tempo. Um historiador cristão consequente devia portanto seguir com um mesmo movimento toda a história do mundo, de sua criação ao seu fim. [...] Não há diferença de natureza entre história e profecia [e] para falar com rigor, para um historiador cristão, não há senão um tempo. [Guenée, 1980:20-21]

A linearidade do tempo se encontra tanto nas crônicas dinásticas que dão um lugar para a ação do soberano em uma longa linhagem que pode remontar até o Antigo Testamento quanto em uma perspectiva escatológica, em que sua ação de natureza divina não pode ser compreendida senão na promessa da Salvação, sem que haja corte entre passado, presente e futuro. Comentando os reparos da necrópole real de Saint-Denis por São Luís, em que se encontram os 16 reis e rainhas merovíngios, carolíngios e capetinos, Jacques Le Goff escreve: "A reunião simultânea de todos esses reis e rainhas cuja vida perpassa seis séculos, em que cada um não conheceu a maior parte dos outros, faz que eles se encontrem desde aquele momento em um eterno presente" (Le Goff, 1996, citado por Leduc, 1999:13). Há, portanto, uma possibilidade mesma de uma consciência *histórica* em uma percepção também contínua do tempo? Marc Bloch via na cultura medieval "uma vasta indiferença em relação ao tempo" (Bloch, 1939, citado por Le Goff, 1999:54). Seguindo seus passos, Jacques Le Goff acresce que "a sociedade feudal, na qual se imiscui a Igreja entre os séculos IX e XI, fixa uma reflexão histórica e parece parar o tempo da história, ou, pelo menos, assimilá-lo à história da Igreja" (Le Goff, 1999). Citando o exemplo do bispo e historiador Oto de Freising, tio de Frederico Barba Roxa, ele mostra como o pensamento medieval se revela ao mesmo tempo curioso em relação ao

50 A ÚLTIMA CATÁSTROFE

passado e desejoso de ignorar o tempo, ao passo que, na mesma época, a canção de gesta ou a epopeia contribuem também para uma "negação da história" por seu ideal incorpóreo, desprovido de toda historicidade. Dessarte, existe de fato uma historiografia medieval, ainda que o gênero não apareça como central, como vítima de uma desqualificação aristotélica de uma arte que não seria autônoma: "a história permaneceu até o fim do século XVIII uma matéria mui amplamente marginal, dominada pela teologia", escreve Alain Guerreau.[9] Essa historiografia se interessa pelas ações dos homens notáveis, pela vida dos santos, dos reis, dos poderosos, dos acontecimentos memoráveis e edificantes. Ela produz histórias monográficas, de uma abadia, de um monastério, a fim de ancorar essas instituições em uma continuidade legítima, donde os laços entre a história e o direito. Ela é marcada inteiramente pela ideia de que todas as ações humanas acontecem pela vontade de Deus, e daí a dominação do pensamento teológico, sendo os historiadores sobretudo bispos (Gregório de Tours no século VI, Oto de Freising), e também monges. A seguirmos o historiador Werner Goetz, os cronistas medievais, principalmente a contar dos séculos XI e XII, desenvolveram no entanto uma consciência histórica marcada por três elementos: "uma consciência da natureza histórica do mundo" que assimila pela vontade divina os diferentes momentos da história; "um sentido distinto do passado" em uma perspectiva marcada pela busca das origens, a pesquisa de genealogias tão recuadas no tempo quanto possível, e uma visão mítica do movimento da história que permitia distinguir o passado do presente; e por fim, uma representação do passado "estritamente orientada para o presente" (Goetz, 2000).

É sem dúvida esse último ponto que pode interessar o historiador do tempo presente hoje. Se há uma *preponderância* do presente nessa visão do tempo e não, como hoje, uma *dominação* do presente, se há uma

---

[9] Guerreau (1981:282-283), resenha do livro de Bernard Guenée, *Histoire et culture historique dans l'Occident médiéval*.

finalidade política ou moral para a reflexão sobre o passado, é ainda na tradição de uma história que deve guiar a ação dos vivos. Nessa concepção, os valores assim destacados são imemoriais porque obedecem a uma ordem das coisas que escapa à vontade dos homens:

> tal pensamento se explicava em realidade pela crença de que os acontecimentos históricos estavam abertos a uma interpretação pelo presente porque eles não tinham acontecido por acaso, mas tinham sido inspirados pela vontade de divina, e, portanto, possuíam um "sentido" para os contemporâneos. [Goetz, 2000:7].

Estamos quase no inverso do presentismo de nossa época, que mede e julga o passado com base no presente, uma vez que aqui é ao contrário o passado, pelo menos o passado de alguns homens e de algumas ações notáveis, considerados como outros tantos indícios do caráter divino do movimento do tempo, que é instaurado como juiz do presente. Portanto, é difícil distinguir nessa época uma "historiografia do contemporâneo", pois que o passado e o presente, o não contemporâneo e o contemporâneo, coexistem permanentemente.

A questão, contudo, não deixa de ter sua pertinência na perspectiva de uma história regressiva da noção de história do tempo presente. Com efeito, a nos interessarmos já não pelos "paradigmas", mas pelas fontes e pelos métodos da historiografia medieval, esta também concede uma importância determinante ao testemunho direto do observador ou ao testemunho de segunda mão, à transmissão oral, à troca verbal mais do que à análise dos escritos.

> Dois traços caracterizam a historiografia medieval: são os mesmos autores que tratam de um mesmo movimento da história dos tempos antigos e a história contemporânea; e se os historiadores dizem os acontecimentos do seu tempo exclusivamente a partir daquilo que eles viram e ouviram, para o total da épo-

ca moderna e mesmo para os tempos mais antigos, eles ainda ousam recorrer às fontes orais. No século XIX, ao contrário, os eruditos e os antiquários que estudavam os tempos passados, por um lado, os jornalistas e os memorialistas que testemunhavam o tempo presente, por outro, estavam muito afastados uns dos outros, e o oral era, em relação ao escrito, muito desvalorizado; os historiadores do século XIX nada tinham, certamente, para apreciar seus longínquos predecessores. Mas hoje, em que o estudo do presente tende a ser reintroduzido no campo da história e em que as tradições orais reencontram sua dignidade de fontes fundamentais, difíceis mas fundamentais, talvez estejamos mais bem colocados para compreender melhor os historiadores da Idade Média.[10]

A observação do grande medievalista que era Bernard Guenée não é sem interesse se pensarmos no que ele declarara um dia, falando de sua própria carreira, "que ele escolheu o período medieval porque ele era inteligente demais para fazer a história contemporânea, em que a profusão das fontes incita à facilidade, e não o suficiente para fazer a história antiga, em que sua raridade leva a usar muito a reflexão...".[11] Ora, escrevendo em 1980, no momento em que surge uma nova história do tempo presente, ele faz uma ponte imprevista entre esta e a historiografia medieval. Não para nos explicar que não há nada de novo, mas porque ele percebe intuitivamente que essa historiografia ainda balbuciante, fundada em parte na transmissão oral, desfaz a unidade da ortodoxia metódica do fim do século XIX e começa a atacar o fetichismo da fonte escrita que marcou uma parte da historiografia a contar dessa

---

[10] Guenée (1980:84-85). Pode-se citar a título de exemplo o abade Guibert de Nogent e a sua *Histoire de la Première Croisada*, escrita por volta de 1114: "Embora eu não tenha podido ir em pessoa a Jerusalém, nem conhecer a maior parte dos personagens e todos os lugares de que se trata aqui, a utilidade geral de meu trabalho não poderia ser diminuída por isso, se é certo que eu não soube das coisas que eu escrevi ou que ainda escreverei senão por meio de homens cujo testemunho é perfeitamente conforme à verdade" (Nogent, 2004).

[11] Declaração referida por Nicolas Offenstadt na necrologia que ele lhe consagrou. *Le Monde*, 2 out. 2010.

época. A lhe darmos crédito, a prática da história contemporânea que se desenha então não pertence a uma tradição que se teria perpetuado sem mudança através dos tempos, mas a um retorno imprevisto, um século depois da desqualificação da escola metódica.

História contemporânea e história mediada

"O resultado mais importante da revolução científica dos séculos XVI e XVII é [...] a substituição, como fundamento da ciência, do conhecimento imediato pelo conhecimento mediado", escreve Krzysztof Pomian (1999:141), acerca da relação entre a evolução das ciências e a do pensamento histórico. Essa mudança relevante, iniciada pelo Renascimento, permite ter acesso à realidade das coisas já não somente pelo pensamento ou pela fé, mas por novos métodos de observação fundados em instrumentos de medida, principalmente do tempo e do espaço. Esse novo paradigma permite a observação e a análise de objetos cada vez mais distantes, à imagem dos progressos da astronomia. Ele abre a "passagem do mundo fechado a um universo infinito que é o do mundo do mais ou menos ao universo da precisão", o que tem consequências diretas sobre a percepção da história (Pomian, 1999:148). Pesquisas recentes mostraram a que ponto o progresso científico é acompanhado então de uma reflexão nova sobre o papel da ficção que permite nomear, figurar o inobservável por falta de instrumentos adequados, à imagem da viagem nas estrelas. "A inacessibilidade do objeto considerado supõe com efeito técnicas de escrita para descrever o invisível e dizer o desconhecido dos novos mundos cosmológicos [e] nesse contexto, a ficção desempenha um papel central, pois ela permite substituir a antiga imagem do cosmo por uma nova".[12] De

---

[12] Frédérique Aït-Touati (2011:18). Ver a resenha de Nicolas Correard (disponível em: <www.fabula.org/revue/document6947.php>).

certa maneira, um movimento similar se vê na literatura histórica pelo surgimento da noção de "vestígios" que é preciso observar antes de produzir uma narrativa que preencherá os espaços. A época dita "moderna" se caracteriza por uma celebração do presente, dessa vez em detrimento do passado próximo e já não em osmose com ele, como antes. É a invenção da Idade Média que participa, por distinção e por recusa, da denominação de um novo tempo, o do Renascimento. Quer seja a ideia do progresso das artes, das letras e das ciências, professada pelos humanistas ou pelos sábios, quer seja a ideia de um retorno às fontes do cristianismo, entre os reformadores protestantes, "chega-se sempre a romper a continuidade entre [o presente] e o passado, o que coloca o historiador em uma situação nova" (Pomian, 1999:150). Uma vez que o presente se acha assim destacado do passado, em todo caso distinto e distanciado, as vias de acesso ao conhecimento da história mudam de natureza. O testemunho, a transmissão oral que pertencem ao "conhecimento imediato" são substituídos pelo interesse pelos vestígios materiais, sobretudo os vestígios escritos do passado, e, portanto, um "conhecimento mediado"; os textos, sobretudo os de natureza religiosa, já não são somente "autoridades", elementos da tradição, mas "fontes" e, portanto, vias de acesso ao passado. O historiador de um novo gênero poderá lançar um olhar mais crítico nas narrativas míticas ou legendárias, utilizando novas disciplinas como a epigrafia, a numismática, a geografia histórica ou ainda a diplomática descrita por Mabillon:

> É portanto, no século XVII, que o passado se torna objeto de um conhecimento mediado que lhe analisa os vestígios e reconstrói, por seu intermédio, as circunstâncias que os produziram. São elas que permitem ao historiador conhecer os acontecimentos afastados, mesmo no caso em que nenhum participante, nenhuma testemunha ocular tenha deixado deles uma narrativa. São elas ainda que, quando tais narrativas existem, tornam possível a sua crítica. Em resumo, o ponto de vista do historiador que observa o

passado se torna completamente independente, pelo menos em teoria, do ponto de vista daqueles para quem o passado foi um presente. Suas narrativas não lhe oferecem mais que informações, e, ainda, ele não acredita nelas apenas pela palavra. Ele deve sempre verificar o que eles dizem. Quanto à interpretação, ele próprio a traz. [Pomian, 1999:154]

Essa mudança nas relações entre o passado e o presente faz assim surgir outra concepção da contemporaneidade, uma hipótese que Krzysztof Pomian não evoca explicitamente, mas que deriva naturalmente da sua análise. Os letrados do século XVII irão não somente criar, como vimos, um novo corte do tempo histórico com a "Antiguidade", a "Idade Média" e os "Tempos Modernos", mas irão distinguir pouco a pouco *um tempo presente do passado*, cujos vestígios subsistentes o historiador deve analisar, e um *tempo presente do próprio historiador*, colocado em posição de observador distante de seu objeto do mesmo modo que o astrônomo ou o cartógrafo. Portanto, a história segue progressivamente o caminho do conhecimento mediado, fundado em métodos de análise e técnicas novas, à imagem da erudição. O importante, aqui, é a diferenciação teórica e já não simplesmente intuitiva entre o passado e o presente, entre um tempo acessível pela mediação das fontes e um tempo acessível ao conhecimento imediato, pelo testemunho, pela transmissão oral ou a experiência direta, como escreve Jean-Marie Goulemot (1996):

Esta história erudita que domina o século XVII não representa nem uma novidade nem uma ruptura. Não mais que o absolutismo não é dissociável de uma lenta afirmação do tempo histórico, laicização do religioso, experiência das perturbações civis e religiosas, não se pode pensar a história erudita fora das novas formas da cultura que o século XVI triunfante impõe. A ruptura cultural do Renascimento deve ser pensada prioritariamente como uma transformação radical da relação medieval com o tempo. O retorno filológico aos textos latinos e gregos, ao texto bíblico em si, postula sua origem — seus esquecimentos, acréscimos de comentários e de glosas — como afastamento e perda.

Segundo ele, duas ideias principais dominam o pensamento humanista: o retorno às origens, à "Antiguidade como tempo frágil da perfeição", e a história entendida como uma "degradação". Uma vez que a história é percebida como alteridade, como mudança, há, portanto, lugar para uma distinção mais clara entre uma história que seria contemporânea, escrita no calor da hora por um observador que testemunha seu tempo e que funda sua análise em sua própria experiência, e uma história que não o seria, que seria outra, dando conta da experiência de outros tempos e de outros homens. De maneira paradoxal, é porque a história cessa de ser essencialmente contemporânea que a história contemporânea, que não constitui senão um aspecto do que ainda não é uma disciplina, será identificada pouco a pouco enquanto tal. Em todo caso, é interessante notar que o sintagma "história contemporânea" parece ter surgido nessa época.

Encontram-se, por exemplo, desde o século XVII, ocorrências da noção de *Zeitgeschichte*, cujo uso no sentido de história do tempo presente se dissemina no século seguinte.[13] Na língua francesa, o termo "história contemporânea" aparece em uma passagem dos *Pensamentos* de Pascal, redigidos a partir de 1657 e publicados após sua morte, em 1670, dedicada ao lugar dos judeus na história, um texto frequentemente citado, mas raramente analisado pelo ângulo de uma epistemologia da contemporaneidade:

> Como há diferenças de um livro para outro! Não me surpreendo por terem feito os gregos a *Ilíada*, nem por terem feito os egípcios e os chineses as suas

---

[13] Jäckel (1989:133-150, em um capítulo intitulado "Begriff und Fonktion der Zeitgeschichte"), citado por Schöttler (2011).

histórias. Apenas é preciso ver como isso nasceu. Esses historiadores fabulosos não são contemporâneos das coisas sobre as quais eles escrevem. Homero faz um romance, que ele dá como tal e que é recebido como tal; pois ninguém duvidava que Troia ou Agamêmnon não tinham existido mais do que o pomo de ouro. Ele não pensava tampouco em fazer disso uma história, mas somente um divertimento; ele é o único que escreve sobre o seu tempo, a beleza da obra faz durar a coisa: todo mundo a aprende e fala dela; é preciso sabê-la, todos a sabem de cor. Quatro anos depois, as testemunhas das coisas já não estão vivas; ninguém sabe mais por seu conhecimento se é uma fábula ou uma história: a gente a aprendeu apenas dos seus ancestrais, isto pode passar por verdadeiro.

Toda história que não é contemporânea é suspeita; assim os livros das sibilas e de Trismegisto, e tantos outros que tiveram crédito no mundo, são falsos e se revelam falsos com o passar do tempo. E não é diferente em relação aos autores contemporâneos.

Há muita diferença entre um livro que faz um particular, e que ele endereça a seu povo, e um livro que um povo faz. Não se pode duvidar que o livro não seja tão antigo quanto o povo.[14]

Essa passagem está no contexto da celebração do povo judeu, que Pascal louva tanto por sua antiguidade quanto pela permanência da sua fidelidade à aliança original com Deus. Ele volta várias vezes à força da lei na tradição judaica, ao mesmo tempo a mais antiga da história e a que se perpetuou quase intacta através do tempo até constituir o alicerce do cristianismo. É assim que ele opõe nessa passagem o Antigo Testa-

---

[14] Pascal (1963:556). Segundo as diferentes edições, o lugar dessa passagem variou na classificação geral dos parágrafos. Ela é muito pouco comentada pelos historiadores de hoje, e quase ignorada dos especialistas em história contemporânea. A interpretação que lhe dou aqui é evidentemente muito subjetiva.

mento a outras tradições e a outras mitologias, especialmente gregas. Por um lado, o romance, o divertimento, o incerto, o tido por verdadeiro pela repetição no tempo, e mesmo o falso. Por outro, há a história, o verdadeiro, o autêntico. Conquanto o matemático Pascal pertença à era do conhecimento mediado da qual fala Krzysztof Pomian, ele não parece aqui dar crédito aos historiadores senão das coisas vistas, donde a superioridade que ele concede à história contemporânea entendida aqui como uma história escrita pelas testemunhas diretas, simples vetores de transmissão da palavra de Deus. Sua percepção da história, que certamente não é central em uma obra dedicada à apologia do cristianismo, parece estar em oposição ao pensamento científico. É uma hipótese levantada por Louis Marin ao comentar "a desgraça do século" e a "perversão da ordem das ciências" que Pascal denunciava em sua juventude: "trazer a autoridade de Aristóteles como prova nas matérias físicas que estão sujeitas somente à experiência e à razão, e introduzir novidades, fazer invenções, empregar a razão na teologia *em lugar da* autoridade da Escritura e dos Pais, é profanar o discurso de Deus" (Marin, 1997:174-175; o grifo é do autor). A crítica, a razão, a recusa da autoridade valem para as ciências, mas não para a história, ainda inteiramente dependente da teologia.

Contudo, pelo menos no que diz respeito à minha tese, não é tanto a oposição entre história "erudita" e história "literária" — uma das grandes querelas da época[15] — que merece ser realçada, mas a definição implícita que vem à tona aqui da história contemporânea, uma expressão ainda rara no vocabulário. Pascal evoca aqui a relação de um povo com um texto sagrado, a questão de sua contemporaneidade, ainda que o termo não apareça sob essa forma. Em outra passagem, ele frisa, por exemplo, o papel fundamental de Moisés, em quem ele vê... um historiador do tempo presente:

---

[15] Sobre essa questão, ver Barret-Kriegel (1988).

Começando a criação do mundo a se afastar, Deus proveu com um historiador único contemporâneo, e responsabilizou todo um povo pela guarda deste livro, a fim de que esta história fosse a mais autêntica do mundo e que todos os homens pudessem aprender por ele uma coisa tão necessária de saber, que não se pudesse saber senão por ele. [Pascal, 1963:562]

O uso que é feito aqui do termo "contemporâneo" é tanto mais interessante quanto parece paradoxal, pelo menos à vista do significado de que ele pôde revestir-se depois. O que torna "autêntica" a história relatada pelo Livro é não somente que ela foi escrita por contemporâneos, e, portanto, por testemunhas — encontra-se aqui a tradição historiográfica grega —, mas é a permanência mesma de sua mensagem através das épocas que "torna também a nós contemporâneos dos eventos contados pela Bíblia", como escreve Pierre Force (1989:176). O poder do texto sagrado reside em que ele resiste a toda historicidade ao transmitir intacta a força da mensagem original da aliança. A característica do povo judeu é ser assim "o enunciador perpétuo do Antigo Testamento", o que lhe confere, de resto, um caráter quase sobrenatural e anacrônico. A expressão "história contemporânea" não remete, portanto, aqui à história do seu próprio tempo, nem a um corte entre o passado e o presente, nem mesmo a uma distinção entre um conhecimento direto de uma história vista e vivida por oposição a uma história estudada e contada. Ela remete a um passado que também permaneceu contemporâneo e que se perpetuou sob a forma de um presente eterno, uma presença por assim dizer intacta do passado, um passado inalterado. Se a "história contemporânea" é a única a ser "suspeita" aos olhos de Pascal, é porque ela é uma memória — para utilizar aqui um termo de hoje. Quando ele evoca um livro "que um povo fez" e que é tão antigo quanto ele, pode-se revelar aí uma ideia similar à desenvolvida pelo historiador do judaísmo Yosef Yerushalmi (1984): a relação ancestral do povo judeu com o passado, antes das conturbações do século XX, liga-se ao registro da memória e não ao da história, nem mesmo ao da tradição de práticas perpetuadas, precisamente para entreter o presente de um passado original que permanece assim imutável.

Apesar das formulações quase idênticas, há uma grande distância da afirmação de Pascal e a de Croce dois séculos depois sobre a história contemporânea como "a única história digna desse nome", ainda que os dois remetam ao velho princípio da história que guia o presente: no primeiro, esta história contemporânea, por referência à Bíblia, é sinônimo de ausência de historicidade, enquanto, no segundo, ela remete à inserção no presente de toda abordagem do passado, próximo ou longínquo, em uma tradição mais próxima de Tucídides. Pascal situa a contemporaneidade no passado enquanto Croce a situa no presente: essa diferença de sentido em uma fórmula que fez fortuna não é anódina, uma vez que ela enfatiza a que ponto a noção de contemporaneidade pode designar regimes temporais muito diferentes.

O advento de uma historiografia fundada no conhecimento mediado torna mais agudos, por outro lado, alguns problemas estruturais da prática mesma da história, em particular a objetividade do saber e a independência do historiador. O estabelecimento de métodos e de técnicas que permitem apreender objetivamente vestígios do passado se funda na razão e, portanto, na afirmação de uma necessária independência relativamente às paixões, à fé, à Igreja, ao poder real, uma "doutrina utópica", nos diz Krzysztof Pomian (1999:155). Esta coloca diretamente a questão da legitimidade de uma história contemporânea da qual não se sabe bem se ela está do lado do conhecimento imediato, como o quer a abordagem teológica de Pascal, ou do lado do conhecimento mediado, permanecendo, portanto, no campo da história, uma arte em franca evolução. As novas interrogações sobre uma história contemporânea erudita são tanto mais agudas quanto se inserem em um contexto particular: o da lembrança traumática das guerras de religião da segunda metade do século XVI e da primeira metade do século XVII. A intensidade e a violência delas atormentam os contemporâneos e levam a uma aspiração geral pela paz civil, que se traduz, no século XVII, por uma historiografia abundante, marcada pelo evento, pelo choque de uma revolução inacabada mas retrospectivamente assustadora, escrita em parte pelos vencedores — os católicos —, que faz a apologia da monarquia, até mesmo a absoluta, a única capaz de garantir a ordem e a paz.

A historiografia, e particularmente a historiografia do tempo presente, participa também do surgimento do Estado moderno, que cria novos dispositivos para conhecer e fazer-se conhecer, por um lado, vigiar e dissimular-se, por outro, utilizando a literatura como um instrumento de sedução e de dominação:

> Ao longo de todo o século XVII, o poder monárquico [na França] tentou suscitar a escrita de uma história contemporânea que o satisfizesse e na qual ele se reconhecesse. Diversos métodos foram empregados, diferentes projetos foram desenvolvidos e iniciados, grandes livros chegaram a ser escritos. Mas nunca o resultado pareceu à altura da expectativa. A determinação dos governantes e o zelo patente dos escritores não foram suficientes, como se um gênio maligno do desentendimento embaralhasse a cada vez o jogo, fazendo soçobrar a força e a clareza das intenções na impotência das realizações.[16]

Na época medieval, a matéria da história era a vontade divina. Na época moderna, é o soberano. A história do tempo presente ocupa aí um lugar importante, mas não pelas mesmas razões que nas épocas anteriores. O presente é doravante uma conjuntura, uma sequência histórica particular e não um presente eterno. Certamente, o rei continua tendo essência divina, mas a história do tempo presente é posta em ação a ser-

---

[16] Jouhaud (2000:151). A citação começa o capítulo III, intitulado "Historiens du présent et pouvoir politique".

viço do seu poder temporal. Se a finalidade da escrita da história permanece a sua exemplaridade e a possibilidade de guiar o presente, sua operacionalização se insere doravante na lógica de um conhecimento mediado, fundado em documentos. Ora, se a demanda do poder e as exigências da erudição parecem *a priori* compatíveis — pelo menos os historiógrafos oficiais querem acreditar nisso —, elas se verificam definitivamente muito difíceis de conciliar: "a história é um inevitável e importuno desafio para o poder", escreve ainda Christian Jouhaud (Jouhaud, 2000:151). Retomando a constatação de Scipion Dupleix, historiógrafo de Luís XIII, ele mostra como três exigências pesam sobre esse encargo: a própria decisão de empreender um estudo historiográfico que depende não do letrado, mas do poder; a questão da censura e, mais geralmente, de sua liberdade de escrita; as fontes que ele poderá ou não utilizar.

O historiador do tempo presente do século XVII se vê assim às voltas com a lógica do Estado moderno e com a preservação do segredo de sua ação. Colbert recusou a François Charpentier, encarregado por Luís XIV de escrever uma história do seu reino, o acesso às pastas do gabinete real ou a possibilidade de interrogar regularmente o ministro. Essa situação lembra o dilema contemporâneo dos arquivos públicos que coloca o Estado, assim como o cidadão, diante da dupla exigência da transparência da ação pública e da preservação dos segredos de Estado ou da vida privada. A história, assim como o poder, deve dizer e não dizer ao mesmo tempo. A questão da censura, por outro lado, não é um problema novo. Muitas críticas ao soberano correm o risco, evidentemente, de desagradar ou de não ser conforme a realidade. Muita deferência pode, ao contrário, prejudicar a credibilidade do historiador, e assim a do seu assunto, fazendo também que corra riscos. O historiador Charles Sorel, o autor em especial do *Avertissement sur l'histoire de la monarchie française* (1629), relata a anedota segundo a qual Alexandre o Grande ameaça de morte um historiador que "lia diante dele o que já compusera de sua história em que contava coisas fabulosas e incríveis"

(Jouhaud, 2000:170). Que grau de louvor, que grau de crítica são aceitáveis pelo poder? É toda uma responsabilidade do historiador que é levantada aqui, e que muda de natureza uma vez que o conhecimento que ele produz não tem sua fonte apenas na experiência, por definição compartilhada com outros, mas em um conhecimento mediado e, portanto, na frequentação mais ou menos solitária dos vestígios de escritos que não podem fazer sentido senão se o historiador é confiável, ainda quando ele seja submisso. Um século antes, em sua *História de Florença* (1521-25) encomenda pelo papa Clemente VII, Maquiavel já tinha enunciado os escolhos que a escrita de uma história apresenta, tanto a contemporânea quanto a mediada:

Porque Vossa Beatitude me impôs e ordenou particularmente escrever as ações realizadas por seus antepassados, a fim de que se visse que eu estava longe de todo tipo de adulação [...], temo muito parecer ter ultrapassado suas ordens ao descrever as virtudes de João de Médici, a ciência de Cosmo, a humanidade de Pedro e a magnificência e a sabedoria de Lourenço. [...] Pois, em todas as minhas narrações, nunca quis dissimular uma ação desonesta sob uma causa honesta, nem escurecer uma obra digna de louvor, como visando a um fim contrário. Quanto eu me pus à distância da adulação, vê-se em todas as partes da minha história, e sobretudo nos discursos e nas declarações tidas privadamente, relatadas em discurso direto, assim como indireto, que são fiéis sem nenhuma reserva, em suas expressões e seu desenvolvimento, à coerência do caráter das pessoas que se exprimem. Evito cuidadosamente e em toda ocasião os termos violentos, como pouco necessários à dignidade e à verdade da história. [...] Esforcei-me portanto, Bem-aventurado e muito Santo Padre, por satisfazer cada um em minha narração sem alterar a verdade. Talvez eu não venha a satisfazer ninguém. Se isto acontecesse, não me surpreenderia, pois julgo que é impossível descrever os acontecimentos do nosso tempo sem ofender um grande número de pessoas. Contudo, avanço alegremente no campo de batalha. [Maquiavel, 1996:653-654]

Civismo, sinceridade, coragem, distância, lucidez, imparcialidade, temperança, Maquiavel faz aqui o retrato ideal do historiador do tempo presente, isto mesmo que a corte do rei de França fracassará em promover. Ele enuncia uma verdade que parece atravessar toda a época moderna: a escrita de uma "história do nosso tempo", da qual percebemos cada vez mais a particularidade, senão a singularidade, é tão necessária ao exercício do poder quanto é difícil, talvez impossível, de empreender por causa precisamente da sua proximidade com o soberano. Quanto mais essa historiografia se singulariza, mais ela coloca questões. Quanto mais ela parece marcar uma ruptura na linearidade ou na continuidade do tempo, especialmente no tempo divino, mais ela incomoda. Quanto mais a história se torna uma medida da alteridade, mais a questão da distância relativamente às paixões se coloca.

Nascimento da história contemporânea moderna

Na busca de uma "episteme" moderna, Michel Foucault, em *As palavras e as coisas*, evoca a ruptura que se produziu nas sociedades ocidentais na virada dos séculos XVIII e XIX. As "ciências humanas", saber recente que toma o homem como objeto, passam de um regime de inteligibilidade fundado na Ordem, a saber, a taxonomia, a classificação dos seres e das coisas em um espaço relativamente estável, a um outro, fundado na história, entendida aqui não como a narração dos fatos ocorridos, mas como o movimento do próprio tempo e um princípio de organização.

A História, sabe-se, é o terreno mais erudito, o mais avisado, o mais desperto, o mais atulhado talvez de nossa memória; mas é também o fundo donde todos os seres vêm à sua existência e à sua cintilação precária. Modo de ser de tudo o que nos é dado na experiência, a História tornou-se assim o incontornável do nosso pensamento [...]. [Foucault, 1966:230]

Michel Foucault aponta aqui o nascimento propriamente dito da historicidade entendida como uma característica das sociedades modernas que se pensam não mais na continuidade (ou na contestação) de uma tradição imutável, mas no movimento, em uma mudança constante, por vezes brutal, aberta a todas as promessas do Progresso, mas também cheia de todas as incertezas de um futuro doravante indecifrável. Nessa perspectiva, a Revolução Francesa constituiu uma virada significativa cujos efeitos se fizeram sentir até o último terço do século XX. Reinhart Koselleck, desenvolvendo por vias diferentes a mesma intuição de Foucault, demonstra assim que, de um lado e de outro da Revolução, é o próprio conceito de história que muda de sentido. Ele se amplia para deixar espaço a um novo "metaconceito": o de uma história (do alemão *Geschichte*) que não se reduz à soma das histórias particulares (*Geschichten*), nem à só justaposição dos fatos e da sua narração (*Histoire*), a "histórias de..." descrevendo a vida de um soberano, de um reino, de um país, de uma instituição religiosa, quer ela seja do passado próximo ou do passado mais longínquo. Daí em diante, a cultura do iluminismo e depois a cultura pós-revolucionária procuram apreender a história "enquanto tal", a história "em geral", que se situa acima das evoluções de tal ou qual sujeito histórico particular: "Acima das histórias, há a história", escreve Droysen, um dos fundadores da escola histórica alemã, em 1858.[17] É uma história doravante destacada da Providência e da vontade divina que "se cria a si mesma" e se vê fonte do seu próprio movimento. Ela desempenha assim o papel de uma última instância que se confunde com o princípio da Razão em marcha e "se torna um agente do destino humano ou do progresso da sociedade" (Koselleck, 1997:15-99). Por isso, a função da história como disciplina muda também, uma vez que já não se trata simplesmente de relatar "a narração verídica das coisas passadas", segundo a fórmula consagrada desde a Antiguidade, mas de

---

[17] "*Über den Geschichten ist die Geschichte*", Droysen (2002: §73, p. 85).

apreender o próprio movimento do destino humano. A história se torna disciplina autônoma que pode e até deve, daqui para a frente, permitir pensar a "história do mundo" (*Weltgeschichte*), com alcance universal.

> Eis aí uma aquisição da filosofia das Luzes por meio da qual a história (*Historie*) enquanto ciência se separa da retórica e da filosofia moral que se lhe aproximam, como ela se liberta da teologia e da jurisprudência que lhe são superiores na hierarquia acadêmica. Que a história (*Historie*), que não tratava até então senão do singular, do particular e do acidental, fosse capaz de "Filosofia", não se podia perceber. Quando os métodos histórico-filológicos e as ciências auxiliares já se tinham tornado autônomos desde o humanismo, a história (*Historie*) enquanto tal se tornou uma ciência independente somente quando — na "história em geral" — ela ganhou um espaço de experiência. Desde então, ela pôde também estabelecer o seu "domínio de objetos" específico. A constituição da filosofia da história é um indicador desse processo. [Koselleck, 1997:28]

A filosofia da história se constitui então em gênero à parte, e se ela ajuda a disciplina histórica a ganhar autonomia, ela também lhe coloca desafios. "Ela se vê provocada", escreve Koselleck, "pois, uma vez que o divino se torna caduco, a história é obrigada a elaborar coerências, a supor que houve, a partir de componentes provenientes da própria história" (Koselleck, 1997:41). Essa nova história deve, portanto, realizar uma metamorfose tanto teórica quanto empírica, para ultrapassar a análise puramente positiva dos vestígios efetivos do passado e empreender a reconstituição de um todo coerente, amplamente hipotético e dedutivo, e portanto mais próximo da postura filosófica. A concorrência entre história e filosofia se acha por isso tanto mais marcada quanto a primeira perde com isso seu *status* de arte menor herdado do pensamento aristotélico. Ela tornar-se-á a disciplina rainha do século XIX, pelo menos na França e na Alemanha.

Se o iluminismo participou da erupção de 1789 e configurou assim, por um lado, o evento, a Revolução Francesa soa, por outro, como a tradução espetacular no mundo material do nascimento da história "enquanto tal" no mundo das ideias. Pela fratura que ela provoca no seio de uma ordem milenar que se acreditava imutável, ela modifica profundamente a relação entre o passado, o presente e o futuro, que não oferece mais à consciência uma continuidade. Dá nascimento a uma percepção da história em marcha inteiramente fundada na aceleração do tempo presente, percebido daí em diante como uma transição instável, incerta entre o que Koselleck chama de "espaço de experiência" e "horizonte de espera". Esses dois conceitos, que tiveram grande fortuna na retórica histórica e são frequentemente utilizados como simples metáforas decorativas, não designam simplesmente o passado e o futuro tais como percebidos pelos contemporâneos em um dado momento. Eles enfatizam a descontinuidade e a diferença de *natureza* entre o passado e o futuro tais como apareceram com a fratura revolucionária e das quais ainda somos amplamente tributários. Marcam a mudança de perspectiva dos historiadores que deverão agora escrever a história do tempo presente e reescrever a dos tempos mais recuados à luz dessa descontinuidade. Não é somente a história que se está fazendo no momento que muda de alicerce, mas é a história já escrita que deve mudar, uma vez que uma ordem declarada e pensada como imutável — o Antigo Regime — se verificou mortal e desmoronou em poucos anos — um pouco como o comunismo soviético. Se o fim da história muda, se é que existe um fim da história, é tudo o que precede que deve ser concebido de outro modo. Este estado chancela, de fato, a ruptura entre um passado que se proclama encerrado — uma noção relativamente desconhecida até então — e que não dita mais a sua lei à ação presente, uma vez que se trata precisamente de romper com ele, e um futuro inteiramente aberto, cuja antecipação deve ditar as condutas presentes — a invenção de uma nova sociedade — exatamente quando a providência divina já não pode servir de ponto de apoio. Portanto, o problema reside aqui na criação de novas passarelas entre a experiência adquirida e um horizonte que já não é previsível, donde o surgimento de uma nova reflexão sobre a história contemporânea que constitui precisamente uma maneira de pensar essa passagem e de responder tanto à recusa da história como reservatório da experiência quanto à instabilidade criada pelo desaparecimento de um futuro agora imprevisível e para o qual é preciso encontrar novas chaves de leitura.

Os historiadores se veem assim investidos de responsabilidades de certo modo inéditas. Esta nova concepção de uma história motriz da humanidade dá uma importância considerável ao olhar que a posteridade lançará ao presente. A história se torna uma instância última de julgamento. A ela é atribuída a palavra final. D'Alembert fala assim acerca disso de um "tribunal íntegro e terrível", ao passo que Schiller declara que "a história do mundo é o tribunal do mundo", célebre fórmula retomada e desenvolvida por Hegel (Koselleck, 1997:38-39). Chateaubriand atribui à história um encargo pesado:

Quando, no silêncio da abjeção, não se ouve retinir mais que a corrente do escravo e a voz do delator; quando tudo treme diante do tirano, e quando é tão perigoso incorrer no seu favor quanto merecer a sua desgraça, o historiador aparece, carregado da vingança dos povos. É em vão que Nero prospera, Tácito já nasceu no império; ele cresce desconhecido perto das cinzas de Germânico, e já a íntegra providência entregou a uma criança obscura a glória do senhor do mundo.[18]

Essa citação célebre merece nossa atenção, pois é frequentemente retomada na historiografia recente do tempo presente. Ela constitui, por exemplo, um momento-chave da vocação de um Pierre Vidal-Naquet, "uma razão de viver", escreve esse historiador da Antiguidade, filho de

---

[18] Esta célebre passagem vem de um artigo publicado no *Mercure de France*, no dia 7 de julho de 1807 e republicado em suas *Mémoires d'outre-tombe*, tomo II, p. 102 da edição de Liège de 1849.

deportados, engajado nos combates do seu tempo, em especial contra o colonialismo, e que militou pela constituição tanto de uma memória quanto de uma história do Holocausto, a contar dos anos 1980 (Vidal--Naquet, 1995:113-114). Nessa concepção, não é tanto a vingança no sentido de uma reação contra o criminoso ou tirano que conta, mas a esperança de ver a verdade triunfar com o tempo, acessoriamente com a ajuda do historiador. O tribunal da história não tem por função aqui punir, ainda menos tomar o lugar de uma verdadeira corte de justiça — Pierre Vidal-Naquet sempre recusou a história "judicial" —, mas permitir à história, o tempo que será preciso, sair do poço. Estamos aqui em uma tradição de Dreyfus, que Pierre Vidal-Naquet encarnou na França pós-colonial (Hartog, Schmitt e Schnapp, 1998).

Essa abordagem é muito distante da ideia de que o historiador, por seus trabalhos, deva suprir a ausência de um tribunal e constituir-se ele próprio em instância de julgamento, utilizando qualificativos penais, até mesmo pronunciando veredicos, uma tendência surgida após a queda do Muro de Berlim a propósito dos crimes do sistema comunista. "Longe de nós a ideia de nos instituirmos em defensores da enigmática 'vingança dos povos'", escreve, por exemplo, Stéphane Courtois no seu prefácio ao *Livre noir du communisme*, publicado em 1997, um livro importante que suscita numerosas controvérsias tanto de fundo quanto acerca da postura adotada.[19] Contudo, é esse exatamente o sentido do seu texto, cuja passagem essencial consiste em fazer entrar o trabalho aprofundado realizado pelo conjunto dos historiadores sobre os crimes do comunismo no quadro de qualificativos feitos em Nuremberg, em particular o crime de guerra e o crime contra a humanidade, ou ainda de genocídio (Courtois et al., 1997:9-18). O que é problemático nesse procedimento não é a estigmatização de crimes de massa que permaneceram impunes e foram por muito tempo negados, ainda menos o

---

[19] Courtois et al. (1997). Citação da p. 36 da edição da coleção "Bouquins", 1998.

fato de que o historiador exprime com ele sua subjetividade. É o recurso ao contrassenso do procedimento jurídico e judicial, pois o historiador, aqui, toma o lugar do policial ou magistrado instrutor, do procurador e do juiz, pronuncia julgamentos não suscetíveis de recurso nem de exame de conformidade ao "direito" que ele utiliza, e frequentemente apenas concede um pequeno espaço à palavra do contraditório da defesa, ou seja, o exato contrário de um processo legítimo. Nesse sentido, o uso que é feito aqui das categorias jurídicas e judiciais se situa no registro de uma "vingança" que quer suprir a falta — frequentemente real, por outro lado — de uma justiça temporal.

Essa atitude, que se disseminou muito na escrita da história recente do tempo presente, mostra até que ponto, em face da herança de curto e médio prazo de uma grande catástrofe ou de uma grande perturbação, o historiador do contemporâneo deve enfrentar desafios que ultrapassam de longe o simples exercício intelectual e acadêmico. Esses desafios têm por objeto a busca da verdade, a consideração dos sofrimentos havidos, a ávida necessidade de decidir entre o bem e o mal, a necessidade frequentemente tensa e angustiada de uma narração, mesmo que imperfeita, que faça sentido após o evento. Foi o caso depois de 1945 e depois de 1989, e foi também o caso após 1789, por motivos muito diversos quanto ao sentido dado ao evento, e sobretudo porque a Revolução não foi somente um advento de um mundo novo, mas de uma nova concepção do tempo e da história que dará todo o seu sentido nas décadas seguintes à noção mesma de história contemporânea em sua acepção moderna.

Se insisto aqui, mesmo nas digressões, nessa dimensão jurídica e judicial do discurso histórico sobre o tempo presente, quer seja nos dias seguintes à Revolução Francesa, quer no fim do século XX, é porque ela constitui em minha opinião o ponto limite da reflexão sobre a prática histórica. Quer seja pela figura do historiador armado de uma providência divina, o historiador "vingador dos povos", o historiador substituto de um "Nuremberg do comunismo" abortado, sem nem mesmo falar aqui do historiador "testemunha judicial", cada uma dessas posturas, sejam conscientes ou não, livremente ou não consentidas, remetem aos limites da própria prática da história — e singularmente da história do passado próximo. Os desafios historiográficos mais evidentes, pelo menos para o historiador de hoje, tomam aí um sentido incomparavelmente mais agudo, dadas as tensões em jogo: pesquisa da verdade, questão da imparcialidade, escolha entre objetividade e subjetividade, definição da boa distância, estilo de argumentação e de narração, suspensão ou não do juízo. Ora, é precisamente porque a história muda de sentido na virada do século XVIII e porque ela se vê investida em parte do que constituía a providência divina, que sua importância como modo de pensamento mudará consideravelmente nas décadas seguintes, para acabar no surgimento de uma disciplina já não simplesmente autônoma, mas que reivindica para si caráter científico.

O surgimento da filosofia do iluminismo, após as conturbações revolucionárias, gera sentimentos contraditórios sobre os usos e a utilidade do olhar histórico. Encontra-se, por um lado, uma recusa da história tradicional, sobretudo a que se viu reduzida a ser apenas a auxiliar do soberano, desprovida de perspectiva geral e que fez somente, o mais das vezes, perpetuar a ordem estabelecida ao enraizá-la em um tempo imemorial, legitimando pelo recurso ao passado a perpetuação de uma dominação. Há, por outro lado, o surgimento de um novo pensamento histórico, de uma filosofia da história com pretensões cada vez mais holísticas. Há também, durante e após a Revolução, um gosto, uma expectativa, poder-se-ia dizer quase uma obsessão pela história, que se explica por duas razões essenciais: o sentimento de que a ruptura revolucionária e a aceleração do tempo afastam de repente o passado cuja presença já não é evidente, como um navio que se dirige para um novo mundo desconhecido e vê desaparecer as margens familiares do antigo; a necessidade de compreender, de dar sentido e inteligibilidade à deflagração revolucionária e às possibilidades que ela abre. Essa ambivalência entre recusa e expectativa diz respeito essencialmente à história contemporânea.

A recusa da história tradicional desempenha seu papel, por exemplo, no surgimento da filosofia da história, termo inventado por Voltaire em sua obra epônima publicada em 1765 sob o pseudônimo de abade Bazin, e que servirá em seguida, em 1769, como "Discurso preliminar" ao seu *Essai sur les moeurs*.[20] Ainda que esse texto não tenha muito que ver com uma reflexão sobre a história, mas se apresente antes como uma contra-história de alcance universal, ele marca ao mesmo tempo a aproximação entre as duas formas de pensamento, ou antes, uma espécie de entrada da filosofia no terreno da interpretação histórica, e uma crítica radical da história tal como ela se praticava então, sujeita que estava ao ascendente teológico e político. "Vocês gostariam que filósofos tivessem escrito a história antiga, porque vocês querem lê-la como filosofia. Vocês buscam apenas verdades úteis, e com frequência, dizem vocês, não encontraram senão erros inúteis." Em duas frases inaugurais, Voltaire denuncia a falta de sentido da historiografia clássica e sua fraca credibilidade. D'Alembert segue seus passos no mesmo momento:

> Assim, muito longe de que a história deva ser desdenhada pelo filósofo, é apenas ao filósofo que ela deve ser verdadeiramente útil. Contudo, há uma classe à qual ela é ainda mais proveitosa. É a classe desafortunada dos príncipes. Ouso empregar essa expressão sem temer ofendê-los, porque é ditada pelo interesse que deve inspirar a todos os cidadãos a infelicidade inevitável à qual eles estão sujeitos, *o de não ver nunca os homens senão sob a máscara*, esses homens que é, contudo, tão essencial conhecer. A história pelo menos lhos mostra pintados, e sob a figura humana: e o retrato dos pais lhes grita para desconfiar dos filhos. É, portanto, ser o benfeitor dos príncipes, e con-

---

[20] Ver a versão das Éditions Slatkine de 1996, prefácio de Catherine Volpilhac-Auger.

seguintemente do gênero humano que eles governam, nunca perder de vista ao escrever a história o respeito supersticioso que se deve à verdade. Que não se deva jamais permitir alterar, isso não vale a pena de ser dito; acrescentemos que há mesmo muito poucos casos em que seja permitido calá-la.

Mas como um historiador, que não quer nem se aviltar, nem se prejudicar, evitará ao mesmo tempo o perigo de dizer a verdade quando ela ofende, e a vergonha de calá-la quando é útil? Talvez a única resposta a essa questão é que um escritor, ao preço de ser acusado ou pelo menos suspeito de mentir, nunca deveria dar ao público a história do seu tempo; como um jornalista nunca deveria falar dos livros do seu país, se ele não quer correr o risco de se desonrar por seus elogios ou por suas sátiras. O homem de letras sábio e esclarecido, respeitando, como deve, aqueles que seu poder ou seu crédito coloca ao alcance de fazer muito bem ou muito mal a seus semelhantes, os julga e os aprecia no silêncio, sem fel nem lisonja, mantém, por assim dizer, registro de seus vícios e de suas virtudes, e conserva esse registro para a posteridade, que deve pronunciar e fazer justiça. Um soberano que, subindo ao trono, proibisse, para fechar a boca aos aduladores, que se publicasse sua história enquanto vivo, se cobriria de glória por essa proibição; ele não precisaria temer nem o que a verdade ousasse lhe dizer, nem o que ela poderia dizer dele; ela o louvaria, após vê-la esclarecida, e ele fruiria antecipadamente de sua história que ele não gostaria de ler.[21]

Essa reflexão é evidentemente central para minha tese. Não há história autêntica que não seja contemporânea, parece proclamar d'Alembert, em uma inversão assaz notável da evolução anterior: sua declaração acaba com a conclusão inversa à de Pascal e ainda mais à de Maquiavel

---

[21] Alembert (1821-1822: t. II, 1ª parte, p. 1-10). Texto reproduzido em *Réflexions sur l'histoire, et sur les différences manières de l'écrire*. Disponível em: <www.eliohs.unifi.it/testi/700/alemb/reflect.html>. Edição online de Guido Abbatista para *Cromohs* (Cyber Review of Modern Historiography), jan. 1977. O grifo é do autor.

na *Histoire de Florence* citada, conquanto as premissas sobre as relações entre poder e verdade sejam aí comparáveis. Quanto mais se entra no tempo da Razão, que vê a vitória da história filosófica sobre a história erudita, mais a história, *a fortiori* a história contemporânea por demais dependente das realidades do seu tempo, começa a tonar-se suspeita. Daí em diante, é a proximidade, a ausência de distância que prejudica a perspectiva. Essa evolução não é somente notável porque desenvolve argumentos contra a possibilidade mesma de escrever uma história contemporânea dos fatos que ela pretende descrever e analisar, mas porque, ao fazer isso, essa crítica acusa a cisão entre o passado recente e o passado encerrado, e sem dúvida contribui para criá-la antes mesmo da cisão social e política da Revolução. O importante, em minha opinião, é que a história contemporânea começa a ser identificada como relativamente singular, pelo menos apresentando características particulares, o que significaria que é seu surgimento mesmo no campo intelectual que suscita as reações mais argumentadas da sua necessária rejeição. É uma hipótese, nós o vimos no começo deste capítulo, enunciada por Pierre Nora, mas para o fim do século XIX. Ora, essa característica de uma prática que surge apenas para ser imediatamente contestada toma forma muito mais cedo, sobretudo na Alemanha, e parece ligada tanto ao surgimento de uma disciplina histórica que se quer como ciência quanto ao início da profissionalização do ofício de historiador, consequências mais ou menos diretas da mudança de historicidade que se realiza entre os séculos XVIII e XIX. Essa recusa não está, portanto, ligada à história da Terceira República, e menos ainda específica apenas do contexto francês.

O próprio aparecimento da história como disciplina autônoma torna suspeita, por isso mesmo, uma história contemporânea que, até então, fazia parte intrínseca do olhar e da prática dos historiadores. A Revolução provisoriamente terminada, o que constituía antes um elemento não discutido da reflexão histórica — a consideração do tempo presente, um tempo presente não destacado do passado —, constitui doravante um problema. É primeiramente um problema político. Na França, por exemplo, sob a Restauração, os programas escolares hesitam sobre o lugar que é preciso conceder ao período revolucionário: em 1818, para as classes de primeiro ano do ensino médio, e em 1826, para as classes de último ano do ensino fundamental, as diretrizes preconizam ir "até os nossos dias", uma noção relativamente nova não na prática, mas em sua denominação. Por outro lado, no programa das classes de primeiro ano do ensino médio em 1828, o ciclo de ensino de história acaba com o início da Regência em 1715. Essas hesitações refletem as divergências entre os liberais, como Adolphe Thiers, que preconizam estudar a Revolução e analisar as causas para evitar uma possível repetição, e os reacionários extremistas, como Josef de Maistre, que veem nela um acidente ou uma punição divina que é preciso considerar como um parêntese. De modo geral, os debates sobre a história recente suscitam reações ao mesmo tempo antagonistas e contraditórias. À recusa dos valores revolucionários e ao medo de vê-los transmitidos às gerações futuras, opõe-se a vontade de reconciliação conforme a política de amnésia voluntária louvada pela Carta Constitucional de 1815. Em face da realidade cada vez mais presente de um impossível retorno à situação anterior ou ainda do desejo de virar a página, surge a preocupação de manter, apesar de tudo, a sequência revolucionária em uma proximidade ainda não "histórica" a fim de facilitar uma reescrita do passado, por exemplo, pela restituição dos bens confiscados[22]. Por conseguinte, especialmente por impulso de Victor Duruy, o ensino do passado próximo se tornará um elemento essencial da formação dos jovens secundaristas, assim como o ensino da história em geral é objeto de uma forma de autonomização, sobretudo em relação à situação da historiografia, pois responde a missões cívicas específicas:

---

[22] Ver Garcia e Leduc (2003:38-44). Ver também Koselleck (1990:51). Agradeço Sylvie Aprile e Emmanuel Fureix por seus conselhos sobre este período.

[O programa das classes de filosofia] deve estender-se de 1789 até nossos dias, a fim de que aqueles que, em alguns anos, farão os negócios do país, saibam de que maneira este país até o presente viveu [...]. A nossa sociedade atual, com a sua organização e suas necessidades, data da Revolução e, para compreender bem, como para servi-la bem, é preciso conhecê-la.[23]

Esse novo meio de conceber a contemporaneidade, no contexto de uma aceleração do tempo, também gera problemas intelectuais e torna alguns historiadores mais circunspectos. "Assim, eles hesitam", escreve Reinhart Koselleck, "em escrever histórias modernas, particularmente as que, como era usual antes, devem estender-se até à 'história do tempo presente' (*Zeitgeschichte*)" (Koselleck, 1997:83). A ausência de um presente estável, de um ponto fixo a partir do qual dirigir um olhar retrospectivo constitui um primeiro obstáculo: começa-se a ter a ideia de que a escrita de uma história que se prolonga no tempo presente agora incerto não pode conceber-se senão como uma história inacabada, em suspensão. Nessa acepção, sendo o tempo presente provisório, ele não pode ser colocado em história. "Em todo lugar, na vida civil, política, religiosa e financeira, a situação não é provisória? Ora, não é o acontecer, mas o que aconteceu que é a finalidade da história", escreve Gustav Poel[24]. A história pode e deve escrever-se apenas levando em conta a duração transcorrida. Uma história do tempo presente se verifica, portanto, *doravante* impossível para toda uma corrente historiográfica "pois ela ajudaria quando muito a desencadear uma querela de partidos". Portanto, "nada de durável, nenhuma história verdadeira podem ser apagados por uma história escrita hoje". E Koselleck chama a atenção

---

[23] "Instruction relative à l'enseignement de l'histoire contemporaine dans la classe de Philosophie des Lycées impériaux", 24 set. 1863, citado por Garcia e Leduc (2003:79).

[24] Koselleck (1997:83). Gustav Poel, em uma discussão com dois de seus colegas, Johann Georg Rist e Friedrich Christoph Perthes, pergunta-se sobre a possibilidade de escrever em torno de 1820 uma *Histoire des États européens*.

para "a palavra amarga" de Friedrich Christoph Dahlmann, em escritos de 1847: "A história é distinta demais para ir até os nossos dias".[25]

É importante notar aqui que as objeções mais importantes que serão feitas à ambição de escrever uma história contemporânea a contar de meados do século XIX — a ausência de recuo, a vivacidade das paixões, o inacabamento dos processos observados — decorrem muito diretamente não somente do surgimento científico e de uma disciplina profissionalizada, mas da recusa da história clássica, consequência da sombra trazida por uma Revolução que transtornou a ordem do tempo. Está-se em presença de uma reação tanto intelectual quanto emocional, de uma dificuldade de pensar o mundo após tal acontecimento, salvo a repensar toda a disciplina, o que acontecerá efetiva, mas progressivamente. As objeções que surgem à possibilidade de escrever uma história do tempo presente parecem tanto mais notáveis quanto essa forma de ceticismo se desenvolve de maneira concomitante a um movimento inverso que leva, ao contrário, os contemporâneos da Revolução a se interessar com maior atenção pela história, ou seja, por um mundo repentinamente desaparecido, quer a gente se regozije com isso, quer se deplore. É uma das razões que fazem do século pré-revolucionário o século da história, aquele dos historiadores-escritores (Michelet) ou dos escritores-historiadores (Dumas), dos historiadores-políticos (Thiers, Von Humboldt), dos historiadores-filósofos (Droysen, Tocqueville). É também o século da invenção do arquivo, do patrimônio e mesmo do surgimento das primeiras "políticas de memória" com o advento das grandes campanhas de escavações arqueológicas ou com a construção de museus e outras instituições encarregadas de preservar o passado. Fenômeno europeu, ele é particularmente verificado na França, onde os historiadores se veem investidos da missão de escrever uma narrativa coerente, que fizesse a

---

[25] Koselleck (1997:83-84). O aforismo não deixa de lembrar a posição de um Bernard Guenée, citado anteriormente.

ligação entre o passado e o presente, entre os diversos componentes de uma sociedade fraturada, que desse sentido à descontinuidade vivida, e que até mesmo preparasse o julgamento da posteridade.

> Por isso, conceber uma história que explica a ruptura revolucionária e chega a articular juntas as partes desunidas da história da França é uma tarefa primordial. Espera-se da história que ela permita compreender os conflitos que dividem os franceses como o que os unem. Em face da fragilidade dos governos e das instituições políticas, da repetição compulsiva do gesto revolucionário que opõe os herdeiros da Revolução entre si, aos historiadores é reconhecido um formidável magistério: o de dizer a verdade da França. Por uma singular reviravolta, o especialista do passado age como profeta. [Delacroix, Dosse e Garcia, 2007:12]

Outro fato notável que encontramos repetidamente: não só a história em sentido amplo se reveste então de uma importância maior, mas a história do tempo presente se desenvolve em todos os seus aspectos, apesar da suspeita e da recusa expressa por alguns. A Revolução atormenta sobremodo os espíritos — e atormentará por muito tempo — para desencorajar as penas mais curiosas ou as mais implicadas. Ela suscitou uma historiografia muito precoce, que surgiu nos primeiros anos do século, à imagem da *Histoire de France depuis la Révolution de 1789*, empreendida por Emmanuel de Toulongeon no início do Império. Este preconiza relatar "não somente o que ele sabe, mas o que ele pode aprender; não somente o que ele viu do lugar em que estava, mas o que ele poderia ter visto, se ele tivesse estado ao mesmo tempo em todos os lugares que os espectadores ocupavam" (Toulongeon, 1803, citado por Leterrier, 1997:20). Encontra-se aqui uma tradição ancestral — o historiador testemunha, o historiador que escreve a partir de sua própria experiência, o historiador contemporâneo que, de Tucídides a Pascal, deve produzir uma história "digna desse nome". Mas encontra-

-se também o vestígio do progresso da historiografia, a utilização das fontes e o raciocínio especulativo que utiliza a imaginação: "o que ele poderia ter visto". O que é verdadeiro da Revolução, objeto de história mais importante ao longo de todo o século XIX, é também da Restauração, uma vez que nela ainda as primeiras histórias desse período são produzidas no calor dos acontecimentos. Charles de Lacretelle pôde, assim, escrever no espaço de uma década uma *Histoire de la Révolution française* em oito volumes, entre 1824 e 1826, e uma *Histoire de France depuis la Restauration,* publicada entre 1829 e 1835, uma obra que se vale tanto da narrativa histórica quanto do testemunho pessoal ou do jornalismo. E o que é verdadeiro da Restauração é também dos momentos posteriores, à imagem da célebre *Histoire de dix ans* de Louis Blanc, um olhar panfletário sobre o início do reino de Luís Filipe. A multiplicação dos trabalhos em história contemporânea, se ela resulta em parte da presença durável do acontecimento revolucionário, mostra também a banalização de um gênero literário que se desenvolve ao longo de todo o século, no contexto de uma ordem social e política conturbada. É uma historiografia frequentemente informada, que repousa sobre *corpora* de fontes, coletâneas de documentos oficiais, mas também quase sempre engajada, de um lado como de outro, inteiramente atravessada pelas paixões políticas herdadas da Revolução, e das suas sequelas, marcada, portanto, pela tensão entre a vontade de compreender e a necessidade de tomar partido. A originalidade do período pós-revolucionário não consiste, portanto, somente no desenvolvimento de uma nova forma de história contemporânea, mas mais ainda no fato de que esta se torna uma arma de predileção nos combates políticos e ideológicos. A análise do presente ou do passado próximo, a história enquanto se está fazendo e da qual é preciso tirar lições para a ação a curto prazo, para transformar o mundo e não somente o interpretar (Marx), se tornam elementos essenciais de um pensamento e de uma filosofia políticos doravante profundamente nutridos de historicidade.

A recusa paradoxal do fim do século XIX

O último terço do século XIX testemunha o surgimento de novas escolas historiográficas que capitalizam as evoluções que sobrevieram de um e de outro lado da Revolução. Sem entrar nos detalhes de uma história conhecida, demorar-me-ei aqui em algumas características significativas para minha tese. Após abandonado seu *status* de arte menor para adquirir sua autonomia, a história no mundo ocidental é pouco a pouco erigida a disciplina científica. Nem todos os historiadores compartilham da posição radical de um Fustel de Coulanges, que vê nela "uma pura ciência, uma ciência como a física ou a geologia", a ciência dos fatos passados que é preciso, contudo, constituir como tal[26]. Mas inúmeros são aqueles que a consideram agora um verdadeiro ofício que requer uma profissionalização, outra característica importante da época que vê a criação de novos diplomas, de novas cátedras, de novos vetores de difusão do saber (revistas, sociedades eruditas...), nas universidades francesas, alemãs ou americanas. Esse conhecimento histórico de um gênero relativamente novo se funda em métodos normatizados, em particular no trabalho sistemático com *corpora* de arquivos ou de textos que exige um maior rigor e uma maior técnica. A retórica ou a eloquência não bastam e essas novas gerações — Wilhelm von Humboldt, Johann Gustav Droysen ou Leopold Ranke, na Alemanha do primeiro terço do século XIX, Charles-Victor Langlois, Charles Seignobos ou Ernest Lavisse, na França da Terceira República — denunciam a demasiada proximidade entre a história e a literatura, encarnada por um Michelet, assim como ela se afasta da filosofia da história, e da influência de um Kant ou de um Hegel, como não sendo senão um "disfarce laico da velha teoria teológica das causas finais" (Langlois e Seignobos, 1992:54). Consequência da cisão revolucionária entre passado e presente, o his-

---

[26] Fustel de Coulanges (1988:341-342), citado por Delacroix, Dosse e Garcia (1999:76).

toriador tem agora como tarefa não somente fornecer exemplos de boa conduta para as ações humanas pelo estudo de um passado edificante, ontologicamente ligado ao presente, mas lançar luz sobre os vestígios de um passado encerrado, que é imperioso conhecer para não se destacar inteiramente das gerações precedentes: a disciplina já não serve a manter a continuidade, mas a atenuar os efeitos das rupturas da história. Seu papel já não é manter uma tradição que derivava da natureza das coisas, mas de enraizar o presente e o futuro incerto em uma continuidade com a qual é preciso reatar, com um passado, aquele que é anterior à Revolução, e que corre o risco de desaparecer da memória coletiva caso não seja objeto de investigações sistemáticas e aprofundadas por um novo corpo do ofício. Donde esta ideia de que a tarefa prioritária do historiador deve ser "apresentar o que realmente aconteceu", restituindo-o com a matéria "mais pura e mais perfeita".[27] Esse credo, que parece reatar com uma concepção ancestral da história como "narração verídica dos fatos passados", foi denunciado posteriormente como "positivista" e parece hoje evidentemente ultrapassado. É esquecer sua pertinência menos como cânone atemporal e universal do ofício de historiador — que é preciso então fundar — do que como projeto intelectual no contexto pós-revolucionário: pretender explicar o que "realmente" aconteceu nos tempos antigos quando o acontecimento revolucionário e as guerras napoleônicas assolaram completamente o mundo em que vivem esses historiadores, e os quadros tradicionais de interpretação se tornaram obsoletos e numerosos vestígios desapareceram ou parece que desapareceram, não era evidente. Atormentados pelo medo de serem cindidos do passado, criticando a filosofia da história que se desenvolve no mes-

---

[27] HUMBOLDT, Wilhelm von. Über die Aufgabe des Geschichtschreibers (1821). Reedição: On the historian's task. *History and Theory*, v. 6, n. 1, p. 57-71, 1967. A citação foi retomada por Leopold Ranke em 1824. É a primeira frase da conferência proferida na Academia da Prússia pelo fundador da Universidade de Berlim (1810), que tem hoje seu nome.

82 A ÚLTIMA CATÁSTROFE

mo momento, esses historiadores inventam o princípio do olhar distante — distante com respeito às paixões, às mitologias, à aceleração do tempo vivido. Os historiadores do tempo presente do período recente, apesar de nutridos pela história estrutural e influenciados pela hermenêutica contemporânea aos antípodas do positivismo (ou de sua caricatura), tiveram também que enfrentar a tarefa primordial de reconstituir o que "realmente aconteceu" na primeira metade do século XX, em um universo cognitivo em que as paixões, a memória longa e dolorosa das grandes catástrofes, o medo de ver desaparecerem os seus vestígios ou a sua lembrança, as mitologias de todo gênero, inclusive a negação de fatos históricos massivos se impuseram particularmente. Contudo, se nos dois casos o passado próximo constitui uma questão central no espaço público, um espaço público que começa a surgir precisamente nos vestígios da Revolução, ele não desempenhou um mesmo papel na historiografia científica, na escrita de uma história do tempo presente no século XIX, especialmente da deflagração revolucionária — e mesmo por causa dela — suscitando sentimentos ambivalentes e contraditórios. Em seu artigo já citado de 1978, que ele dedica ao "Presente" como categoria singular do historiador, Pierre Nora esteve entre os primeiros a insistir no paradoxo de uma historiografia que é rejeitada no momento mesmo em que começa a existir.

> Enquanto não há história senão do passado, não há história *contemporânea*, eis uma contradição nos termos. Em si, a história contemporânea nunca é, com efeito, encontrada. Ela não se situa. Uma cisão escolar herdada na França do início da Terceira República a faz datar, não sem um fundo de verdade, da Revolução Francesa, mas quem tomaria um programa escolar por uma verdade científica? [...] A hipótese que se desejaria aqui propor é que a história contemporânea — esta história sem objeto, sem *status* e sem definição — não é o simples apêndice temporal de uma história segura de si mesma, mas uma história *outra*, e que a exclusão do contemporâneo fora

do campo da história é precisamente o que lhe dá sua especificidade. Dito de outra forma, o compartilhamento entre presente e passado em que consiste, fundado em uma concepção linear da história, também pertence ao passado; a um passado que ainda pesa sobre o presente, mas não basta para defini-lo. O aparecimento mesmo de um presente histórico coincidiria, portanto, com a sua expulsão do campo da história, seu exílio, seu recalcamento, sua repressão. E a marca da sua exclusão seria o sinal do seu advento. Entre o surgimento de uma história "contemporânea" e a sua conjuração existe uma correlação histórica tão estreita, que a história contemporânea já não seria ela mesma decifrável senão no vazio, no movimento que nega sua ameaça e apaga sua novidade.[28]

A constatação repousa, em grande parte, em elementos verificados, ainda que a recusa, ou pelo menos a ambivalência, com respeito à história contemporânea como gênero seja anterior em várias décadas, nós o vimos, ao surgimento da escola metódica francesa. A suspeita data dos dias seguintes ao acontecimento original e se liga mais ao próprio traumatismo, ao efeito da Revolução, do que à constituição, bem mais tardia, de uma historiografia científica e profissionalizada — ainda que esta última venha a dar consistência e a apresentar as razões pelas quais é preciso manter à distância essa parte da disciplina. É porque há agora uma cisão, que tratar da mais recente história não é nada óbvio para os historiadores, como era ainda o caso no século precedente, e como foi o caso desde as origens da história. Enquanto o passado, o presente (e o futuro) se concebiam em um mesmo contínuo, quer fosse cíclico, como para os gregos, ou linear, como no eterno presente medieval, a noção de história contemporânea enquanto tal não fazia muito sentido, uma vez que não havia razão para singularizá-la, donde a fraca presença do

---

[28] Nora (1978:467). O grifo é do autor. Pierre Nora segue o caminho de Charles-Olivier Carbonell (1976).

termo quando o passado próximo era efetivamente levado em conta. Ao contrário, após a cisão revolucionária, a história próxima se identificou com o período de transição entre mundo antigo e mundo novo, ela tomou, nos estudos, na literatura, no ensino, uma singularidade inédita, e é porque ela se singularizou que pôde suscitar, inversamente, formas de recusa: exclui-se aqui o que parece diferente e não o que constitui o mesmo. É porque após a Revolução a história com pretensão científica quer dedicar-se prioritariamente — sem consegui-lo realmente — ao único passado encerrado, que a possibilidade mesma de uma história também científica do passado próximo suscita reservas. Somente a história diplomática, especialmente após a guerra de 1870, escapa dessa exclusão, com figuras como Albert-Sorel, autor em 1875 de uma história da guerra franco-alemã, após ter publicado sete volumes sobre a história da Europa e da Revolução (Noiriel, 1998:52).

Os indícios dessa recusa precoce são numerosos e foram frequentemente recenseados nos estudos historiográficos sobre a história em geral ou do tempo presente. "Em 1900", escreve Gérard Noiriel, "mais da metade dos historiadores universitários franceses são medievalistas e da École Pratique des Hautes Études (instituição que agrupa então a pesquisa de ponta em ciências humanas), dos mais ou menos cinquenta seminários, apenas dois são dedicados ao período posterior a 1500"[29]. Na Alemanha, os historiadores mais conhecidos e mais influentes são também especialistas na Antiguidade e medievalistas. Desde a sua fundação, em 1886, até o pós-1918, a *English Historical Review*, uma das principais revistas históricas inglesas, não publicou nenhum artigo sobre a história interna após 1852 ou sobre a história europeia após 1870, e do mesmo modo os cursos oferecidos na Modern History School de Oxford, em

---

[29] Noiriel (1998:13). Gérard Noiriel retoma a análise de Louis Halphen (1914), que mostra como a nova geração de historiadores se interessou prioritariamente pelo estudo da Antiguidade e da Idade Média.

1914, excluíam a história política inglesa após 1837 e a história geral após 1878, uma exclusão temporal que foi acompanhada por uma redução do espaço estudado, uma vez que, por exemplo, o estudo da Índia se limitava ao dos colonos ingleses e o da China ao do comércio ocidental:

> Essa exclusão da história contemporânea dos estudos universitários teve sérias consequências práticas. A classe governante inglesa [...] entrava na política ou no serviço público ou no ofício sabendo menos sobre o estado do mundo contemporâneo do que sabiam sobre a Grécia Antiga ou sobre Roma. No fim do século XIX ou no início do século XX, dez ou doze correspondentes de imprensa tinham uma melhor compreensão dos perigos que ameaçavam a paz na Europa do que a maior parte dos membros influentes dos gabinetes britânicos.[30]

Por outro lado, a situação é diferente nos Estados Unidos, à medida que a prática da história contemporânea não parece nem tão problemática, nem tão diferenciada quanto foi na Europa. Trata-se mesmo de um contraexemplo interessante a respeito das questões levantadas aqui. Em seu livro mais importante sobre a evolução da historiografia americana, Peter Novick mostra como no fim do século XIX a história se torna também uma profissão com seus procedimentos de validação, seus currículos de carreira, suas organizações próprias — é em 1884 que é fundada a American Historical Association — e sobretudo sua ideologia dominante: a paixão pela objetividade. Por objetividade é preciso entender a ideia segundo a qual os fatos históricos preexistem à interpretação, e que esta deve ser experimentada pelo critério dos fatos, que a verdade é uma, que a história consiste em uma descoberta e não em uma construção, e, finalmente, que, apesar das diferenças de apreciação por gerações de historiadores, o sentido dos acontecimentos permanece inalterado (Novick,

---

[30] Woodward (1966:1-2). Voltarei no próximo capítulo à criação dessa revista.

1988:3). Essa historiografia foi fortemente influenciada pelo modelo alemão e pela escola metódica francesa: a *Introduction aux études historiques* de Langlois e Seignobos foi traduzida em 1898, um ano após sua publicação na França, e permaneceu um clássico nos Estados Unidos até a Segunda Guerra Mundial, nos diz Peter Novick, ainda que as referências epistemológicas sejam um pouco diferentes: a crença na história como ciência objetivável preferiu seguir os preceitos de Francis Bacon: primado do empirismo, desconfiança em relação às hipóteses, busca da taxonomia — nomear, classificar, descrever (Novick, 1988: respectivamente, p. 37-38 e 34). Não obstante, a despeito dessa paixão, não se nota nem suspeita, nem recusa particular da história contemporânea. Muito ao contrário, essa história é particularmente viva no fim do século XIX, quando uma das questões ainda é a reconciliação nacional após a Guerra Civil e os problemas criados pela reconstrução das zonas devastadas. Peter Novick mostra assim como os historiadores do Norte e do Sul acabaram por concordar sobre uma espécie de "consenso" predominante segundo ele racista e nacionalista (Novick, 1988:75-78). O importante aqui é reter a ideia de que a questão da legitimidade da história contemporânea nem mesmo é levantada em um estudo que é, contudo, notável e quase exaustivo da história da historiografia americana, que vai ao encontro de uma constatação muito fácil de fazer nos dias de hoje: os debates teóricos sobre a definição ou o perímetro da história contemporânea, tanto hoje quanto ontem, que agitam os historiadores europeus, pelo menos na França, na Alemanha, na Itália, nos países da Europa oriental ou na América Latina, parecem não ter nenhum poder nos Estados Unidos, onde a história contemporânea parece praticar-se "naturalmente", sem interrogação epistemológica particular. É preciso pôr isso na conta de uma tradição historiográfica aparentemente mais "empírica" ou voltada para outras questões estruturais (a etnia, o gênero, o global)? É a consequência de uma história nacional que se estendeu essencialmente à "época contemporânea" no sentido europeu do termo, e, portanto, sobre a vertente histórica pós-revolucionária? É possível, mas, por um lado, essas características não impediram a historiografia americana de produzir gerações de especialistas em história medieval e moderna de grande renome internacional, e, por outro, a história "nacional" americana adquiriu uma maior profundidade temporal a partir do momento em que o interesse se voltou para a história das comunidades indígenas instaladas antes da chegada dos Europeus. Portanto, não há relação de causalidade entre o fato de que os Estados Unidos eram, no fim do século XIX, um país ainda "jovem" e a ausência de recusa da história contemporânea. É tanto mais notável quanto os historiadores americanos da época adotaram com ardor os princípios positivistas europeus. Mas eles não importaram todos os seus preconceitos, o que mostra que os princípios metódicos podiam muito bem acolher uma prática da história contemporânea.

Entre as razões da recusa da história contemporânea na França ou na Alemanha no fim do século XIX, há antes efeitos de distinção, mecanismo banal em toda atividade em vias de profissionalização. Quanto mais nos afastamos do presente, mais a investigação histórica parece difícil — onde é declarada com tal — por falta de vestígios em número suficiente. E quanto mais ela requer um conhecimento das línguas e dos textos clássicos do qual se alimentam os universitários ao contrário dos historiadores "amadores" ou não profissionais, o que permite excluí-los mais facilmente e proteger um meio científico em vias de formação. É um dos argumentos invocados por Louis Halphen, que pensa que a história contemporânea possui o inconveniente, aos olhos dos metódicos, de ser "muito facilmente acessível" e, portanto, aberta à "legião de vasculhadores tentados pelo atrativo de tudo o que é inédito e que superabunda nos arquivos" (Halphen, 1914, citado por Noiriel, 1998). É preciso, portanto, traçar uma fronteira entre o que é "científico", de uma elite universitária, e o que é "literatura", ou "política", ou qualquer outra coisa, para constituir um verdadeiro corpo de profissionais de história. Encontramos uma situação que os historiadores do tempo presente profissionais conhecem bem hoje diante da concorrência consciente ou não que representam os jornalistas, *bloggers*, historiadores amadores ou militantes, ou ainda qualquer cidadão interessado pelo passado. Essa concorrência é consideravelmente mais limitada, visto que se trata de história medieval ou mesmo de história moderna, uma matéria efetivamente de menos fácil acesso do que a história próxima. É preciso também mencionar aqui a divisão do trabalho que se estabeleceu então entre essa nova disciplina histórica voltada para o passado longínquo e a sociologia mais voltada por definição para o contemporâneo, uma divisão não somente prática, mas teórica, e que resultará em uma contestação dos pressupostos da escola metódica e da cisão que eles delimitam entre o passado e o presente. Essa oposição entre, por um lado, um método histórico voltado para o passado encerrado e fundado na cisão entre o passado e o presente, e, por outro, uma "ciência social" nascente que considera o tempo como uma construção social e uma variável entre outras para compreender as sociedades, contribui para tornar o estudo do mundo contemporâneo ainda mais difícil na historiografia. Certamente, a escola dos *Annales* nos anos 1920 contribuirá para fazer da disciplina histórica uma ciência social tanto quanto uma ciência humana e recusar uma boa parte desses preconceitos: desde o primeiro número da revista, em 15 de janeiro de 1929, Marc Bloch e Lucien Febvre denunciam no seu editorial essa divisão implícita do trabalho que deixa o passado aos historiadores e o estudo das sociedades e das economias contemporâneas a outros. Mas essa divisão deverá perdurar até o último terço do século XX, e não perderá força senão com o surgimento de uma nova história do tempo presente.

A recusa explica-se em seguida pelo surgimento de um novo quadro intelectual e cognitivo que mostra os limites e as dificuldades próprias de uma história do tempo presente. Eles não são propriamente novos, mas assumem uma configuração particular no contexto pós-revolucionário. Os historiadores têm a missão de compreender o passado encerrado, eles devem então confrontar-se cada vez mais com a questão da alteridade: escrever a história do passado não é retraçar uma genealogia que acaba no presente, nem fazer a história do mesmo, mas mergulhar em um mundo diferente, por vezes completamente estranho a quem escreve. Isto não significa por esse fato que existiria uma diferença de natureza entre fatos antigos ou fatos recentes, como enfatiza Charles Seignobos, em um texto considerado um dos manifestos da escola metódica:

> Mas, a partir do momento em que se procura delimitar praticamente o terreno da história, a partir do momento em que se tenta traçar os limites entre uma ciência histórica dos fatos humanos do passado e uma ciência atual dos fatos humanos do presente, percebe-se que esse limite não pode ser estabelecido, porque em realidade não há fatos que sejam históricos por sua natureza, como há fatos fisiológicos ou biológicos. No uso vulgar, o termo "histórico" é tomado ainda no sentido antigo: digno de ser contado; diz-se nesse sentido um "dia histórico", uma "palavra histórica". Mas essa noção de história é abandonada; todo incidente passado faz parte da história, tanto o traje usado pelo camponês do século XVIII quanto a tomada da Bastilha; e os motivos que fazem parecer um fato digno de menção são infinitamente variáveis. A história abarca o estudo de todos os fatos passados, políticos, intelectuais, econômicos, a maioria dos quais passou despercebido. Pareceria, portanto, que os fatos históricos pudessem ser definidos: os "fatos passados", por oposição aos fatos atuais que são o objeto das ciências descritivas da humanidade. É precisamente essa oposição que parece impossível manter na prática. Ser presente ou passado não é uma diferença de caráter interno, ligada à natureza de um fato: é apenas uma diferença de posição em relação a um dado observador. A revolução de 1830 é um fato passado para nós, presente para as pessoas que a fizeram. E do mesmo modo a sessão de ontem na Câmara é já um fato passado. Portanto, não há fatos históricos por natureza; não há fatos históricos senão por posição. É histórico todo fato que já não se pode observar diretamente porque ele cessou de existir.

Não há caráter histórico inerente aos fatos, de histórico há apenas o modo de conhecê-los. A história não é uma ciência, ela é apenas um procedimento de conhecimento. [Seignobos, 1909:2-3]

Portanto, não se trata aqui de uma recusa por natureza da história contemporânea. O fato de considerar, por exemplo, que os debates "de ontem", na Câmara, já pertencem ao passado é uma maneira de supor que eles podem entrar no campo de observação do historiador. Mas à medida que esta nova história se define como um "conhecimento por vestígios", ela se torna um conhecimento indireto — encontra-se o conhecimento mediado do Renascimento —, elaborado a partir de fontes escritas que não são imediatamente acessíveis ao historiador. Este último não pode apreender uma realidade que lhe é *a priori* estranha senão por um esforço de abstração e de imaginação, bases da nova crítica dos textos. Nessa perspectiva que faz do método mais do que dos objetos estudados (ainda que os metódicos tenham preferência pela história política) a base do novo ofício de historiador, o passado próximo não pode entrar no campo de investigação deste, uma vez que a tarefa que lhe é oficialmente atribuída consiste em estudar o que já não é: "é histórico todo fato que já não se pode observar diretamente porque cessou de existir". Certamente, Seignobos não diz que um fato presente, não histórico segundo a sua definição, também não pode ser estudado, mas tal não é a tarefa prioritária do historiador, pelo menos na vertente científica de sua atividade. Do mesmo modo, não se trata de aderir ingenuamente a um princípio de objetividade. Os metódicos estão perfeitamente cientes do fato de que a história é em parte uma "construção", para empregar um termo de hoje, uma forma assumida de "problematização" muito *avant la lettre*, um ponto enfatizado muito cedo pela nova historiografia alemã:

Toda pesquisa empírica se regra pelos dados para os quais é orientada. E ela não pode orientar-se senão por dados que, por sua presença imediata, se prestam a uma percepção sensível. Os dados da pesquisa histórica não são as coisas passadas (pois essas coisas pertencem ao passado), mas o que ainda não está encerrado, aqui e agora — quer se trate de lembranças ou de vestígios do que foi e aconteceu outrora. [Droysen, 2002:41]

Mas se o historiador deve assumir sua posição anacrônica relativamente aos objetos que estuda e medir assim a diferença entre as coisas passadas e seu vestígio ou sua marca, na grande tradição agostiniana, o seu próprio presente e a sua própria experiência podem tornar-se obstáculos a superar para escrever a história, uma vez que se trata, prioritariamente, de colocar-se na perspectiva dos homens ou das mulheres do passado para compreender seu universo, sua maneira de pensar, de agir, de sentir: é o princípio da empatia histórica teorizado pela historiografia alemã. O historiador deverá, portanto, fazer um esforço de imaginação e de distanciamento para tentar devolver ao vestígio presente sua forma original passada. É preciso assim que ele se destaque da sua própria contemporaneidade, e, portanto, de todo ou de parte da sua própria subjetividade — donde a importância do princípio da objetividade histórica na historiografia dessa época. Levada ao seu extremo, essa postura pode acabar em uma forma de cientificismo — à qual os metódicos não aderem, visto que a separação entre o passado e o presente é, para eles, mais relativa do que absoluta, pois decorre primeiramente da posição do historiador e não de uma concepção ontológica do tempo. Fustel de Coulanges pôde assim escrever:

quando leio os trabalhos modernos sobre a Antiguidade, o meu primeiro movimento, confesso, é de duvidar, porque reconheço muito frequentemente pensamentos totalmente modernos. Mas quando leio os antigos, o meu primeiro movimento é de crer, e os leio tanto mais quanto suas ideias são mais afastadas das minhas.[31]

---

[31] Fustel de Coulanges (1893:408). Ver também Leterrier (1997:282).

Tanto a posição anacrônica do historiador como sua necessidade de ter de considerar o passado como uma alteridade podem assim conduzir já não a uma simples suspeita acerca da história contemporânea, mas sobre a afirmação de uma impossibilidade radical:

O olhar que lançamos às coisas presentes é sempre perturbado por algum interesse pessoal, algum preconceito ou alguma paixão. Ver bem é quase sempre impossível. Se se trata ao contrário do passado, nosso olhar é mais calmo e mais certo. Compreendemos melhor eventos *e revoluções* [sublinhado por mim] dos quais não temos nada para temer e nada para esperar. Os fatos realizados se apresentam para nós com outra nitidez que não quando em vias de realização. Nós vemos seu começo e seu fim, a causa e os efeitos, as origens e as consequências. Neles distinguimos o essencial e o acessório. Captamos-lhe a marcha, a direção e o verdadeiro sentido. Enquanto se realizavam, os homens não os compreendiam; eles estavam embaralhados, misturados com elemento estranhos, obscurecidos por acidentes efêmeros. Sempre há nesses eventos humanos uma parte que não é senão exterior e aparente; é ordinariamente essa parte que mais toca os olhos dos contemporâneos. Assim, é muito raro que um grande fato tenha sido compreendido por aqueles que trabalharam para produzi-lo. Quase sempre toda geração se enganou sobre as suas obras. Ela agiu sem saber claramente o que fazia. Ela acreditava visar um fim e foi a um fim totalmente diferente que os seus esforços a conduziram. Parece que está acima das forças do espírito humano ter a intuição clara do presente. O estudo da história deve ter pelo menos esta vantagem de nos acostumar a distinguir nos fatos e na marcha das sociedades o que é aparente do que é real, o que é ilusão dos contemporâneos do que é verdade.[32]

---

[32] Ibid., p. XV. Ver também Leterrier (1997:284).

Nem todos os historiadores da época compartilham dessa ideia de uma história que os homens fariam sem o saber e que seria movida por forças profundas e invisíveis que apenas a distância temporal e psicológica permite apreender. Mas muitos carregam essa convicção, moderna na época, de que a história não pode escrever-se senão com um atraso de reserva: o tempo de recolher e de classificar os arquivos, matéria primeira do historiador; o tempo de deixar as paixões arrefecer, especialmente as paixões políticas nascidas com a deflagração revolucionária e suas consequências, obstáculo a uma história imparcial e objetiva; o tempo para o esquecimento fazer sua obra e, portanto, permitir ao historiador trabalhar fora dos efeitos de uma memória que se crê tanto mais viva quanto os eventos são próximos; o tempo para que os processos históricos encontrem seu acabamento.

Essa perspectiva vai ao encontro de outra ideia importante da época, perceptível tanto na história quanto na literatura, nas artes ou na filosofia, que vê no presente uma ilusão efêmera. "Não há Presente, não — um presente não existe", escreve Mallarmé, acrescentando: "Mal informado aquele que se proclamasse o seu próprio contemporâneo, desertando, usurpando, com impudência igual, quando um passado cessou e que tarde um futuro ou quando os dois se entremeiam perplexamente em vista de mascarar a distância" (Mallarmé, 2003:265). A possibilidade de apreender de maneira racional seu próprio tempo seria, nesse sentido, uma forma de quimera intelectual. Essa ideia foi expressa com certa virulência por Nietzsche, em 1874, em sua *Deuxième considération inactuelle*.

Inatual, esta consideração o é ainda porque procuro compreender como um mal, um dano, uma carência, algo de que a época se glorifica com razão, a saber, a sua cultura histórica. Penso mesmo que somos todos vítimas de uma febre de história, e que deveríamos pelo menos dar-nos conta disso. [...] Isto, minha profissão de filólogo me dá o direito de dizer: pois não sei que sentido a filologia poderia ter hoje, senão o de exercer uma influência intelectual, ou seja, agir contra o tempo, e portanto sobre o tempo, e, esperemo-lo, em benefício de um tempo vindouro.[33]

Nietzsche denuncia em vão nesse texto o historicismo, pois ele vai ao encontro, com efeito, da crítica formulada, explicitamente ou não, por uma grande parte da historiografia da época sobre a ilusão que seria querer compreender o seu próprio tempo, pelo menos com as ferramentas do historiador. Ele o faz com um objetivo totalmente diverso, o de uma "história para a vida", para a ação, e, portanto, voltada para o futuro, mas tendo como consequência fazer do presente, do atual, um momento instável, incerto, volátil diante do movimento da história.

Essa necessidade de apreender uma história "acabada", de se interessar por uma história "inatual", de recuar em relação ao mundo contemporâneo pode explicar-se não somente pelas posturas cientificistas e positivistas, mas também por uma forma de lassidão intelectual. Os debates políticos na Europa nessa época permanecem, com efeito, profundamente marcados e divididos pelo tumulto original de uma revolução cujos efeitos parecem intermináveis. Essa ausência de fechamento gera o sentimento em muitos historiadores de que uma interpretação objetiva e consensual dos fatos parece impossível para esse evento ainda fresco na memória coletiva no momento em que esses princípios parecem indispensáveis para refundar outra maneira de apreender a história. Donde a necessidade de um atraso de reserva para compreender a marcha das sociedades, uma postura duplamente historicista, uma vez que ela supõe, por um lado, que o fator tempo permaneça o elemento de explicação primordial, o que é contestado no mesmo momento pela sociologia, e, por outro lado, que a distância temporal ofereça a garantia de um maior destacamento e de um olhar mais amplo — uma ideia que se sabe hoje parcialmente errônea,

---

[33] Nietzsche (1990:94). Ver Paravicini (2002:151-191).

pois que o afastamento no tempo das grandes conturbações históricas não atenua em nada as paixões que elas podem suscitar. A Revolução Francesa, precisamente, oferece um contraexemplo surpreendente disso. Nesta busca de uma historiografia distante, para não dizer serena, há certamente a marca de uma nova ética científica. Há, talvez, também a expressão de uma necessidade de recalcamento, uma hipótese que se levanta raramente: tomar distância da catástrofe, cessar de falar dela ou de fazer dela um objeto central de investigação, remontar mais longe no tempo para reatar com uma longa identidade, participar portanto de uma forma de esquecimento relativo acaba constituindo-se em uma resposta *não traumática* à prova pela qual se passou e que indica que o choque revolucionário foi em parte atenuado ou estava em vias de sê-lo, pois, apesar de tudo, nessa época, a Revolução estava em vias de acabar, para parafrasear François Furet. Aqui ainda é a situação inversa da que nós conhecemos há uns 30 anos, pois que a resposta às catástrofes do século, certamente de uma natureza totalmente diferente, tomou a forma de uma presença obsessiva do passado e o recurso compulsivo a uma memória que deve ser onipresente e que os historiadores, especialmente os do tempo presente, devem manter: eis aí uma resposta *traumática* aos choques originais, revelando-se que o passado não pode ser ultrapassado nem superado.

Se os princípios preconizados pela escola metódica repousam em parte em uma necessidade afinal de contas esperada, de recalcamento das paixões políticas das quais os seus predecessores eram objeto, eles se exprimem, apesar de tudo, em uma contradição flagrante, que é consequência dos efeitos ambivalentes da sombra projetada pelo evento. Se a história contemporânea parece rejeitada quando começa a existir, ela não é condenada nem por todos os historiadores, nem de maneira sistemática por seus principais detratores. Eis aí um segundo paradoxo. Com efeito, apesar da suspeita, a história contemporânea, a de um passado próximo que começa com a Revolução, se desenvolve realmente ao longo de todo o século XIX. As primeiras histórias do evento aparecem muito cedo, já o vimos, e constituem uma questão moral e política tanto quanto científica. Ao longo de todo o século, autores importantes, escritores, jornalistas ou políticos produzem sobre o tema ensaios importantes (Tocqueville) ou histórias gerais das quais as mais conhecidas são evidentemente as de Michelet (1847), de Quinet (1865) ou de Jaurès (1900). Com a aproximação do centenário, em 1889, coloca-se em ação uma verdadeira política de memória, com o lançamento de uma revista — *La Révolution Française* — que aceita apenas artigos originais fundados em fontes que defendessem a linha ideológica dos radicais sobre a unicidade do evento ("A Revolução é um bloco"), ou ainda a criação de uma Comissão encarregada de coletar e de publicar documentos, entre os quais as Atas do Comitê de Salvação Pública.[34] Em 1891, Alphonse Aulard, o perito nomeado e aparelhado pelos poderes públicos, ocupa na Sorbonne a primeira cátedra de história da Revolução. No momento em que a história contemporânea suscita cada vez mais reservas, a história da Revolução, evento agora centenário, entra então em uma fase científica. De uma maneira mais geral, inúmeros indícios mostram a relativa vitalidade da história contemporânea na França apesar do ostracismo do qual ela é objeto. No campo acadêmico, ela está longe de estar ausente, ainda que seja minoritária, como atestam, por exemplo, a criação de cátedras sobre a história moderna e contemporânea na Sorbonne (1884 e 1888), o nascimento da *Revue d'Histoire Moderne et Contemporaine* (1889), a criação de uma Sociedade de História da Revolução de 1848 (1904) ou ainda o estabelecimento de um *Répertoire méthodique de l'histoire moderne et contemporaine*, publicado pela Sociedade de História Moderna (1901), e que recenseia livros e artigos sobre a história da França "de 1789 até os nossos dias", uma expressão que

---

[34] Sobre esse assunto, ver os trabalhos citados de Gérard Noiriel e Christian Delacroix, François Dosse e Patrick Garcia, assim com Pascal Ory (1992).

se generaliza então na produção historiográfica e mostra uma forma de integração do passado mais próximo da história em geral.

Este aparente paradoxo se explica por uma razão bem conhecida hoje. Os representantes da escola metódica que dominam então a disciplina se acharam em uma verdadeira contradição: afastar do campo científico a história próxima era privar-se de integrar o evento decisivo que tinha ao mesmo tempo fundado uma nova ordem política e uma nova ordem intelectual e científica. A contradição era tanto mais insustentável quanto seus inimigos conservadores ou reacionários, frequentemente fora do perímetro acadêmico, tinham ocupado o lugar deixado vazio e investido com sucesso no campo da história da Revolução e da história recente, à imagem de Taine e das suas *Origines de la France contemporaine* (1875) ou ainda da criação da Sociedade de História Contemporânea, de inspiração católica conservadora (1890).[35] Para evitar abandonar o terreno a seus inimigos, os historiadores metódicos introduziram os períodos recentes nos programas de ensino universitário e trataram deles em seus manuais acadêmicos ou em suas obras de vulgarização. Na França, um dos artesões dessa evolução foi Victor Duruy, ministro da Instrução Pública sob o Segundo Império (1863-69), que compreende a que ponto o conhecimento do seu próprio tempo deve fazer parte do estudo da educação do jovem cidadão:

Saturados do passado, [os alunos do colégio] querem o presente e o tomam onde encontram, nos panfletos ou nas composições parciais e fragmentadas, das quais nenhuma, aliás, apresenta, no seu conjunto, por conseguinte na sua verdade, o caráter novo da civilização contemporânea. Se a história é de fato o depósito da experiência universal, se não há administrador que, para resolver uma questão, grande ou pequena, não julgue necessário estudar como, antes dele, ela foi resolvida, por que se proíbe àqueles que, em alguns anos, farão os negócios do país, conhecer de que maneira este país viveu, no período que

---

[35] Noiriel (1998:14), que retoma as análises de Carbonell (1976).

precede imediatamente aquele em que eles serão chamados a agir? Teme-se a invasão da política. Mas, primeiramente, se se deve a verdade aos mortos, deve-se consideração aos "vivos"; e essas lições de história contemporânea com as quais não se assustam, como nós, os nossos vizinhos do outro lado do Reno e da Mancha, nunca deveriam versar sobre as pessoas, nem se fazer com os pequenos fatos ao modo de Suetônio ou de Saint-Simon. Seria preciso olhar de cima e de longe, boa maneira de ver bem. Faz-se menos política nas cantinas das casernas ou do Quartier Latin porque se é ignorante das coisas que aí se discutem? Certamente não, mas com certeza faz-se má política. Jogar um homem na cidadela sem lhe ter dito nada da organização das necessidades do meio dos quais terá de viver e lutar é como se você jogasse na batalha um caçador a pé com o armamento dos francos arqueiros de Carlos VII. [Duruy, 1901:122-125, citada por Leterrier, 1997:239]

O historiador Ernst Lavisse, notado por Victor Duruy, colocará em prática mais tarde a ideia de que a história contemporânea é uma necessidade cívica e política, quaisquer que sejam as objeções científicas que se possam opor a ela, ao dirigir uma *Histoire de France, depuis les origines jusqu'à la Révolution* (1903-11), e depois uma *Histoire de la France contemporaine depuis la Révolution jusqu'à la paix de 1919* (1920-22), em 28 volumes, um verdadeiro monumento nacional sem igual no seu gênero. Mal se pode imaginar, com efeito, que tal obra — verdadeira "teoria da França", segundo as palavras daquele que a concebeu, redigida no início do século XX, ao longo da Primeira Guerra Mundial — pare às portas da tomada da Bastilha ou ignore um conflito, aliás vitorioso, que estruturou em parte o sentimento nacional na segunda metade da Terceira República.[36] Portanto, encontra-se mais uma vez essa dimensão paradoxal de uma história contemporânea declarada cientificamente impossível, mas civicamente necessária.

---

[36] A *Histoire de France, depuis les origines jusqu'à la Révolution* está sendo reeditada pelas Éditions des Équateurs desde 2009, com um prefácio de Pierre Nora.

CAPÍTULO II

A guerra e o tempo posterior

> A história é o esgoto dos crimes do gênero humano, ela exala um
> odor cadavérico e a massa das calamidades passadas, parecendo atenuar
> as calamidades presentes, parece precisar, por uma ligação que se supõe
> física, até das calamidades futuras. Se se pudesse aniquilar a história,
> ou seja, o exemplo de tantos crimes políticos impunemente cometidos
> e justificados, quem duvida que os tiranos da terra perdessem os seus
> direitos terríveis, e que o gênero humano, não vendo mais que o presente,
> e não o passado, reouvesse com razão os seus antigos privilégios?
>
> Louis-Sébastien Mercier (1773:47-48)

O horizonte da catástrofe

As esperanças e as ilusões da escola metódica e dos seus êmulos de
uma história percebida como uma ciência objetiva do tempo social,
um saber cumulativo e um conhecimento racional do passado, se es-
patifarão, pelo menos em parte, nas trincheiras da Primeira Guerra
Mundial, ainda que os historiadores de todas as nacionalidades, frequentemente mobilizados como combatentes, não tomem todos imediatamente consciência do fato. O evento, na sua violência e por ser
repentino, gera no cerne da sua deflagração, e depois em seus efeitos,
o sentimento de uma nova ruptura na continuidade histórica. O termo
catástrofe não é aqui uma metáfora e descreve com dificuldade as conturbações materiais, físicas e psicológicas causadas por um conflito de

uma natureza inédita. Os limites de violência atingidos, a amplitude inaudita das perdas humanas, a monta das destruições materiais e a extensão dos territórios envolvidos marcaram permanentemente várias gerações e deixaram, por muito tempo, suas cicatrizes. Apesar da sua violência intrínseca à qual não pode ser reduzida, a Revolução Francesa carregava em si a promessa de um progresso em um futuro próximo que pôde tornar aceitável o caráter repentino de uma cisão na história entre um presente em devir e um passado daquele momento em diante encerrado. A Primeira Guerra Mundial não traz senão destruição e nenhuma outra promessa que não a esperança, quase imediatamente desenganada, de que ela será, de que ela deve ser a primeira e a última do gênero. De uma crença em um progresso racional, contínuo e dominado, passa-se em alguns anos ao sentimento quase geral de um mundo refém do caos, de um tempo marcado pela descontinuidade, de uma história repentinamente — e mais uma vez — fora de si. Contudo, se ela acabou com o sonho de um progresso contínuo, de um tempo histórico que pode ser dominado pela razão e pelo conhecimento, a Primeira Guerra Mundial inaugurou novos prosseguimentos revolucionários com traços escatológicos. A Revolução Bolchevique, por um lado, o fascismo e o nazismo, por outro, ainda que opostos e inimigos mortais, têm em comum, entre outras coisas, carregar uma visão da história marcada tanto por uma revisão radical do passado quanto pela expressão de novos milenarismos que pretendem acelerar o advento de um homem novo pela violência extrema e pelo poder absoluto sobre os corpos, os espaços e o tempo. Contudo, a maior parte desses sistemas era consciente da sua própria precariedade histórica, o que não faz senão acusar a intensidade da violência exercida contra seus inimigos ou ainda contra seus próprios povos: quando a realização escatológica de um Reich milenar se verificou uma utopia sob as bombas dos aliados, o regime preferiu seguir o caminho do caos e da autodestruição, em lugar de renunciar a dominar o curso da história.

Nesse contexto, a própria noção de contemporaneidade mudará de sentido, do mesmo modo que mudam a função da história em geral, seu lugar na sociedade, o papel dos historiadores e sua maneira de conceber uma disciplina atravessada por fortes tensões. Em um primeiro momento, em toda a Europa, a história se mobiliza a serviço da guerra, assim como todo o mundo científico e intelectual, um processo hoje bem conhecido.[37] Na França, o sociólogo Émile Durkheim denuncia o caráter "mórbido" da mentalidade alemã e descobre nela uma "patologia social" que deve constituir no futuro um tema de reflexão para os historiadores e sociólogos. O filósofo Henri Bergson defende a ideia de que "a luta engajada contra a Alemanha é a luta da civilização contra a barbárie". O historiador Ernest Babelon, especialista em história antiga e professor do Collège de France, lhe segue os passos tentando mostrar que o Reno constitui sua fronteira natural. E o geógrafo Paul Vidal de La Blache busca provar "cientificamente" o pertencimento de Sarre à France para apoiar as futuras reivindicações sobre a margem esquerda do rio.[38] As coisas são comparáveis, do lado alemão, à imagem do famoso "Manifesto dos 93 sábios" assinado por uma meia dúzia de historiadores, entre os quais Karl Lamprecht, um dos mais célebres da sua geração. Publicado em 1914, apoiando o governo alemão e negando as acusações de atrocidades, esse texto constitui um exemplo entre outros da guerra que se dão os intelectuais dos países beligerantes quando solicitados (Rassmussen, 2004:9-23). Nos Estados Unidos, a situação se complica pelo fato de que o país entrou tardiamente na guerra e, antes de 1917, os historiadores se dividiam entre uma corrente favorável aos britânicos e aos franceses, e outra, menos importante, favorável aos alemães, com, em segundo plano, a necessidade ou não de uma intervenção militar

---

[37] Ver Novick (1988:112 e ss) e Olivier (1992:327-398).

[38] Durkheim (1915:42), Bergson (1914), Babelon (1917-1918), La Blache (1919:249-267). Para uma análise geral, ver Beaupré (2012).

na Europa. Em 1917, a situação muda e, após terem condenado o nacionalismo de seus colegas franceses ou alemães, que tinha, segundo eles, levado à guerra, os historiadores se arrependem explicitamente de ter "promovido insuficientemente o sentimento patriótico americano" (Novick, 1988:117). Mais interessante ainda, no momento em que esse engajamento se mostra perfeitamente contraditório com seu ideal de objetividade e imparcialidade, os acadêmicos se empenham, por sua vez, para mostrar o interesse de sua disciplina e o papel social que eles podem desempenhar no conflito. Trata-se então de atacar a imagem de um historiador "unicamente preocupado com as datas e os detalhes de processos distantes, sem relação com as exigências decisivas do tempo presente" (J. Franklin Jameson citado por Novick, 1988).

É assim que a configuração da Primeira Guerra Mundial, e sobretudo seu componente nacional que colocará em primeiro plano durante e após o conflito a questão das fronteiras, das línguas, dos povos e das etnias, das migrações, temas esses que apelam à geografia e à história por vezes mais recuada, conturbam a relação dos praticantes dessas disciplinas em seu próprio tempo. Ao longo de todo o século XIX, os historiadores foram convidados a destacar-se do presente, a se tornarem críveis pelo afastamento do campo contemporâneo, pelo menos em seus trabalhos científicos, a desconfiarem das longas paixões, a se mostrarem parcimoniosos em seus engajamentos políticos, pelo menos na ligação possível entre ciência e política, não sem alguma contradição: na ocasião do caso Dreyfus, a "neutralidade" do saber se choca com a necessidade de defender os valores que fundam esse mesmo saber, obrigando, portanto, a tomar partido. Com a guerra total e a mobilização geral dos corpos e dos espíritos, esse universo muda. O engajamento se torna norma, a neutralidade, impensável, a torre de marfim científica, uma quimera condenável. O historiador deve ser "útil" tanto como combatente quanto como perito, colocando sua arte a serviço da pátria em guerra do mesmo modo que os outros, e mesmo um pouco mais que os outros, pois uma boa parte das finalidades de guerra repousa em leituras antagonistas do passado.

Por isso, é o tempo presente que comanda, tanto por causa das urgências da hora quanto porque a simultaneidade da experiência da guerra à escala de todo o continente e através de todas as classes sociais dará uma nova espessura e um novo significado à noção de "história contemporânea". Assim como após a Revolução, a escrita de uma história do tempo presente se acha diante das tendências ou das exigências expostas. Por um lado, há a necessidade de produzir narrativas sobre o conflito que acaba de se encerrar. As opiniões nacionais esperam apreender o caráter incompreensível dessa guerra, sua violência tanto inaudita quanto inédita na história, e sobretudo indicar responsáveis e culpados. A história é mais uma vez convidada, no momento seguinte, a dar sentido, a ajudar a sair do traumatismo, a criar um tribunal da posteridade. O Tratado de Versalhes prevê, aliás, levar à justiça criminosos de guerra ou denunciados como tais, o que conduzirá especialmente ao projeto, abortado, de julgar o kaiser, e ao processo de Leipzig de 1921. Pela primeira vez, um tribunal se vê assim investido da tarefa de produzir uma leitura normatizada da história do passado próximo, ainda que essa dimensão não apareça então em toda a sua originalidade, como será o caso após 1945.

Por outro lado, há os obstáculos habituais: recuo insuficiente, paixões pelo menos tão vivas quanto após 1789, e em uma escala mais vasta. Em que medida se pode escrever uma história não conflituosa da guerra, produzir uma narrativa que possa gerar um consenso no momento em que se enfrentam, no campo político e intelectual, concepções radicalmente antagonistas do evento: visão dos vencedores contra visão dos vencidos, universalistas contra nacionalistas, pacifistas contra belicistas, narrativas heroicas contra narrativas críticas? A escrita de uma história do tempo presente não corre somente o risco de ficar prisioneira das paixões da hora, ela também se torna uma das paixões mais vivas do pós-guerra no plano nacional e internacional.

Contudo, se os estudos sobre o conflito se multiplicam logo após a assinatura do armistício, eles continuam uma tradição nascida nas premissas do conflito. A contar de 1911, a nova Doação Carnegie para a paz internacional publicou regularmente uma quantidade de documentos sobre as relações internacionais ou sobre os conflitos em curso. Desde 1914, os países beligerantes publicaram igualmente numerosas coleções de documentos — "livro amarelo" francês, "livro azul" britânico, "livro branco" alemão — para justificar sua posição. Esses textos constituem fontes importantes para a análise do conflito. Do mesmo modo, a maior parte dos Estados-maiores se dotou de "serviços históricos" ou reformou estruturas por vezes muito antigas. Na França, o Dépôt de la Guerre constituído no fim do século XVII para coletar os arquivos militares, reformado após a derrota de 1870 com a criação em especial de uma seção histórica e de um serviço geográfico, é inteiramente refundado em 1919 com a criação de um serviço histórico do Exército e um serviço histórico da Marinha (eles serão completados pela criação em 1934 de um serviço histórico da Aeronáutica). Seu objetivo é promover "o estabelecimento, segundo os métodos científicos e críticos dos ensinos do passado" e empreender uma história dos exércitos franceses da Primeira Guerra.[39] A ideia de recolher no calor do acontecimento a experiência de um conflito em curso ou recente não é, certamente, nova no mundo militar: desde sempre, a estratégia se fundou em uma forma de análise histórica. Mas ela se reveste agora de uma dimensão memorial com a homenagem rendida aos combatentes e apela às técnicas historiográficas mais recentes.

Essa história do passado próximo se desenvolve assim no fogo da ação, sem postulados epistemológicos nem programa bem definido. "A precocidade é surpreendente", escrevem Antoine Prost e Jay Winter, pois "tão logo ganha, a batalha de Marne se torna tema de história", com uma

---

[39] Ver Bourlet (2003:4-12). Ver também Chablat-Beylot e Corail (2009:132-134).

obra publicada desde 1915 (Prost e Winter, 2004:16-17). No campo universitário, a suspeita parece ter sido parcialmente levantada, conquanto a história contemporânea ainda não adquira um direito de cidade equivalente aos outros períodos historiográficos. Como quer que seja, é toda a disciplina histórica que é objeto de uma suspeita, como revelará mais tarde o historiador francês, antigo soldado de infantaria, Jules Isaac:

> Para o historiador, antigo combatente, nenhum dever mais urgente, mais imperioso, que tomar nos braços a imponente, complacente história oficial que já se empregava para mascarar demasiadas verdades desencorajadoras; nenhuma empresa mais necessária, mais salutar que pôr em plena luz as realidades da guerra, e assim uma vitória ilusória, a precariedade da paz. A questão deste debate não era o futuro? nacional, humano?[40]

E conhece-se o célebre pronunciamento de Lucien Febvre, na ocasião de sua aula inaugural na universidade de Estrasburgo novamente francesa, para a qual ele acaba de ser nomeado, que mostra, ele também, o quadro de uma disciplina moralmente em ruínas:

> A história que serve é uma história serva. Professores da universidade francesa de Estrasburgo não somos os missionários despreparados de um evangelho nacional oficial, por mais belo, maior, mais bem intencionado que possa parecer, não trazemos a Estrasburgo, nas pregas de nossas togas doutorais, nem provisões de antídotos sabiamente combinados para destruir os últimos efeitos da farmacopeia histórico-providencial de nossos predecessores, nem contraprova engenhosamente maquiada e travestida à francesa desta verdade ornada de capacete e couraça, com os falsos ares de Belona ou de Germânia, única e verdadeira deusa do que era, ontem, um

---

[40] Citado em Isaac (2004:302). A citação provém de um projeto não publicado de segundo volume de suas Memórias (*Expériences de ma vie*), publicadas em 1959.

templo oficial, do que é hoje um centro livre de pesquisas. A Verdade, não a trazemos, cativa, em nossas bagagens. Nós a procuramos, a procuraremos até o nosso último dia. [Febvre, 1920:1-15]

A perda de credibilidade de uma disciplina recrutada para fazer guerra e que desempenhou um papel importante na definição dos objetivos da guerra ou na construção do inimigo entre os principais beligerantes é, portanto, geral. Os historiadores mais ligados à objetividade e à imparcialidade mostraram que podiam pôr sua arte a serviço das mais negativas paixões do presente. Por isso, as objeções contra uma história contemporânea pretensamente impossível, porquanto marcada demais por questões vivazes, perdem uma grande parte da sua pertinência e da sua atualidade. O passado encerrado sobre o qual a história erudita devia lançar um olhar objetivo foi instrumentalizado até à sua caricatura, e é agora o passado mais próximo que é objeto de todas as atenções e precisa dos estudos rigorosos. Preconizar de novo uma necessária e ortodoxa distância temporal já não faz sentido: pensa-se em esperar meio século para publicar as primeiras histórias confiáveis da guerra que acaba de terminar? Bem ao contrário, a necessidade de inventar uma nova forma de distância epistemológica, uma nova maneira de fazer história que rompa com o objetivismo se impõe em quase todo lugar na historiografia dos anos 1920, com a criação em 1926, em Genebra, do Comitê Internacional das Ciências Históricas (Cish), que procura desenhar os contornos de uma comunidade transnacional de historiadores, e responde aos desejos de Marc Bloch ou do historiador Henri Pirenne de uma história comparada, fator de compreensão mútua entre os povos (Schöttler, 2010:404-425).

Neste contexto, é um novo espaço marcado pela lembrança e pelo efeito da catástrofe que se abre para a história do tempo presente. A mobilização fez que os historiadores perdessem a ilusão da objetividade, e a desmobilização os coloca diante de desafios inesperados. Assim, desde o fim do conflito, na Europa e na América do Norte, os historiadores publicam de maneira abundante sobre a "Grande Guerra". Esta não entrou ainda no vocabulário como a "Primeira Guerra Mundial" embora o termo tenha sido utilizado pela primeira vez pelos alemães, que falam de *Weltkrieg*, como falam de *Weltmacht* (potência mundial) ou, por motivos diametralmente opostos, por Woodrow Wilson que vê a guerra com um enfrentamento de valores universais muito além dos territórios envolvidos, um dos argumentos invocados para engajar seu país no conflito (ver Reynolds, 2003, citado por Postel-Vinay, 2007). As primeiras obras, de caráter diplomático e militar, divergem sobre as causas e os responsáveis pela guerra, tema obsedante. Para alguns, os impérios centrais começaram sozinhos o conflito, uma posição que reflete em parte a posição oficial francesa. Para outros, em especial para os "revisionistas" americanos, como Harry Elmer Barnes ou alguns intelectuais franceses pacifistas e germanófilos, como Alfred Fabre-Luce, são os Estados da Entente que têm a responsabilidade. Para um terceiro grupo, entre os quais historiadores franceses como Jules Isaac ou Pierre Renouvin, a responsabilidade alemã é maior, mas não é unilateral. Juntam-se aqueles que negam vantagem a ambos os beligerantes ou os marxistas, para os quais a guerra não era senão a consequência previsível do imperialismo.[41]

Portanto, a história do tempo presente permanece, ao que tudo indica, mobilizada após 1918. É exatamente nessa época que surge uma figura que haveria de gozar de certa fortuna: a do historiador perito. À diferença do historiador a serviço do príncipe, o perito está inserido em um campo de saber e de poder, em que sua credibilidade científica constitui seu principal trunfo. Ele já não é um letrado isolado, é um erudito que evolui em uma disciplina estruturada, reconhecida e autônoma, que coloca suas competências, seu rigor e seu gosto pela verdade

---

[41] Ver Becker (2008:108-110). Sobre Harry Elmer Barnes, ver Novick (1988:178-180). Para um ponto de vista geral, Wilson (1996). Ver também Prost e Winter (2004:16-29).

a serviço de uma causa política. À imagem da perícia psiquiátrica que surgiu no século XIX, essa forma de solicitude contribui em geral para acelerar a profissionalização de uma disciplina, para lhe dar um novo horizonte, um novo perímetro, novas responsabilidades. Nesse sentido, só podia haver "peritos" no campo da história se houvesse previamente uma profissão, por pouco que fosse, organizada e regulamentada por procedimentos internos, movimento que ocorreu antes de 1914, tanto na Europa quanto na América do Norte. É preciso, em seguida, um campo de ação em que as técnicas de investigação do passado pudessem servir como ações políticas ou jurídicas concretas e imediatas. Fora o precedente limitado dos historiadores peritos durante o caso Dreyfus, o fim da Primeira Guerra Mundial constituiu uma experiência de grande escala dessa nova função da história: após a propaganda a serviço da pátria em guerra, muitos historiadores colaboram na redação dos tratados e na definição das novas fronteiras europeias em 1918. Foi o caso, por exemplo, do historiador britânico Robert William Seton-Watson, eslavista, amigo de Masaryk e de Beneš, militante da causa tcheca e antigo combatente, que defende a ideia de que o historiador deve desempenhar um papel político na reconfiguração da Europa central (Seton-Watson, 1922). Foi o caso também do historiador francês Ernest Denis, especialista em Boêmia e Alemanha, que ajuda na criação do futuro Estado tchecoslovaco, até tornar-se uma figura mítica da narrativa nacional desse país (Marès, Léger e Denis, 1995:63-82). Ernest Denis se faz presente, aliás, no Comitê de Estudos, criado em 1917 pelo presidente do conselho, Aristide Briand, e encerrado efetivamente em 1919. Ele reúne uns 30 acadêmicos sob a direção de Ernest Lavisse e Paul Vidal de La Blache a fim de ajudar o governo francês a definir os objetivos de guerra e as pretensões territoriais da França. Apesar da redação de umas 60 memórias, esse comitê acabará tendo pouca influência sobre a redação definitiva dos tratados, chegando a causar confusão e mal-estar entre os eruditos requisitados, sobretudo entre os historiadores e geógrafos, que passam assim pela experiência de uma requisição por parte do poder que atrapalha suas práticas acadêmicas habituais, sem com isso obter resultados tangíveis (Lowczyk, 2010). Woodrow Wilson, ele próprio historiador de ofício rejeitado por uma parte dos seus pares, também mobilizou uma equipe de historiadores para assisti-lo durante as negociações sobre os tratados de paz, uma novidade nas práticas governamentais desse país, justificada pelo fato de que os Estados Unidos exercem pela primeira vez uma influência notável na condução dos negócios dos outros países (Nielson, 2011).

O pós-guerra vê assim o nascimento de uma nova história do tempo presente, sob o aguilhão das urgências do momento, sobretudo diplomáticas. Na França, no rastro da Comissão de Inquérito Senatorial sobre os fatos de guerra, cria-se uma Sociedade de História da Guerra, com o objetivo de constituir coleções documentais e publicar trabalhos que obedecessem aos critérios da pesquisa, em especial graças a uma nova revista: a *Revue d'Histoire de la Guerre Mondiale*, lançada em 1923, e cuja publicação regular se estende até julho de 1939. Em 1922, a Sorbonne inicia uma disciplina dedicada ao conflito, cujo primeiro titular é o secretário dessa revista, Pierre Renouvin, um jovem historiador de 29 anos, antigo combatente com o braço esquerdo e o polegar da mão direita amputados. Pierre Renouvin, cuja carreira nascente se situa no cruzamento de várias iniciativas, todas indo no sentido da escrita de uma história que estava se fazendo, também foi encarregado pelo ministro da Instrução Pública, André Honnorat, de realizar uma vasta investigação graças aos documentos disponíveis sobre as causas do conflito, que resultará em um livro fundamental: *Les Origines immédiates de la guerre: 28 juin-4 août 1914*, publicado em 1925. Esse livro, como os trabalhos seguintes de Pierre Renouvin — que será nomeado professor na Sorbonne em 1931, permanecendo aí até 1964 — contribuirão para fundar uma nova história das relações internacionais, resultante de uma evolução da história diplomática clássica, mais atenta às "forças profundas" das sociedades em contato umas com as outras, do que apenas ao comportamento das elites políticas e diplomáticas.[42] Essa nova história das relações internacionais constituirá por certo tempo um dos ramos da historiografia do contemporâneo mais ou menos tolerado no interior da Universidade.

Sem dúvida mais significativo, além da produção erudita, a Primeira Guerra Mundial e sua herança a médio prazo também fizeram surgir novas práticas políticas e sociais do passado, novas não em sua essência, mas em seus usos e na extensão do seu campo de aplicação. À mobilização das massas em escala continental sucede a formação de uma memória coletiva da guerra que é estruturada por práticas de luto, comemorações públicas nacionais ou locais e pela expressão de testemunhos que também assumem uma dimensão inédita e massiva, alcançando não mais as elites, mas o mais profundo tecido das sociedades europeias.[43] O próprio conceito de "memória coletiva" em sua acepção sociológica, redescoberto e explorado nos anos 1980, foi forjado por Maurice Halbwachs nos anos 1920-30, em um espaço de experiência dominado pela Primeira Guerra Mundial e pelo horizonte de expectativa posterior, ainda que o autor nunca evoque diretamente o conflito.[44] Soldados ou oficiais, experientes na escrita ou improvisados, ilustres letrados ou anônimos, inúmeros são aqueles que contam a guerra por meio de sua experiência pessoal, dando uma dimensão fortemente subjetiva a essa história próxima, que assume a forma de uma memória viva, pelo menos até a eclosão da Segunda Guerra Mundial. Esse fenômeno inédito por sua di-

---

[42] Sobre Pierre Renouvin, ver os artigos que lhe dedicaram seus herdeiros: Jean-Baptiste Duroselle, na *Encyclopaedia universalis*, e René Girault (1998:7-9). Ver também Delacroix, Dosse e Garcia (2007:358 e ss) e Noiriel (1998:56 e ss).

[43] Existe sobre esse tema uma literatura considerável. Ver prioritariamente Fussel (1975), Mosse (1999), Winter (1995).

[44] Os *Cadres sociaux de la mémoire* foram publicados pela primeira vez em 1925. Ver a recente edição, assim como reedição da *Mémoire collective* chez Albin Michel (1994 e 1997) por Gérard Namer. Ver também a biografia de Becker (2003).

versidade, por sua amplitude e por seu impacto faz surgir novas figuras sociais chamadas a durar, ou que pelo menos reaparecerão regularmente ao longo de todo o século. É o caso, por exemplo, da "testemunha moral", o sobrevivente que fala em nome de seus camaradas mortos, e mantém uma forma de relação com o passado, marcada pela obrigação da lembrança, e fala em primeira pessoa, com a ideia de que aqueles que não viveram a experiência do combate não podem compreender o sentido da guerra que acaba de terminar, mas ele é também um "nós" que fala em nome de um coletivo, o qual engloba os mortos e os vivos, ou antes os sobreviventes. Em alguns casos, esta testemunha privilegiada se tornará um rival do historiador — pelo menos do historiador "que não esteve lá", que não viveu diretamente, aqui o trauma das trincheiras, mais tarde o da deportação. Essa testemunha de um novo gênero afirma com veemência a autenticidade do primado da experiência vivida. O exemplo mais conhecido, o mais discutido e o mais emblemático é o de Jean Norton Cru. Alistado voluntariamente em agosto de 1914, tendo conhecido o fronte durante dois anos, sobretudo em Verdun, ele publica em 1929 uma obra de sucesso intitulada *Témoins*, na qual recenseia e critica os testemunhos publicados sobre a guerra na década anterior, visando especialmente grandes nomes, como Henri Barbusse ou Roland Dorgelès. Em busca dos erros materiais, das inverossimilhanças, das fanfarronices, atormentado pela revelação de uma verdade histórica una e indivisível, ele se erige como verdadeiro juiz da boa maneira de testemunhar a guerra, não sem algum excesso cientificista e certo populismo anti-intelectual — ainda que ele próprio ensine literatura em um *college* de Massachusetts. Sua obra constitui um momento importante no surgimento de uma verdadeira ideologia do testemunho, na qual o autor defende uma posição fadada a perdurar: a primeira escrita no calor de uma catástrofe como a Primeira Guerra Mundial pertence quase exclusivamente aos testemunhos que viveram os fatos entre lama e cadáveres; somente essa experiência direta, carnal, pode dar conta dos fatos antes de todo conhecimento mediado, do qual ele não recusa o princípio, mas a aplicação no imediato. Norton Cru retoma assim explicitamente por sua conta as objeções da escola metódica contra a história contemporânea, em especial contra a necessidade de um recuo, uma posição a meu ver completamente significativa: "Aqueles que antecipam ao escrever desde agora histórias se condenam a fazer algo provisório, e de um provisório de muito curta duração. Eles desperdiçam o seu tempo e o seu saber".[45] Sendo a história rigorosa da guerra impossível de fazer no calor do acontecimento, devem prevalecer apenas os escritos autênticos e sinceros das verdadeiras testemunhas que constituirão outras fontes para os historiadores... de amanhã. Diante desse positivismo que a guerra tornou em grande medida obsoleto, Jules Isaac replicará:

Afirmação conforme à opinião corrente, geralmente não discutida, mas que não parece indiscutível. Desconfio um pouco, por minha vez, deste "recuo necessário ao historiador". Ele é talvez necessário na prática (por causa dos materiais que o historiador deve acumular). Na teoria, pergunto-me se os inconvenientes do recuo não sobrelevam sobre as vantagens. Quanto mais o recuo se acentua, mais o evento é visto "de fora": percebe-se-lhe talvez melhor as grandes linhas superficiais, mas perfura-se mais dificilmente a crosta de lenda de que se recobriu e em que se transformou. Para conhecer o evento em toda a sua realidade, para perceber a sua verdadeira substância, é preciso, como dizia Péguy, tê-lo visto de dentro, sobretudo quando se trata de um evento tão complexo e conturbador como a guerra. "Apenas a guerra fala bem sobre a guerra" é um axioma válido também para o historiador. [...] A história não conhece obra prima que iguale *A guerra do Peloponeso*. Ora, é a obra não de um historiador que esperou ter "o recuo necessário",

---

[45] Cru (1929, 1931:26), citado por Rousseau (2003:68). A obra, bem documentada, adota, contudo, uma posição marcada paradoxalmente por devoção em relação a um personagem considerado um dos inventores da "hipercrítica", e uma manifestação da ideologia do testemunho sempre vivaz na historiografia contemporânea.

mas da testemunha que tinha o sentido e o gênio histórico no mais algo grau. Concluo, portanto, que é melhor não erguer divisórias estanques entre testemunhas e historiadores e que, para se colocar no trabalho histórico propriamente dito, não é preciso esperar "o recuo necessário".[46]

É surpreendente constatar que a Primeira Guerra Mundial fez surgir ou ressurgir no espaço público tanto a figura do historiador do tempo presente, chamado pelas circunstâncias a dar sentido à catástrofe ocorrida, quanto a da testemunha, que procura por outras vias e outras bases as palavras para dizê-la. O seu companheirismo, a sua rivalidade e a sua oposição constituirão ao longo de todo o século XX um elemento central da escrita da história trágica do tempo presente.

Em todo lugar, pelo menos nos territórios atingidos pela guerra, a história da última catástrofe em data — que é também a primeira do gênero — ocupa um lugar considerável no campo social: ela é onipresente pelos vestígios visíveis do conflito, pelas feridas de guerra, pelos escritos que se exprimem na literatura, na imprensa, nas edições populares, no cinema, nos debates políticos. É uma verdadeira "história pública" que surge de maneira frequentemente espontânea, à imagem da nova Biblioteca-Museu da Guerra na França (BMG), fundada em 1918 e dirigida então por Camille Bloch, com Pierre Renouvin à frente do departamento de documentação. Essa instituição teve origem em uma coleção única em seu gênero, de um casal de industriais parisienses, Louise e Henri Leblanc, que empreenderam reunir desde 1914 dezenas de milhares de documentos de toda natureza sobre a guerra: livros, jornais, arquivos, pinturas, cartazes, fotos, brinquedos e outros pequenos objetos que dão testemunho da cultura patriótica e do engajamento de todo um país no conflito. Durante a guerra mais do que o previsto, eles fazem doção

---

[46] Em uma discussão sobre o livro publicado no *Bulletin de l'Union pour la Vérité*, fev./mar. 1931. Rousseau (2013:68-69).

do acervo ao Estado em 1917, que cria um verdadeiro "laboratório de história" aberto ao grande público.[47] Essa instituição oferece uma dupla originalidade: ela nasce no coração mesmo do evento e vem primeiramente da sociedade civil. Não é um lugar de memória voltado para a celebração do passado, mas um lugar que vislumbra o horizonte de uma memória por vir, que se deverá precisamente constituir: é um exemplo bastante único de uma percepção do presente, de uma forma de contemporaneidade vivida como efêmera e da qual se trata precisamente de guardar o maior número de vestígios. A Segunda Guerra Mundial dará muitos exemplos de lugares de memória *para o futuro*, constituídos no coração mesmo do evento.

Esta "história pública", esta necessidade geral de apreender o presente em todos os sentidos do termo participam plenamente de uma nova "consciência histórica" popular que constitui um fato cultural importante e um elemento essencial na evolução da historicidade contemporânea. Ela contribui, por um lado, a dar um caráter homogêneo às sociedades que saem do conflito, pois ela exprime uma contemporaneidade compreendida sob a forma de uma *simultaneidade* das experiências vividas, a começar pela experiência combativa de dezenas de milhões de homens na Europa e também de outros lugares do mundo, por meio das tropas vindas das colônias. Mas ela desenvolve também uma forma *dessincronizada* de contemporaneidade em razão das defasagens e descontinuidades entre experiências e percepções do tempo totalmente diferentes segundo se observem os antigos combatentes ou os civis, a geração do fogo ou as que vêm depois, os vencedores que vivem uma espécie de "fim da história" (independências nacionais, retorno de províncias perdidas), ou os vencidos para quem a história não terminou e que se projetam em um futuro mais ou menos próximo, tendo como nome

---

[47] É a atual Biblioteca de Documentação Internacional Contemporânea (BDIC), situada no *campus* da universidade Paris-Ouest Nanterre-La Défense, ligada ao Museu de História Contemporânea, situado nos *Invalides*. Ver Becker (2010:5-6).

a revanche. Domina um sentimento comum e massivo de terem vivido uma ruptura significativa na história, ao mesmo tempo que a consciência tão aguda de que esses eventos não têm por isso menos significados profundamente antagonistas, que será difícil conciliar sem uma possível nova catástrofe. Tanto a Revolução tinha gerado, apesar dos conflitos e das resistências, uma memória "positiva", que se encarnou na invenção de novas tradições políticas que reclamaram para si com orgulho esse passado e integraram pouco a pouco seus mais ferozes adversários (a começar pela Igreja Católica), quanto a Primeira Guerra Mundial deu nascimento às primeiras formas de memória "negativa" que repousam na perpetuação do luto e na ameaça de uma repetição do passado. Ainda que esse sentimento tenha podido ser atenuado pela esperança — rapidamente decepcionada — suscitada pela Revolução bolchevique, o medo de um retorno à violência da guerra, o "nunca mais isso!" dos antigos combatentes, ocupa um grande espaço nas sociedades do pós-guerra. Essa palavra de ordem não conhece fronteiras e inaugura uma forma particular de relação entre o presente e o passado. O passado próximo se vê rejeitado como lembrança de assombro ao mesmo tempo que atormenta as consciências em uma escala até então inédita. Não passa, não passa mais — é o aspecto traumático —, não deve passar — é a sua tradução moral e política — pois a sua lembrança, dominada ou não, serve doravante de alerta, de "advertência" a uma possível recidiva, à imagem do Anjo da História de Walter Benjamin:

> Há um quadro de Klee que se intitula *Angelus Novus*. Representa um anjo que parece estar afastando-se de algo ao qual o seu olhar permanece fixado. Seus olhos estão esbugalhados, sua boca aberta, suas asas estendidas. Tal é o aspecto que deve ter necessariamente o Anjo da História. Ele tem o rosto voltado para o passado. Onde se apresenta a nós uma cadeia de acontecimentos, ele não vê senão uma só e única catástrofe, que não cessa de amontoar ruínas sobre ruínas e as lança a seus pés. Ele desejaria demorar-se,

despertar os mortos e ajuntar o que foi quebrado. Mas do paraíso sopra uma tempestade que se apoderou das suas asas, tão forte que o anjo não pode mais fechá-las. Esta tempestade o arrasta irreversivelmente para o futuro ao qual ele volta as costas, enquanto até o céu diante dele se acumulam as ruínas. Esta tempestade é o que nós chamamos de progresso.[48]

Essa citação é uma das mais conhecidas e das mais comentadas das *Teses sobre história*, redigidas em 1940 (e que não eram destinadas à publicação) quando a catástrofe seguinte efetivamente aconteceu. Certamente, para Benjamin, a sobredita catástrofe não é a guerra, mas certa concepção do Progresso, produzida sobretudo por uma socialdemocracia para a qual ele não tem palavras suficientemente duras. Mas nessas frases, se se fizer delas uma leitura outra que não política, Benjamin exprime em algumas palavras de uma densidade profética essa mudança de historicidade das últimas décadas transcorridas: a história como olhar sobre a catástrofe, como dívida para com os mortos, as vítimas, os vencidos, a história como aprendizagem de uma alteridade radical que deve, contudo, tecer de novo os laços entre o tempo que corre e o tempo das ruínas, sem perder de vista nessa aceleração a necessidade de compreender, ainda que tal não seja a preocupação principal de Benjamin. "Permanece, para o historiador de ofício, aquém deste horizonte de fuga, a inquietante estranheza da história, a interminável competição entre o desejo de fidelidade da memória e a busca da verdade em história", escreverá mais tarde Paul Ricoeur acerca desse texto (Ricoeur, 2000:649-650).

---

[48] Segui aqui o texto de Löwy (2001:71).

Saída de guerra e contemporaneidade

A muitos respeitos, a Primeira Guerra Mundial tornou de certo modo caduca a cisão entre o passado e o presente, legado cultural da Revolução que a historiografia metódica tinha retomado por conta própria em nome de uma necessária distinção, senão separação, entre ciência e política, entre observação e engajamento. As lembranças da história mais próxima invadiram o campo social e político, um fato de sociedade que os historiadores de ofício não podem ignorar. A evolução dos paradigmas culturais e científicos (entre os quais a teoria da relatividade) torna caducas as visões lineares do tempo sobre as quais repousava esta cisão, que também não era senão uma ficção científica de que os seus promotores estavam em grande medida conscientes. O desenvolvimento de uma história mais conceitual fundada na importância de quadros prévios de referência, de uma "problemática" e de um questionamento próprio ao historiador dá por definição mais espaço à contemporaneidade, no sentido de Benedetto Croce, uma vez que o ator historiador tanto quanto seu contexto de elaboração se tornam elementos essenciais para compreender o passado mais distante. A subjetividade, ou antes a postura subjetiva, outrora herética, se dissemina entre os historiadores do pós-guerra na Europa e nos Estados Unidos:

> O historiador pode liberar-se de algumas dificuldades supérfluas levantadas pela fórmula de Ranke, [o passado] *tal como realmente aconteceu*, que permanece a vários respeitos útil. Mas essa célebre forma contém conotações metafísicas das quais faríamos bem em nos livrarmos. Tal como é interpretada por numerosos historiadores da velha geração, ela implica que um historiador podia de certa maneira ter acesso a uma realidade que se achava totalmente fora do seu pensamento — que "o que aconteceu realmente" era em si mesmo um fato à espera de ser descoberto. Nós podemos agora admitir que o passado nesse sentido está para sempre perdido para

nós; que o historiador deve colocar seus fatos em relação com um modelo, um esquema conceitual de que ele pode lançar mão unicamente se se verifica útil; que ele constitui, do mesmo modo que o esquema conceitual utilizado pelo físico para o elétron, um meio prático para dar conta de fatos conhecidos e conduzir à descoberta de fatos até então desconhecidos. O historiador pode livrar-se do demônio absolutista que a fórmula "tal como realmente aconteceu" implica e aceitar todas as vantagens de uma posição francamente relativista.[49]

O declínio — relativo e provisório — do paradigma da objetividade entre os historiadores de ofício e o liame crescente — mas que permanece marcado por uma desconfiança recíproca — com as outras ciências sociais implicam uma maior atenção ao contemporâneo e incitam a vislumbrar de maneira mais dialética a relação entre o passado e o presente. Na ocasião de uma célebre conferência proferida na Universidade de Londres, no dia 13 de dezembro de 1928, o historiador britânico Robert William Seton-Watson, que participou da Conferência da Paz, pronuncia uma vibrante "apologia do estudo da história contemporânea" (Seton-Watson, 1929:1-18). Trata-se de um texto essencial para compreender como essa forma de história sai do seu purgatório após a Primeira Guerra. Frequentemente citado na historiografia anglófona, ele é quase desconhecido da historiografia francesa, talvez porque, na época, esta última não retivesse senão o alvorecer dos *Annales* — cujo primeiro número é publicado em janeiro de 1929 — que acabou por eclipsar todas as outras inovações ou antecipações similares nascidas fora da França. Seton-Watson denuncia neste artigo a incongruência de um campo abandonado no momento em que a disciplina, em seu conjunto, teve um desenvolvimento sem precedentes nas últimas três décadas:

---

[49] Brinton (1939:153), citado por Novick (1988:141). Brinton é um historiador americano conhecido por seus trabalhos sobre a Revolução Francesa.

Não estou atacando os outros ramos da história — seja a antiga, a medieval ou a moderna. Proponho antes, em nome da sua mais jovem irmã, que acaba de atingir a maioridade, um pleito por um reconhecimento e uma igualdade de tratamento. Com efeito, sugiro que nós todos, sejamos estudantes, professores ou homens de ação, não deveríamos em nossas pesquisas, nossas preocupações ou nossas reivindicações sobre o interesse de nossos alunos parar exatamente no momento em que os estudos históricos adquirem o seu maior valor prático, a saber, no limiar de nossa época. [Seton-Watson, 1929:2]

Ele prediz um crescimento em um futuro próximo e desfaz sem muita dificuldade as objeções levantadas contra a história contemporânea. Esta corre o risco de rapidamente se tornar obsoleta? É a sorte de toda proposição historiográfica, tanto mais que cada época revisa o conjunto da história escrita antes dela, e não somente sua parte mais recente. Ela é demasiadamente dependente das fontes contemporâneas e da sua escassez, haja vista os atrasos necessários ao acesso aos arquivos? É a natureza mesma do trabalho do historiador repousar, mesmo muito tempo após, nas referidas fontes, com um olhar diferente. Quanto ao risco da penúria dos arquivos, é absurdo, uma vez que é o risco inverso, a superabundância, com a qual o historiador deverá lidar. Mais importante ainda, a natureza mesma da Primeira Guerra, a publicação de inúmeros documentos diplomáticos ou de memórias de políticos e a brecha parcialmente aberta no princípio tradicional do segredo que protege a ação dos Estados fazem com que nenhuma crise comparável em toda a história da humanidade tenha disposto tão rapidamente de tantas fontes essenciais para escrever a história de um acontecimento do tempo presente.

É certamente supérfluo insistir no fato de que o processo geral brevemente descrito aqui tenha recebido um impulso gigantesco da Primeira Guerra e da série de revoluções nas quais culminou. Joseph de Maistre, escrevendo a um amigo no momento mais tenso da Revolução Francesa, defendia que "o projeto de colocar o lago de Genebra em garrafas é claramente menos louco que o de restabelecer as coisas precisamente no mesmo pé em que estavam antes da Revolução"; e pode-se afirmar que a Primeira Guerra teve o mesmo efeito revolucionário sobre os estudos históricos, e, em especial, sobre o estudo da história contemporânea.[50]

Quanto à questão da objetividade e de saber se é preciso abjurar toda posição política ou toda crença religiosa para escrever a história, contemporânea ou não, Seton-Watson, partidário ativo da causa tcheca, pergunta-se se não é melhor "encher nossas veias de leite em vez de sangue" e renunciar assim à nossa condição humana. Ele chega a advogar um engajamento mais pronunciado dos historiadores do tempo presente nas urgências do pós-guerra:

> Um estudo aprofundado da história recente é um corolário essencial do novo movimento internacional em favor da paz que gravita em torno da Sociedade das Nações, e de que deve depender tão amplamente a possibilidade de evitar novas conturbações. Não sou tão estúpido para advogar tal ou qual campanha em favor do pacifismo ou do desarmamento; mas é uma evidência em si mesma que eles têm um papel muito particular para desempenhar na promoção deste estudo científico do tempo presente [recent times], que é um dos fundamentos essenciais sobre os quais um novo mundo e uma nova mentalidade devem ser construídos. [Seton-Watson, 1929:17]

Por outro lado, em nenhum momento nesse artigo, não mais que nos textos similares que defendem então a prática científica de uma

---

[50] Seton-Watson (1929:9). A citação de Joseph de Maistre vem de uma correspondência endereçada ao barão Vignet des Étoles, em dezembro de 1793.

história contemporânea, é avançada de maneira explícita a ideia de uma singularidade desse período historiográfico. Muito ao contrário, essas apologias insistem no fato de que esta história é "como as outras", o que não tem nada de espantosa uma vez que se trata precisamente de promover uma operação de *integração* após um período de exclusão, e, portanto, de mostrar a que ponto esta história é idêntica em seus métodos e seus paradigmas aos outros ramos mais "nobres" da historiografia. Não é senão muito mais tarde, uma vez reconhecida essa historiografia e depois de ter conquistado uma forma de hegemonia tanto no campo universitário quanto no grande público, que a questão se colocará, não por preocupação de distinção, mas porque, chegada à idade da maturidade, a história terá que afinar os seus pressupostos epistemológicos.

Além do desenvolvimento necessário de uma história contemporânea para a qual se pede reconhecimento e legitimidade, é precisamente o lugar respectivo do passado e do presente que muda no olhar historiográfico, ele também reflexo de uma evolução cultural profunda. Seton-Watson percebe esse fato de maneira intuitiva no fim da sua fala:

Afirmo que estudar de perto (com a contribuição, se possível, de conhecidos pessoais) os líderes políticos, intelectuais e industriais de hoje é um dos meios mais eficazes de testar teorias derivadas de estudos documentados sobre a era de Metternich e de Francisco José, de Kossuth e de [Ferenc] Deák. Não advogo, por certo, esta desastrosa heresia que consiste em julgar o presente pelo passado ou o passado pelo presente. Sugiro somente que o método que consiste em comparar constantemente os dois, em se reportar frequentemente, mas com vigilância de um ao outro, é capaz de tornar agudos e humanizar os julgamentos que o historiador faz sobre os homens e o mundo. É um dos aspectos muito práticos do método comparativo, que, a meu ver, é um dos mais proveitosos de todos os métodos históricos, quando mantido em justos limites. [Seton-Watson, 1929:13]

Esse apelo a considerar de outro modo a relação entre o passado e o presente, não mais pelo modo da cisão, mas por aquele da comparação e da dialética, deriva em toda lógica da defesa de uma inteira inclusão da história contemporânea nos estudos históricos. Por isso que se defende uma reunificação da disciplina histórica, não importa o período, já não tendo a separação entre passado encerrado e história próxima que se está fazendo, por definição, nenhuma pertinência: é quase uma tautologia. Ainda que se trate aqui de uma simples intuição, ela é notável pelo fato de antecipar um dos paradigmas mais importantes na ala dos *Annales*, a saber, a necessidade de redefinir no trabalho dos historiadores e das ciências sociais em geral o laço entre o passado e o presente. Ela não o faz partindo da ideia de que é preciso repensar todo o método histórico, mas pedindo mais modestamente que a história contemporânea seja levada a sério em virtude desse mesmo método.

No mesmo momento, processo muito mais conhecido, analisado e incansavelmente autocelebrado, o projeto dos *Annales* tenciona refundar todas as bases da historiografia. Ele concede de saída um grande espaço ao "presente" e condena a separação artificial do passado. André Burguière (2006) identifica durante o período de fundação dos anos 1930 uma forma de "presentismo" no meio que se agrega em torno da revista. O termo designa inicialmente uma postura científica que concede ao ponto de vista do historiador e à construção de seu objeto um lugar determinante, o que resulta, por definição, em colocar o presente, o tempo do próprio historiador, como primeiro na escrita da história. Esse primado do presente do observador sobre o passado do objeto estudado é também ilustrado no estabelecimento do método dito "regressivo", o qual parte de uma questão enraizada no presente para remontar no tempo, à imagem da investigação de Henri Hauser (1930:384-385) sobre "o problema histórico dos preços", requisitada em fevereiro de 1929 e lançada em 1930, no início da Grande Depressão. Essa preocupação com o presente se traduz também por uma maior atenção à história contemporânea e à atualidade. Entre 1929 e 1945, a revista dedica 16,4% do número total das suas páginas à história do século XIX e do século XX, e 21,7% a temas que entram na atualidade ou no passado próximo, ou seja, mais de um terço do total para a história dita "contemporânea" no sentido institucional do termo, que inclui inúmeros artigos vindos de outras disciplinas como a sociologia ou a economia. No mesmo período, a *Revue Historique* e a *Revue d'Histoire Moderne et Contemporaine*, lugar de uma maior ortodoxia disciplinar, dedicam respectivamente 23,7% e 57,9% do seu volume aos séculos XIX e XX — o que é já notável e mostra que a história contemporânea saiu do purgatório —, mas quase nada à história muito recente ou à atualidade (Wesseling, 1979). Contudo, essa evolução deve tanto ao clima científico dos *Annales* e ao desenvolvimento do contexto geral da época quanto à personalidade dos seus fundadores, Lucien Febvre e Marc Bloch. Este último, aliás, foi apresentado frequentemente como um "historiador do tempo presente".[51] Não somente o medievalista que ele é assumiu o risco de escrever muitas vezes sobre o seu próprio tempo, mas também formalizou sob a Ocupação a ideia que ele tem das relações que um historiador da sua época deve ter com o passado e o presente. A maior parte dos textos de Marc Bloch sobre a história próxima, seja científicos, políticos ou autobiográficos, versa em suma sobre as duas guerras mundiais, seja sobre os rumores, sobre a fotografia ou suas próprias *Lembranças* durante a Primeira Guerra, seja ainda seu texto mais célebre, *A estranha derrota*, escrito após a derrota de 1940, antes de se engajar na Resistência, na qual perderá a vida. A experiência da guerra foi, portanto, uma experiência decisiva na sua maneira de pensar o ofício de historiador.[52]

---

[51] Raulff (1997). Ver também a biografia que ele lhe dedicou: Raulff (2005).

[52] Ver os pontos de vista convergentes de Schöttler (2010), Becker (2006:XIII) e Burguière (2006:41).

A contribuição de Marc Bloch é evidentemente decisiva no surgimento de uma nova percepção da contemporaneidade. Embora não seja o primeiro a fazê-lo, ele formaliza o lugar que passado e presente devem ter no trabalho do historiador. Em sua *Apologia da história*, ele desenvolve uma ideia cuja pertinência permanece hoje intacta: é preciso tanto "compreender o presente pelo passado" quanto "compreender o passado pelo presente".[53] A compreensão do presente pelo passado parece reatar com a longuíssima tradição da historiografia ocidental de uma história mestra da vida, se é que essa tradição alguma vez de fato se perdeu. Ela luta na verdade contra a ilusão modernista da sua época e das décadas anteriores, que faria do contemporâneo um tempo fora do tempo, donde sua exclusão por parte da escola metódica, com o resultado de que o estudo do presente se tornou o apanágio, para não dizer a exclusividade, das outras ciências sociais:

No vasto transcorrer dos tempos, acredita-se poder colocar de parte uma fase de pequena extensão. Relativamente pouco distante de nós, em seu ponto de partida, ela abarca, no seu acabamento, os dias em que vivemos. Nela, nada, nem as características mais marcantes do estado social ou político, nem o seu aparelhamento material, nem a tonalidade geral da civilização apresentam, parece, diferenças profundas com o mundo em que temos nossos hábitos. Ela parece, em uma palavra, afetada, em relação a nós, por um coeficiente muito forte de "contemporaneidade". Donde a honra, ou o laivo, de não ser confundida com o resto do passado. [Bloch, 1997:58-59]

---

[53] Trata-se dos títulos respectivos dos parágrafos VI e VII do primeiro capítulo da *Apologie pour l'histoire ou Métier d'historien*, manuscrito inacabado escrito essencialmente em 1942, publicado postumamente uma primeira vez em 1949, depois reeditado várias vezes, especialmente em um *Cahier des Annales*, 3, Paris, Librairie Armand Colin, 1952, e, muito recentemente, pela Gallimard: Bloch (2006). As expressões: "compreender o presente pelo passado" e "compreender o passado pelo presente" são dos subtítulos acrescentados por Lucien Febvre, que resumem bem a tese do autor. Por conselhos de Peter Schöttler, um dos melhores conhecedores da obra de Marc Bloch, utilizei aqui a versão publicada em 1997, por Armand Colin, anotada por Etienne Bloch e prefaciada por Le Goff, mais próxima, parece, das notas manuscritas originais.

Marc Bloch critica aqui uma concepção puramente "biológica" da contemporaneidade que dependeria de um simples grau de proximidade temporal entre os indivíduos e as gerações. É a consequência da sua recusa da objetividade: por um lado, o tempo de hoje não é, em grande medida, senão um momento efêmero de uma evolução mais longa; por outro, o tempo vivido ou o tempo percebido são extremamente importantes, se não mais que o tempo dito "real". A abordagem histórica da contemporaneidade pode achar-se, por isso mesmo, mais árdua, pois faz entrar outros elementos que permitem identificar proximidades entre o passado e o presente diferentes do fato de viver no mesmo tempo, mas nada justifica por isso a sua separação:

> "Desde 1830, já não se trata de história, dizia-nos um de nossos professores do ensino médio, que era muito velho quando eu era muito novo, trata-se de política." Já não se diria hoje: "desde 1830" — os Três Gloriosos, por sua vez, ficaram velhos — nem "se trata de política". Antes, com um tom respeitoso: "trata-se de sociologia"; ou, com menos consideração: "trata-se de jornalismo". Muitos, contudo, repetiriam de bom grado: desde 1914 ou 1940, já não se trata de história. Sem, aliás, ter muita certeza sobre os motivos desse ostracismo.

> Alguns, estimando que os fatos mais vizinhos de nós são, por isso mesmo, rebeldes a todo estudo verdadeiramente sereno, desejam simplesmente poupar a casta Clio de contatos demasiadamente ardentes. Assim pensava, imagino, o meu velho mestre. É, seguramente, atribuir-nos um fraco domínio de nossos nervos. É também esquecer que, desde que as ressonâncias sentimentais entram em jogo, o limite entre o atual e o inatual está longe de se regular necessariamente pela medida matemática de um intervalo de tempo. [Bloch, 1997]

A suspeita de que os contemporanistas (termo de uso muito recente) fazem, na melhor das hipóteses, "ciência política" e, na pior, "jornalismo", estava ainda em voga há umas três décadas: a resistência à história do tempo presente perdurou por muito tempo. Contudo, Marc Bloch explicita bem — é a novidade da tese. Ele mostra como o conhecimento do seu tempo oferece ao historiador recursos essenciais para compreender o passado. Essa ideia repousa inicialmente na observação das continuidades, das permanências de certas estruturas materiais (por exemplo, o desenho dos campos) ou culturais (as modalidades da herança) que, observadas em seu estado presente, permitem apreender o que elas puderam ser no passado. A despeito das oposições, ele não está muito afastado da lógica dos vestígios defendida pela escola metódica. Essa ideia se apoia em seguida na hipótese de que grandes traumatismos históricos (a Reforma) podem continuar a agir por seus efeitos em uma longa duração, por vezes mais extensamente que os traumatismos mais próximos no tempo (talvez ele faça alusão ao nazismo). A sua observação no presente permite, aqui também, ter acesso a certa inteligibilidade do passado. A tese se apoia, enfim, na constatação de que a experiência direta do historiador pode permitir-lhe compreender por analogia, ou porque existe uma permanência antropológica dos gestos do passado pela observação dos seus próprios gestos do presente. Este último registro é pouco explicitado na *Apologia*, mas transparece em sua obra posterior à Primeira Guerra: Marc Bloch poderia sem dúvida nenhuma ter sido, desse ponto de vista, um grandíssimo historiador de duas grandes guerras mundiais, não somente por seu talento científico, mas por sua experiência direta, em campo, da ação de combatente e depois de resistente, o que foi a característica de muitos historiadores dessa geração em toda a Europa. Por isso, o laço entre o passado e o presente se impõe por si:

esta solidariedade das épocas teve tanta força, que entre eles os laços de inteligibilidade têm verdadeiramente dois sentidos. A incompreensão do presente nasce fatalmente da ignorância do passado. Mas talvez não seja menos vão esgotar-se em compreender o passado, se não se sabe nada do presente. [Bloch, 1997:63]

Desse modo, essas reflexões contribuíram para instalar de forma permanente a história contemporânea no campo dos estudos historiográficos, e é preciso considerar Marc Bloch, aqui também, como um precursor? Nada é menos certo, ainda que Bloch, Febvre e esta primeira corrente dos *Annales* sem dúvida tenham contribuído para solapar uma forma de ortodoxia na matéria. A *Apologia* defende certa ética da história em geral, inclusive a história próxima, mas sem erigir programa particular nem explicar como a disciplina deveria integrar a história contemporânea, não como procedimento heurístico, mas como campo de estudo específico. Não é simplesmente a tese do autor. Ora, uma coisa é convidar um medievalista a estar atento ao seu tempo para compreender o feudalismo, outra é pretender escrever com um mesmo grau de rigor e de credibilidade uma história no calor do nazismo. Certamente, pode-se ver em *A estranha derrota* um livro emblemático de história do tempo presente, tanto mais que o autor mostra uma grande lucidez que agrada aos historiadores, uma vez que ele parece ver o que eles mesmos verão *post facto* na derrota de 1940. Isso significa, contudo, esquecer que se trata aqui inicialmente e antes de tudo de um testemunho sobre o seu tempo — Bloch introduz sua tese como "uma deposição da testemunha" —, e não como um trabalho de historiador. Aliás, é interessante notar que essa visão que faz de um testemunho contemporâneo, assumido explicitamente como tal por seu autor, um livro de história do tempo presente, se disseminou sobretudo nos 20 últimos anos, no contexto precisamente de uma fronteira cada vez mais incerta entre a testemunha e o historiador. Ora, como lembra Gérard Noiriel, Marc Bloch nunca confundiu os dois: "o julgamento severo que ele faz sobre a sociedade francesa em *A estranha derrota* não é senão o ponto de vista de um autor, ponto de vista que o historiador de amanhã confrontará com outros testemunhos e com outras fontes" (Noiriel, 1999:33-34). Aqui ele se insere mais na tradição do pronunciamento de um acadêmico que se tornou um intelectual engajado no século, do que assume a postura de um historiador de seu tempo, comparável ao que ele podia ter feito em relação à análise dos rumores da Primeira Guerra. É bem mais tarde, nos anos 1970, por razões intelectuais e estratégicas, que Marc Bloch será incluído, não sem alguns artifícios, entre os pais fundadores da nova história do tempo presente, para mostrar bem aos seus detratores que ela também se liga à corrente dominante da historiografia francesa.

Acrescentemos que o modo pelo qual Marc Bloch vê em 1940 os laços entre passado e presente é frequentemente descrito como uma inovação, na lógica da revolução historiográfica que aconteceu na década precedente. Ora, Marc Bloch é o primeiro a lembrar que estabelecer tal laço pertence a uma longuíssima tradição. Ao denunciar a cisão realizada entre o estudo do passado o estudo do presente, ele tem essa reflexão, como nessa passagem:

> O curioso é que a ideia deste cisma surgiu muito recentemente. Os velhos historiadores gregos, um Heródoto, um Tucídides, mais perto de nós, os verdadeiros mestres dos nossos estudos, os ancestrais cujas imagens merecerão figurar eternamente no altar da corporação, nunca sonharam que, para explicar a tarde, pôde ser suficiente conhecer, no máximo, a manhã.[54]

Certamente, ele cita então Michelet e a necessidade de compreender o atual pelo inatual. Mas talvez ele também renove um pensamento historiográfico pré-revolucionário no qual não havia descontinuidade na

---

[54] Bloch (1997:60). Tanto nas primeiras como nas últimas versões mais recentes da *Apologia*, encontra-se frequentemente a primeira redação dessa passagem: "O singular é que a questão, hoje, possa colocar-se. Até uma época muito próxima de nós, com efeito, ela pareceu, quase unanimemente, resolvida antecipadamente".

abordagem do tempo histórico, nem história propriamente contemporânea, uma vez que não havia diferença entre o próximo e o longínquo, entre a história e o presente. É a consequência indireta de sua crítica da escola metódica, a qual formalizou essa cisão, e que o leva assim a reatar com o que precede? É uma necessidade que ele sente então de vislumbrar uma história longa para reabrir seu próprio horizonte de expectativa e considerar que o triunfo da barbárie da qual ele será uma das vítimas faz talvez parte desses fenômenos "efêmeros" de que ele fala várias vezes na *Apologia*? Talvez ele tenha querido escapar assim ao presente mortífero e reabrir os futuros possíveis mergulhando em um passado longínquo, para encontrar aí esperança. Marc Bloch ter-se-ia assim comportado tanto como um filho do seu tempo quanto como um filho do seu pai, ao reatar, laico como era, com uma tradição judaica que finca suas raízes no imemorial e, portanto, em um tempo em que passado e presente coexistem permanentemente.

Depois do nazismo

O homem se mantém agora em uma "brecha entre o passado e o futuro", escreve Hannah Arendt, em 1945.[55] Ele se acha em um lugar instável e incerto, entre um passado que se afastou e que demanda agora ser decifrado — donde a nova importância da história como atividade intelectual e da memória como prática social e política —, e um futuro que se tornou ilegível para várias gerações — donde a importância desse momento de passagem, de transição entre o passado e o presente que caracteriza a escrita da história do tempo presente no século XX. Franz Kafka, Walter Benjamin e inúmeros intelectuais exprimiram, entre as

---

[55] Arendt (1972). A primeira edição desses ensaios foi publicada em 1961 com o título *Between past and future*.

duas guerras, um mesmo sentimento diante da fratura da continuidade histórica. René Char, outra sentinela mencionada por Arendt, também o exprimiu na clandestinidade, em 1943-44: "nossa herança não é precedida de nenhum testamento", aforismo célebre, muitas vezes citado pela filósofa, que exprime a ideia de que as gerações que seguirão as da guerra terão que suportar um legado cujo sentido não é legível.[56] Após a Revolução Francesa, o homem moderno se achou destacado do seu passado, mas projetado no futuro. Após as duas guerras mundiais, ele se acha na solidão do presente, confrontado com um passado próximo cujo fardo se verificará, de maneira paradoxal, cada vez mais pesado de carregar à medida que nos afastamos da cesura de 1945.

A Primeira Guerra e seus dias seguintes foram testemunhas do desenvolvimento de uma forma de historicidade desenraizada, que tinha rompido com a do século XIX, fundada na ideia de um progresso contínuo cumulativo, na crença em um domínio do mundo pelo saber científico. A memória do conflito, a presença e mesmo o peso da história próxima tinham influenciado fortemente a vida política, social e científica dos anos 1920-30, dando uma nova importância e uma nova dimensão à noção de contemporaneidade. Após 1945, as sequelas combinadas da guerra, do nazismo e do Holocausto implicam em todo o mundo ocidental um interesse ainda mais intenso pela história do tempo presente, que se desenvolverá de maneira decisiva tentando dar conta da herança dessa última catástrofe. O liame entre política, memória e história surgido em 1918 no contexto da primeira guerra de massa se percebe de maneira mais nítida ainda após 1945: compreender o tempo presente é de novo urgente, mas com grandes diferenças que dizem respeito quase todas à natureza da violência da guerra, que foi acompanhada de uma violência política e ideológica de uma intensidade raramente igualada no passado.

---

[56] Ibid., p. 15 e 16. A citação de René Char foi retirada dos *Feuillets d'Hypnos*, §62 (1946).

Contrariamente a 1914-18, em que apenas as zonas de fronte tinham sido fisicamente devastadas e somente os combatentes tinham sofrido perdas massivas — com a notável exceção do genocídio dos armênios planejado pelos turcos —, o conflito de 1939-45 produziu na Europa, e em uma menor medida na Ásia e no Pacífico, destruições físicas e humanas sem comparação. Elas visaram prioritariamente populações civis ou combatentes desarmados pela eliminação intencional de faixas inteiras das populações conquistadas, massacres de massa de prisioneiros de guerra, destruições voluntárias de grandes aglomerações não estratégicas, movimentos forçados de populações — deslocadas, deportadas, cativas, escravizadas ou refugiadas em número de dezenas de milhões. Como 20 anos antes, é preciso enfrentar a terrível questão de saber como manter a lembrança dos mortos e desaparecidos sem sepultura, encarregar-se dos lutos coletivos, dar sentido a acontecimentos que parecem inacessíveis à razão. Uma das mais velhas tradições culturais e religiosas da história da humanidade desapareceu em parte pela eliminação sistemática das pessoas, dos lugares de culto, das escolas e dos cemitérios. O genocídio dos judeus, que se estendeu sobre todo o continente, não é certamente o primeiro, nem o último, mas é sem precedentes quanto a sua amplitude, sua natureza e suas modalidades.

Quase em todo lugar da Europa ocupada, empreendimentos clandestinos foram criados para salvaguardar o patrimônio cultural do judaísmo ameaçado e para constituir no calor do acontecimento, com meios improvisados, vestígios do crime que estava sendo cometido. Eles têm também o objetivo de recolher testemunhos sobre o que corre o risco de suscitar a incredulidade, e mesmo reações de negação. Podemos mencionar o trabalho do historiador Emmanuel Ringelblum e do seu grupo *Oneg Shabbat* ("A alegria do sábado"), que desde o mês de outubro de 1939 em Varsóvia, depois no interior do gueto, coletou um número impressionante de informações sobre a vida cotidiana e a sorte dos judeus durante esse período.[57] Podemos também mencionar, de mesma inspiração, a criação por Isaac Schneersohn, no dia 28 de abril de 1943, em Grenoble, do Centro de Documentação Judaica Contemporânea, encarregado inicialmente de coletar os vestígios da perseguição dos judeus da França, que desempenhará um papel decisivo, no pós-guerra, na construção de uma memória do Holocausto na França.[58] Podemos evocar finalmente, de um registro diferente, esta incrível iniciativa que se teve em 30 de setembro de 1942, em Jerusalém, por um antigo delegado nos Congressos Sionistas, Mordecai Shenhavi, que propôs que o Fundo Nacional Judeu erigisse, na Palestina, um memorial em homenagem aos "mortos e heróis de Israel" vítimas dos nazistas quando a Solução Final ainda estava em ação. O projeto e a formulação serão retomados após a criação do Estado de Israel, em maio de 1953, para dar nascimento ao Memorial de Yad Vashem, autoridade encarregada de comemorar "os heróis e mártires" da perseguição. Para o historiador Tom Segev, que descobriu o primeiro projeto inacabado, "houve manifestação mais clara, mais vulgar e mais macabra desta tendência de pensar o Genocídio no passado: quando o *yishouv* debatia sobre a melhor maneira de comemorar as suas lembranças, a maior parte das vítimas ainda estavam vivas" (Segev, 1993:129). Na verdade, nessa data, por volta de 4 milhões de pessoas já estão mortas e muitas informações vazaram para fora da Europa. A iniciativa carrega, contudo, a marca de uma vontade de escapar à realidade do presente, igualmente consequência de uma forma de impotência. Ela mostra também a que ponto o extermínio dos judeus começa a conturbar profundamente a relação com o tempo e com a memória, sem com isso abolir completamente qualquer visão do futuro, muito ao contrário. A maior parte dessas iniciativas mostra que

---

[57] Ver o texto póstumo: Ringelblum (1959). Ver também o estudo mais recente sobre o tema: Kassow (2011).

[58] Sobre as origens do CDJC, ver Poznanski (1999:51-64).

no cerne do processo do genocídio acharam-se vozes e escritos para preservar de maneira voluntária os vestígios presentes e passados de um evento em processo de acontecer, a fim de manter a possibilidade de uma história e de uma memória futuras. Esses historiadores, eruditos e rabinos podiam imaginar que o genocídio dos judeus, que iria arrebatá--los quase todos, iria acabar por formar, décadas após o fim do conflito, um nó da cultural ocidental? Quer se chame de Shoah ou de Holocausto, termos utilizados desde 1948 em Israel, sua lembrança permanece ainda hoje, cerca de quatro gerações após os fatos, o elemento central de uma cultura da memória que marca profundamente nosso regime de historicidade. É tanto mais interessante notar que foi precisamente esse evento que conturbou a percepção judaica do tempo, fazendo da história, entendida aqui como contingência, ruptura, incertezas, um elemento essencial da cultura judaica, que era antes fundada na memória, entendida como a permanência de uma tradição presumidamente impermeável ao tempo que passa.[59]

Essa vontade de escrever uma história precoce da guerra se manifesta, num registro diferente, desde os primeiros meses da liberação dos países ocupados e se desenvolve de maneira geral nos anos 1950-60, reproduzindo, dessa vez, em grande escala, a situação após 1918. Em toda a Europa, frequentemente por impulso do Estado e à margem do mundo acadêmico, criam-se institutos e comitês de história encarregados de empreender a coleta de documentos e de testemunhos, e de produzir as primeiras histórias do evento apenas terminado.[60] O fenômeno é tanto mais notável quanto, em um primeiro momento, essas criações obedecem a uma lógica nacional espontânea, ainda que apareça muito rápido a vontade de uma coordenação internacional. O primado na or-

---

[59] Evoco, claramente, as teses de Yerushalmi (1984).

[60] Sobre esta história, ver Lagrou (1999-2000:191-215). Ver também seu estudo comparado da França, dos Países Baixos e da Bélgica: Lagrou (2003).

dem cronológica pertence aos Países Baixos. Aqui também, é durante a própria ocupação alemã que se manifesta a vontade de guardar os vestígios do evento. Uma primeira iniciativa é do historiador economista Nicolaas Wilhelmus Posthumus, que fundou em 1935 o Instituto Internacional de História Social de Amsterdã, concebido como um centro de documentação e de reflexão sobre o movimento operário europeu após a chegada dos nazistas ao poder. Com outros acadêmicos, ele visa a criação de um centro de documentação sobre os Países Baixos em guerra. Uma segunda iniciativa vem do governo neerlandês em exílio, em particular do ministro da Educação, das Artes e das Ciências, Gerrit Bolkestein, que, de Londres, em 28 de março de 1944, se endereça nestes termos aos seus compatriotas na Radio Orange:

> A história não se escreve somente a partir dos atos oficiais e dos documentos dos arquivos. Se quisermos que a posteridade tenha noção das provas que o nosso povo atravessou e superou durante esses anos de guerra, precisaremos justamente de testemunhos mais modestos — um diário, as cartas de um trabalhador do STO na Alemanha, uma série de prédicas de um pastor ou de um padre. Somente o acúmulo de uma grande quantidade desse material simples e cotidiano permitirá pincelar com toda sua profundidade e brilho o quadro da nossa luta pela liberdade.[61]

Esse apelo mostra até que ponto a vontade de constituir uma história e uma memória desse conflito fora do normal constituiu um elemento essencial da própria cultura de guerra. É preciso insistir nessa extraordinária situação em que um representante de um governo em exílio, a alguns meses da abertura de um novo fronte chamado a libertar a Europa ocidental, se preocupa com a maneira pela qual a história dessa

---

[61] Citado Stroom (1989:75-76). Trata-se da edição científica das (três) diferentes versões do *Diário* de Anne Frank publicado pela primeira vez em 1947.

guerra será escrita? Esse apelo foi entendido por Anne Frank, que o cita em seu *Diário*:

> Cara Kitty,
>
> Ontem à noite, o ministro Bolkestein disse na Rádio Orange que no fim da guerra se faria uma coleção de diários e de cartas sobre esta guerra. Evidentemente, eles se lançaram ao meu diário. Pense como seria interessante se eu publicasse um romance sobre o Anexo, só pelo título as pessoas iriam imaginar que se trata de um romance policial. Não, mas com seriedade, cerca de dez anos após a guerra, certamente já terá um efeito estranho nas pessoas contar a elas como nós, judeus, vivemos, nos alimentamos e conversamos aqui. Ainda que eu fale muito de nós, tu sabes muito pouco das coisas da nossa vida.[62]

Desde os primeiros dias da liberação do país, em abril de 1945, o governo neerlandês cria um Departamento Nacional de Documentação de Guerra, que se torna em outubro de 1945 o Instituto Nacional de Documentação de Guerra (Rijksinstituut voor Oorlogsdocumentatie, Riod), cuja direção é confiada ao historiador Louis de Jong, que se imporá como uma figura dominante da historiografia neerlandesa do pós-guerra.[63]

O mesmo gênero de iniciativa apareceu na França alguns meses antes com a criação, por decisão do Governo Provisório da República Francesa, de duas instituições: a Comissão de História da Ocupação e da Liberação da França (Cholf), criada no dia 20 de outubro de 1944,

---

[62] Ibid., p. 616. O Anexo menciona o sótão em que se escondia a família de Frank. Reproduzi aqui o texto da primeira redação do *Diário*.

[63] Para um breve resumo dessa história, ver o site do herdeiro do Netherlands Institute for War, Holocaust, and Genocide studies (Niod): <www.niod.knaw.nl>. Ver também Stoop (1986:455-465) e, sobretudo, Hirschfeld (2005:141-157). Ver também Lagrou (2003:77-78).

que se segue a um efêmero Comitê de História da Liberação de Paris, criado no interior da Biblioteca do Arsenal, no fim de agosto de 1944, e o Comitê de História da Guerra, criado no dia 6 de junho de 1945. Ambos são fundidos por decreto, no dia 17 de dezembro de 1951, no Comitê de História da Segunda Guerra Mundial (CHGM), que será ligado à presidência do Conselho, em seguida após 1958, junto dos serviços do primeiro-ministro.[64] Em 1949, resistentes e militantes antifascistas italianos criam, por sua vez, o Instituto Nacional para a História do Movimento de Liberação na Itália (Istituto Nazionale per la Storia del Movimento di Liberazione in Italia, INSMLI), que se torna uma instituição oficial em 1967, à qual se ligam cerca de 70 instituições regionais em todo o país (Galimi, 2000). Na Áustria, são também antigos resistentes que fundam em Viena, em 1963, os Arquivos Documentais da Resistência Austríaca (Documentationsarchiv des österreichischen Widerstandes, DöW), que se tornou um centro financiado pelo Estado a partir de 1983. Na Bélgica, haja vista as divisões políticas internas, sobretudo acerca da "Questão real" (a atitude de Leopoldo III durante a guerra), não é senão em 1967 que é criado o Centro de Pesquisas e de Estudos Históricos da Segunda Guerra Mundial (CPEHSGM), posto sob a tutela do Ministério da Educação Nacional e ligado aos Arquivos do Estado, com o objetivo de "documentar o heroísmo" dos resistentes e das vítimas da guerra (Lagrou, 1999-2000). Poder-se-ia multiplicar os exemplos na antiga Europa ocupada, incluindo-se o outro lado da Cortina de Ferro, em que se criam, aí também, centros de arquivos e de documentação exclusivamente dedicados à história da Segunda Guerra Mundial, em especial na Polônia ou na URSS, em que essa guerra cons-

---

[64] Chabord (1982:5-19). Ver também Douzou (2005). O autor mostra que alguns resistentes franceses também visaram, durante a guerra, uma escrita da sua história. Contudo, a obra não alude ao contexto europeu da criação do CHGM, nem ao papel decisivo que este último desempenhou na internacionalização dessa historiografia nos anos 1960. Encontra-se o mesmo viés de uma história centrada na França em Douzou (2008).

titui um momento particularmente fundamental de uma nova identidade nacional e política.

O interesse desse fenômeno, que suscitou alguns trabalhos de alcance nacional, mas poucos estudos de conjunto de dimensão europeia — com exceção do trabalho citado de Pieter Lagrou —, reside na convergência intelectual dessas iniciativas, apesar das diferenças culturais e históricas dos países envolvidos, e, mais ainda, da sua respectiva situação durante a guerra. Esses organismos *ad hoc* desempenharam um papel decisivo não somente no surgimento de uma historiografia do tempo presente na Europa, a qual já existe de maneira esparsa desde o fim da Primeira Guerra Mundial, mas sobretudo na sua institucionalização. Graças à sua dimensão oficial que lhes permite beneficiar-se muito rapidamente de pessoal e de meios, e sobretudo de uma visibilidade social, esses organismos se instalam na paisagem acadêmica e se tornam em sua maioria incontornáveis, uma vez que se requer uma perícia sobre a guerra. Certamente, até nos anos 1970-80, esses institutos prosperaram fora do controle da Universidade ou das grandes instituições de pesquisa, ainda que estas tenham contribuído para seu funcionamento, como na França, em que o Comitê de História da Segunda Guerra Mundial foi em grande parte financiado pelo CNRS. Daí o rótulo de "história oficial" que lhes foi por vezes atribuído, esquecendo-se que a história geral praticada na mesma época nas instituições universitárias europeias não oferecia um modelo de imparcialidade ideológica: toda a disciplina foi, ao contrário, atravessada pela mobilização da Guerra Fria. À saída do fascismo e do nazismo e diante do modelo soviético que dominava o outro lado do continente, as reticências, na Europa ocidental, à vista de uma história finalizada e controlada politicamente, podem legitimamente suscitar reservas. Contudo, como escreve Pieter Lagrou (1999-2000),

se para a história recente se fez uma exceção, é porque as circunstâncias eram percebidas como excepcionais: a urgência da coleta de documentos e a salvaguarda da honra nacional; a necessidade de uma narrativa comum de uso interno e externo sobre os acontecimentos traumáticos da ocupação, narrativa que a historiografia universitária desdenhava produzir por conservadorismo metodológico e por desprezo pelo "jornalismo".

A desconfiança dos acadêmicos, se não desaparece completamente, se vê obrigada a se apagar diante do que aparece então como uma forma de civismo patriótico e mesmo universalista. Os representantes mais conhecidos da disciplina, que não são "contemporanistas", compreendem, aliás, a necessidade de desenvolver a história contemporânea em geral e a história da última guerra em particular. Em 1949, no primeiro número dos *Cahiers d'Histoire de la Guerre*, que o comitê epônimo publica, Lucien Febvre, que preside seu conselho científico, escreve em seu preâmbulo:

> Eu me censuro por redigir, no início deste primeiro caderno, um programa ambicioso. A hora não é para vastas antecipações, para promessas vantajosas. É para refazimentos enérgicos. O Comitê Francês de História da Guerra não busca a glória. Ela não é buscada, historiador, no estudo de tão sangrentas, de tão perturbadoras tragédias. O Comitê Francês de História da Guerra quer servir modesta, paciente, laboriosamente a verdade, ajudando os trabalhadores a estabelecer e, portanto, a derrubar a Babel de mentiras, invenções, duplas ou triplas verdades que impedem de ver claro nos eventos. Ele não pretende, aliás, para fazer o seu trabalho, enclausurar-se em casa, fechar-se na sua boa e velha França: ele estende aos trabalhadores do mundo inteiro uma mão fraterna, contanto que a mão deles seja leal: quero dizer a mão de homens que não pleiteiam, mas que demonstram. Calmamente. Com provas, e bem criteriosas. Ele não pretende servir a nenhuma tese, e, de novo, é preciso dizê-lo, a nenhuma política. Mas ele não nega um vivo desejo: o de, ao desmontar as engrenagens complicadas de mil maquinações mortíferas e secretas, trabalhar para a educação do senso

crítico entre os contemporâneos. E inicialmente na França. Do senso crítico e de algo mais, se é verdade, como escreveu Marc Bloch no início de um dos dois ou três livros mais profundos, mais verdadeiramente pensados que nós possuíamos sobre esses anos dolorosos — eu mencionei a sua *Estranha Derrota* — que esta derrota foi inicialmente e antes de tudo uma derrota da inteligência francesa. Pode-se fazer, com toda a consciência, o seu trabalho de historiador profissional, e não se impedir, na sua posição e com os seus meios, levar remédio a tamanhos males. Vamos, boa sorte, longa vida aos *Cahiers d'Histoire*! [Febvre, 1949:1-3]

O líder da ala dos *Annales* defende aqui, portanto, uma historiografia que preconiza a humildade, a pesquisa da verdade, incluindo-se as verdades mais factuais, a imparcialidade, qualidades colocadas a serviço de uma melhor educação, tanto crítica quanto cívica. Ele chega a mostrar sem rodeios a vocação de taumaturgo desta historiografia que começa com dificuldade. Mais uma vez, a história do tempo presente se vê mobilizada para responder aos efeitos do traumatismo sofrido sob a condição de lançar um olhar distante aos eventos que, contudo, estão muito próximos no tempo e que os próprios historiadores atravessaram. Estamos em presença mais uma vez, e agora em grande escala, de uma forma de resposta não traumática ao traumatismo vivido. E se um Lucien Febvre apoia sem reservas tal projeto, é porque esse parece responder à missão propriamente dita da história como disciplina, de todos os períodos, tal como se constitui agora quase em todo lugar nas democracias ocidentais. No ano seguinte, na mesma revista, ele dá um novo passo ao introduzir um número dedicado à resistência europeia:

Que seja cedo demais para escrever algo verdadeiramente válido sobre a Resistência à opressão dos países europeus invadidos pela Alemanha, não deixarão de no-lo dizer, quer gentilmente, quer com certa acidez. Nós agradecemos antecipadamente os nossos informantes; mas eles não nos ensinariam nada. Como não temos a candura de crer no "definitivo" em História, como sabemos que esta História, ciência das mudanças, está em mudança perpétua, e portanto que ela não pode proceder senão por uma sequência de aproximações sucessivas, as primeiras muito grosseiras, as seguintes cada vez mais precisas; como temos, por outro lado, o forte sentimento de que, sob pena de suicídio, os historiadores honestos não podem, não devem deixar na ignorância do que se pode já saber um grande público que pede que não se espere a sua morte para lhe trazer... o quê? Algo provisório, pouco menos provisório do que o que podemos lhe dar hoje, decidimos passar além dos escrúpulos do "esperismo" e dedicar de agora em diante este caderno a um sobrevoo rápido da Resistência tal como se manifestou espontaneamente em quase todo lugar da Europa nos países ocupados pelos alemães, e desde 1941. [Febvre, 1959:1]

Dessa vez, já não estamos unicamente na urgência cívica de uma história no calor da catástrofe e de uma resposta a uma legítima demanda social — que ele, apesar de tudo, lembra —, mas no enunciado de um fundamento epistemológico que diz respeito à história do tempo presente enquanto tal. Sim, essa história se insere no âmbito do provisório, do inacabado, mas, diz-nos Lucien Febvre, isso é próprio de toda disciplina, pois toda escrita histórica pertence ao provisório, pelo menos não pode pretender enunciar postulado ou verdades que não sejam revisáveis com o tempo. A demasiada precocidade do evento não pode assim em nada constituir uma objeção válida. Ele chega a ir mais longe ao afirmar que negligenciar essa forma de história seria para a disciplina uma forma de "suicídio", pois — a tese está implícita — se não são historiadores profissionais que respondem à demanda, outros e com intenções sem dúvida menos louváveis ocuparão o terreno, e aliás já o ocupam.

É verdade, contudo, que boa parte do trabalho deste Comitê consiste de início na coleta das fontes primárias, "uma documentação para os historiadores da próxima geração", como diz Henri Michel em 1949, mas em condições de trabalho particulares que são frequentemente a marca de toda história muito precoce: constituição de um *corpus ad hoc* de testemunhos, confidencialidade de algumas declarações coletadas, autocensura e prática do silêncio da parte dos historiadores (Michel, 1949:45-55).

Essa primeira onda historiográfica, oficial ou não, foi profundamente marcada, assim, pelos desafios do seu tempo e pelas primeiras leituras sociais e políticas do conflito. Ela tem vocação de produzir inicialmente e antes de tudo uma narrativa nacional que possa contribuir para o reerguimento moral e intelectual dos países que estavam saindo da guerra, e devolver-lhes a dignidade por vezes amplamente ferida pela ocupação nazista, um programa que não parece então incompatível com uma história de dimensão científica. Ela deve também enfrentar a imensa dificuldade de dar conta dos crimes do nazismo e da violência dessa guerra. Muitas dessas instituições servem aliás diretamente aos procedimentos em curso contra os criminosos nazistas e seus colaboradores. Por outro lado, nem todos os temas são abordados de maneira igual. A colaboração permanece um assunto que, se não é tabu, é pelo menos secundário, ao contrário do estudo de todas as formas de resistência e de oposição ao ocupante, ou ainda do estabelecimento dos diferentes balanços físicos e materiais da guerra. A constatação não provém somente das gerações posteriores, mas dos próprios contemporâneos, à imagem da crítica que René Rémond formula contra o CHGM de Henri Michel, a quem ele censura por ainda não se ter interessado — em 1967 — "pelo outro lado", ou seja, por Vichy e a Colaboração, o que implica um olhar desequilibrado sobre o período.[65] O extermínio dos judeus não figura tampouco entre os objetivos prioritários. Para ser mais preciso, há uma espécie de divisão

---

[65] Rémond (1967:43). Ver a citação no capítulo seguinte. Neste artigo, o autor faz, por outro lado, o elogio do CHGM.

142 A ÚLTIMA CATÁSTROFE

do trabalho que se realiza entre esses institutos oficiais encarregados de uma história que se reveste de uma dimensão nacional e instituições propriamente judaicas, que apresentadas como tais se encarregaram da história do genocídio. Pode-se certamente ver aí com os olhos e as palavras de hoje uma oposição entre uma história de vocação comum e uma história de dimensão "comunitária", e as controvérsias não faltaram sobre esse ponto há uns 20 anos (participei dela como muitos outros), mas é assim que as coisas eram percebidas pelos atores da época. A título de exemplo, pode-se citar o que Léon Poliakov, um dos primeiros historiadores da Solução Final, que colabora no Centro de Documentação Judaica Contemporânea, mas se encontra em certa marginalidade, diz do Comitê de História da Segunda Guerra Mundial, novamente criado, e, ao contrário, mais em evidência. Não somente não lhe surge a ideia de o censurar pela ausência de estudos sobre a perseguição dos judeus; não somente ele frisa "a amizade sólida, nutrida pelo paralelismo dos interesses e das tarefas" entre os dois organismos, mas faz o elogio de uma instituição historiográfica plenamente comprometida com seu tempo, não sem alguma alusão implícita à sua própria situação e às dos seus colegas do CDCJ:

Há algum tempo, esperava-se que Clio fosse uma Musa impassível e indiferente: incumbia-lhe reconstruir um palácio babilônico ou um tempo etrusco sem mostrar paixão, sem pronunciar nenhum julgamento. A história é uma ciência, dizia-se-nos; ela deve manter-se acima dos conflitos e os problemas do Bem e do Mal não a interessam. Ora, eis que homens escolhidos entre os mais prestigiosos historiadores franceses se fazem cronistas de eventos dos quais participaram, e com que paixão, que desprendimento, há apenas dois lustros. Quaisquer que sejam o seu destacamento e a sua probidade profissional, estes serão acompanhados por uma vigorosa tomada de posição ética. E felizmente é assim. Pois a história não é senão verdade. Ela é também ação sobre o real. Desse ponto de vista, felizmente os animadores

A GUERRA E O TEMPO POSTERIOR 143

do Comitê são em sua maioria homens que a última guerra marcou no mais profundo do seu ser com uma marca indelével.[66]

É evidente, entretanto, que esses organismos oficiais não abordam de frente, pelo menos imediatamente, todas as questões que, vistas com o recuo, deveriam ou poderiam ter sido levantadas na época: é uma característica constitutiva de toda historiografia. Eles são, apesar de tudo, obrigados a preservar algumas sensibilidades internas: a história de Vichy na França, a Questão Real na Bélgica, o antissemitismo na Polônia — a lista dos temas espinhosos sobre esse conflito é particularmente longa, e não é certo que as gerações de historiadores que se seguiram os tenham abordado ou resolvido a todos. Eles devem também preservar as sensibilidades externas: a cooperação internacional, que existe apesar da Cortina de Ferro, exige comprometimento, ou mesmo a instauração de verdadeiros tabus — no sentido de um silêncio imposto —, em particular, sobre alguns crimes cometidos pelos Aliados: os estupros de massa, os massacres civis ou de combatentes, o tratamento dos prisioneiros de guerra alemães, os bombardeios das cidades, a expulsão das populações germânicas da Europa oriental. São temas de grande peso polêmico e ideológico, que suscitam controvérsias políticas violentas, e que não serão realmente tratados de maneira científica senão décadas mais tarde, sobretudo após a queda do Muro de Berlim: escrever a história do tempo presente não significa escrever toda a história e toda a sua sequência. Isso não impede a essa historiografia lançar as bases sólidas de uma narrativa que, se não é comum, pelo menos é transversal e pluralista da Segunda Guerra Mundial. Em maio de 1967, por iniciativa do historiador francês Henri Michel, secretário-geral do CHCM, a maior parte desses institutos se agrupa em um Comitê Internacional de Histó-

---

[66] Poliakov (1956:19-22). Léon Poliakov publicou, seis anos após o fim da guerra, uma das primeiras sínteses em escala internacional sobre a história do genocídio a partir dos arquivos do processo de Nuremberg: Poliakov (1951).

144 A ÚLTIMA CATÁSTROFE

ria da Segunda Guerra Mundial, que compreende de início uma dezena de membros (Alemanha Federal, Bélgica, Bulgária, Dinamarca, Estados Unidos, França, Israel, Países Baixos, Romênia, Reino Unido, URSS, Iugoslávia). Afiliado posteriormente ao Comitê Internacional das Ciências Históricas (CISH), esse organismo se desenvolveu acolhendo comitês criados em países neutros durante a guerra (Suíça, Vaticano) ou em países da Ásia (China, Japão, Coreia do Sul).[67] Desde a origem, 50 anos após as exortações de Bloch ou Pirenne, e cerca de meio século antes das discussões sobre a "história global" e dos recentes encantamentos sobre o abandono necessário do paradigma nacional, esta história do conflito mundial se revestiu de uma dimensão efetivamente mundial, enfatizando que a história do tempo presente, que se desenvolvia na segunda metade do século XX, não tinha outra escolha senão sair do terreno nacional, ainda que essa boa ideia tenha conhecido vicissitudes antes de ser mais ou menos amplamente aceita — e posta em prática na realidade.

Outra diferença entre as duas guerras merece ser lembrada, pois ela desempenhou um papel essencial para se levar em consideração uma nova forma de contemporaneidade. A necessidade de se confrontar com a amplitude dos crimes cometidos pelos nazistas, fascistas e seus colaboradores constituiu uma questão essencial desde a época do conflito, uma vez que a punição dos criminosos de guerra foi um dos objetivos de guerra declarados pelos Aliados. Essa particularidade resultou nos primeiros grandes tribunais internacionais da história, os de Nuremberg e de Tóquio, momen-

---

[67] Ver os primeiros números do *Bulletin du Comité International d'Histoire de la Deuxième Guerre Mondiale*, inicialmente redigidos apenas em francês, depois em inglês e em francês, editado sob a égide do CHGM até 1978, depois do IHTP, que foram as suas sedes sucessivas, ficando a cargo dos franceses até 2010 a secretaria-geral (Henri Michel: 1967-80, François Bédarida: 1980-90, Henry Rousso; 1990-2000, Pieter Lagrou 2000-10). Desde 2010, a função é assumida por Chantal Kesteloot, do Centro de Estudos e de Documentação Guerra e Sociedades Contemporâneas (Ceges/Soma) de Bruxelas, sucessor do Centro belga (CPEHSGM), criado em 1967.

tos decisivos não somente do ponto de vista do surgimento de uma justiça supranacional, mas também do ponto de vista da escrita da história. Os procedimentos postos em prática para julgar os crimes nazistas e, em uma menor medida, os que foram empregados para os crimes do exército japonês, as investigações de campo que buscaram coletar o maior número de informações confiáveis: documentos, narrações, vestígios materiais e humanos, as audiências públicas dos cursos permitiram reunir um número considerável de arquivos e de testemunhos tornados quase imediatamente acessíveis não somente aos magistrados, aos advogados, às vítimas, mas também aos jornalistas do mundo inteiro, aos historiadores, aos politólogos e aos psicólogos. O trabalho dessas cortes de justiça de um novo gênero produziu, *nolens volens*, as primeiras narrações históricas da catástrofe, ou seja, as primeiras análises coerentes do evento fundadas nos vestígios probantes, submetidos ao debate contraditório e buscando dar sentido. O processo de Nuremberg, por sua extensão, seu rigor, os meios empregados e a publicidade dada, foi um ponto de partida na elaboração de uma historiografia muito precoce do nazismo e da Segunda Guerra Mundial. Em uma menor medida, mas na mesma lógica, em toda a Europa que estava saindo da guerra, os processos abertos contra os nazistas e os colaboradores tiveram efeitos análogos no surgimento de uma primeira historiografia do evento, também muito precoce, sobretudo graças à publicação de inúmeros testemunhos, quer sejam advogados em causa própria ou acusações, coleta de documentos, análises de história política ou militar com uma vasta audiência. Contrariamente a uma crença recente que defende que essa história foi "ocultada", raramente eventos terão sido analisados, documentados, dissecados e contados tão logo após os fatos — certamente com brancos, lacunas, negações, e por vezes mentiras. Mas é essa reciprocidade que merece a nossa atenção aqui, tendo-se presente ao espírito que essas primeiras narrações históricas foram profundamente impregnadas por uma dimensão normativa: a análise histórica foi aqui apenas segunda, atrás da análise jurídica, à medida que a tarefa mais urgente foi qualificar os crimes cometidos antes de julgá-los. Essa marca original influenciará durante décadas e até hoje a escrita da história das grandes catástrofes do século XX, e explica que a historiografia do tempo presente ainda mantém laços estreitos e conflituosos com o direito e a justiça.[68]

Mobilização e desmobilização ideológica

Outra diferença entre as duas guerras, em 1939: não houve em todo lugar mobilização coletiva dos intelectuais, dos cientistas, dos historiadores defendendo no contexto das uniões nacionais os objetivos de guerra de cada um dos respectivos beligerantes. Nesse novo conflito, é a dimensão política que se torna crucial. Ela implica um enfrentamento não somente entre potências rivais, mas entre sistemas ideológicos cuja influência transcendeu as fronteiras. Os eruditos, assim como os outros, se dividiram em toda parte entre partidários da colaboração com os nazistas e resistentes, entre aqueles que aceitavam aliar-se com Stálin para combater Hitler e aqueles cujo anticomunismo comandava o resto. Na França, historiadores se engajaram na Resistência ou serviram fielmente a Vichy, mas o fizeram individualmente, não em nome de uma corporação. Há, contudo, exceções, entre as quais as mais notáveis, para compreender a evolução da história contemporânea como disciplina após 1945, são as da historiografia da Alemanha ocidental e da historiografia norte-americana que mantêm, por outro lado, durante a Guerra Fria, laços estreitos, considerando-se o número de intelectuais alemães que foram acolhidos nos Estados Unidos nos anos 1930-40.

No interior da Alemanha nazista, a história e os historiadores, do mesmo modo que os juristas ou os físicos, desempenharam um gran-

---

[68] Abordei este ponto em Rousso (1997).

de papel na legitimação do regime: a amplitude desse apoio ideológico continua a ser um objeto de disputas à medida que participa das controvérsias recorrentes sobre a interpretação do passado nazista. De uma maneira geral, o grande desenvolvimento da história contemporânea na Alemanha Federal após 1945 foi a consequência quase evidente do peso considerável das sequelas do nazismo.

> No fim dos anos quarenta e dos anos cinquenta, os estudos eruditos sobre o tempo presente eram inicialmente percebidos como uma consequência da experiência alemã do nazismo. No campo da pesquisa histórica, assim como em outros campos acadêmicos, o Terceiro Reich tinha interrompido uma continuidade. Entre os historiadores, um consenso se formou sobre o fato de que eles deviam apoiar todas as tentativas de investigar e interpretar o reino do nacional-socialismo. [Frei, 1988:123]

Esse consenso aparente decorre de uma forma de culpabilidade mais ou menos compartilhada e aceita segundo o caso, que remete à situação pessoal durante a era nazista de muitos historiadores entre os mais renomados. Ele repousa também na situação de conjunto da profissão após 1945, chamada a fazer, aos olhos do mundo, um balanço crítico do nazismo, mas requisitada do interior para restabelecer os fundamentos de uma identidade alemã, sobretudo após a divisão do país em dois Estados. O dilema se cristaliza desde 1946 com a publicação de dois textos emblemáticos, senão inteiramente representativos deste período: *Die Schuldfrage* ("O problema da culpabilidade"), do filósofo Karl Jaspers (1948), e *Die deutsche Katastrophe*, do venerável historiador conservador Friedrich Meinecke (1946), deplorando o desaparecimento por causa do nazismo de uma Alemanha unida e soberana. Essas tensões condicionarão por muito tempo a produção historiográfica e o debate público sobre o passado, pelo menos até os anos 1980. No mesmo momento, numa escala mundial, uma grande parte da nova historiografia do tempo presente também se polariza sobre a história dos dois conflitos mundiais, do nazismo, do fascismo, enquanto a história do outro grande sistema totalitário, o comunismo e suas variantes, começa também a ser objeto de estudos sistemáticos no contexto de um mundo bipolar. A história contemporânea da Alemanha se torna, portanto, um caso emblemático da história geral do século XX. Ela constitui um ponto de passagem obrigatório de todos os historiadores do tempo presente, sobretudo no universo anglófono, quaisquer que sejam os temas tratados. A historiografia da Alemanha (ocidental) ocupa de novo um lugar importante na reflexão epistemológica após 1945, menos pela originalidade dos seus paradigmas, como no século XIX, quanto pela acuidade das questões éticas ou morais às quais é confrontada. Algumas não são novas, como as divergências de interpretação sobre a história nacional, mas elas assumem uma intensidade sem precedente, cujo eco ultrapassa de longe as fronteiras do país, desde a controvérsia lançada em 1961 por Fritz Fischer sobre as responsabilidades alemãs na deflagração da Primeira Guerra à querela (*Historikerstreit*) de 1986-87 sobre o "justo" lugar dos anos 1933-45 na história geral da Alemanha, para citar apenas as mais conhecidas. Outras, por outro lado, são amplamente inéditas, a ponto que se pôde falar nesse contexto de "a invenção da história contemporânea":

> Foi uma invenção, com efeito, à medida que a maior parte dos historiadores percebia a institucionalização da história contemporânea como o ponto de partida puro e simples de uma prática habitual em direção de algo decididamente novo. Martin Broszat, por exemplo, que se tornará posteriormente um dos mais eminentes historiadores da República Federal, sublinhou a novidade desta subdisciplina: "o termo história contemporânea e a prática da pesquisa e do ensino em história contemporânea foram estabelecidos, na Alemanha, unicamente após 1945".[69]

---

[69] Conrad (2010:125). A citação de Martin Broszat, que foi o diretor nos anos 1980 do Institut für Zeitgeschichte e um dos fundadores da escola dita "funcionalista", é retirada de: Broszat (1957:529-550).

Em realidade, o uso do termo *Zeitgeschichte*, como vimos, remonta ao século XVIII (Jäckel, 1989), uma genealogia voluntariamente ignorada na época, assim como é ignorada a genealogia mais longa da história contemporânea que eu tento traçar aqui. Ele assume, contudo, no pós-guerra um significado muito particular do qual ainda não se compreendeu o alcance, quando esse conceito foi exportado, sobretudo na França, 30 anos mais tarde, em um contexto totalmente diferente. A história do conceito se confunde, pelo menos no início, com a história do centro que formou mais ou menos diretamente a maior parte dos historiadores do nazismo: o Institut für Zeitgeschichte (IfZ). O projeto de uma instituição que se encarregasse de maneira exclusiva da história do nacional-socialismo aparece nos dias seguintes à capitulação, com a criação em Munique, em zona americana, de um Institut zur Erforschung der nationalsozialistischen Politik ("Instituto de pesquisa sobre a política nacional-socialista"). Em 1949, na ocasião da criação dos dois Estados soberanos, ele se torna o Deutsches Institut für die Geschichte der nationalsozialistischen Zeit ("Instituto alemão de história do período nacional-socialista"). Ele ganha seu título definitivo em 1952, tornando-se uma instituição de direito privado autônoma, fora do sistema acadêmico, financiada inicialmente pelo governo federal e pelo Estado livre da Baviera, que assume desde então sua tutela, e depois, a contar de 1961, também pelos outros *Länder*. "Por isso, suas diversas atividades, as quais previam — no contexto das medidas de desnazificação postas em prática pelos Aliados — um trabalho de educação política junto da população, foram ditadas por 'princípios estritamente científicos'".[70] A contar desta data, o IfZ se torna, com efeito, a instituição de referência, detendo, senão um monopólio, pelo menos uma posição dominante sobre a história do período nazista, e beneficiando-se além disso de um

---

[70] Citação retirada do histórico do IfZ em seu site: <www.ifz-muenchen.de/geschichte.html?&L=2>. Acesso em: dez. 2011. Sobre a história dessa prestigiosa instituição, ver Möller e Wengst (1999).

150 A ÚLTIMA CATÁSTROFE

centro de arquivos de uma grande riqueza quando o acesso a grande parte dos documentos nazistas era muito difícil na RDA até 1989.

Inicialmente, a situação do IfZ se parece com a das outras instituições criadas no mesmo momento na Europa para escrever a história da guerra. Aliás, quando é fundado em 1967 o Comitê internacional de história da Segunda Guerra Mundial, é o IfZ que é espontaneamente contatado para representar a Alemanha Federal, uma tarefa assumida pelo historiador Helmut Krausnick.[71] Como o CHGM francês ou o Riod neerlandês, o IzF trabalha fora do sistema universitário nacional, com fundos específicos e com um objeto de estudo quase único: a história do período de 1933-45. Como os outros, é um lugar de perícia incontornável, especialmente jurídica: ele entrega assim até 600 relatórios ou pareceres anuais no contexto dos processos abertos pela Alemanha Federal contra os criminosos de guerra nazistas após a criação do tribunal especial de Ludwigsburg, em 1958.[72] Sem ele, a historiografia do nazismo sem dúvida não teria atingido tal grau de desenvolvimento. Contudo, essa posição singular, quase "extraterritorial", não tem o mesmo significado dos seus homólogos europeus: fazer a história do nazismo nos países "vítimas" ou que se consideram prioritariamente como tais não tem as mesmas implicações de fazer essa história a partir do interior. A contemporaneidade não tem aí a mesma textura: se o tempo histórico envolvido é evidentemente o mesmo, nem o espaço coberto, nem a experiência da qual os historiadores devem dar conta são comparáveis — é um eufemismo. O historiador Sebastian Conrad vai mais longe. Para ele, se essa singularidade institucional permitiu um tratamento privilegiado do período nazista e, portanto, tornou essa história possível muito cedo, ela também participou, conscientemente ou não, de uma "estratégia imunitária":

---

[71] *Bulletin du Comité International d'Histoire de la Deuxème Guerre Mondiale*, n. 1, p. 3, fev. 1968.

[72] Número citado por Le Moigne (2004:186-192).

O apelo a um tratamento privilegiado da história do nacional-socialismo pôde muito bem, contudo, participar de uma estratégia imunitária. A demanda de um instituto especial, ou seja, a segregação administrativa da história do Terceiro Reich — que devia, portanto, ser estudada com métodos especiais que era preciso elaborar —, podia também ser compreendida como uma maneira de separar o nacional-socialismo do contínuo da história alemã. Ademais, o apelo a institutos de pesquisa particulares que implicavam que o nacional-socialismo não podia ser apreendido com base em um conhecimento da história alemã e das suas tradições, mas unicamente como um fenômeno *sui generis*. [Conrad, 2010:124-125]

A hipótese é sedutora, embora paradoxal. Pode-se objetar inicialmente que não há ligação mecânica entre as duas atitudes: o desenvolvimento da história do nazismo em um lugar especializado permitiu levantar por algum tempo a maior parte das questões que mereciam ser levantadas, ainda que elas fossem postas tanto a partir do interior quanto do exterior. Pode-se notar em seguida que todos os institutos europeus que trabalhavam com a segunda guerra também se beneficiaram de um tratamento privilegiado e também tiveram a tendência de isolar o período da guerra do resto da história nacional ou europeia. Certamente, eles puderam fazê-lo adotando uma estratégia imunitária análoga, por exemplo, subestimando a colaboração indígena e seu enraizamento na própria história do país, para privilegiar apenas as circunstâncias da ocupação nazista, como no caso do CHGM francês e do seu tratamento superficial do regime de Vichy. Certamente, eles se inclinaram por vezes a produzir uma história sob medida que preserva a honra nacional por concentrar-se prioritariamente nas formas de resistência e de vitimização. Contudo, essas escolhas mais ou menos conscientes resultam menos da originalidade institucional desses lugares do que do sentimento próprio de toda uma geração de que essa guerra não foi semelhante a nenhuma outra e de que ela devia ser estudada — assim como o nazismo que lhe era a causa principal — como um fenômeno efetivamente *sui generis*. Pode-se enfim acrescentar que essa maneira de conceber o evento como excepcional não faz senão acusar a si própria com o tempo, e sobre pressupostos morais e políticos inversos ao que Sebastian Conrad sugere para o pós-guerra imediato. No momento em que a historiografia do Holocausto teve um desenvolvimento exponencial nos anos 1980-90, inúmeros são aqueles que defenderam que o assunto fosse, também nesse período, tratado em lugares específicos, com métodos singulares e objetivos particulares, dessa vez em nome da singularidade radical do evento, assumindo-se o risco muitas vezes denunciado de isolar o genocídio dos judeus de toda visão histórica de conjunto.

A hipótese de Sebastian Conrad tem, entretanto, o mérito de mostrar até que ponto a singularidade proclamada da *Zeitgeschichte*, por repousar em grande parte sobre elementos científicos tangíveis, não resulta, por isso, menos de um contexto político e cultural muito particular, como mostra a definição, tornada clássica, que lhe dá Hans Rothfel, o primeiro diretor do instituto de Munique:

> O conceito de *Zeitgeschicht* [...] repousa na ideia segundo a qual por volta dos anos 1917-1918 uma nova época da história universal começou a se formar. As suas raízes chegam às tendências pesadas da política imperialista e da sociedade industrial cujo tratamento não deve ser excluído [...] pela escolha de um limite cronológico mecânico. Contudo, mesmo da Primeira Guerra Mundial, por mais revolucionária que tenha sido a sua irrupção e por mais forte que tenha sido o choque para a segurança, poder-se-ia dizer legitimamente que ela não foi senão um conflito de Estados-Nações aumentado em escala mundial. É apenas com o duplo acontecimento singularmente combinado da entrada em guerra dos Estados Unidos e da deflagração da Revolução Russa que a constelação se tornou realmente universal e que um conflito de povos e de Estados se torna ao mesmo tempo um con-

flito atravessado por profundas contradições sociais. No fundo, a oposição entre Washington e Moscou já era uma realidade desde 1918. Seguiram-se décadas durante as quais a democracia, o fascismo e o comunismo coexistiram em uma espécie de relação "triangular", em um jogo de oposições e de alianças variáveis, até que, desde 1945, a partição bipolar começa a operar de novo. [Rothfels, 1953:6-7]

Historiador conservador, convertido muito jovem ao protestantismo, Hans Rothfels, teve, contudo, que emigrar para os Estados Unidos em 1939, porque nascido de pais judeus. Voltando a ensinar na Alemanha no início dos anos 1950, não cessou de defender uma profissão marcada por sua submissão ao nazismo.[73] Seu papel foi essencial na instalação da história contemporânea na paisagem científica internacional, mas ele foi também criticado, especialmente nos últimos anos, por aqueles que veem nessa história do tempo presente após 1945, não sem algum excesso geracional, um empreendimento disfarçado de justificação.[74] Com efeito, a definição que Rothfels dá do tempo presente repousa não sobre uma reflexão acerca do grau de proximidade temporal ou cultural do historiador com os fatos relatados, mas sobre um corte subjetivo do tempo histórico que faz começar arbitrariamente a época contemporânea com a entrada em guerra dos Estados Unidos no primeiro conflito mundial e com a revolução bolchevique, retirando assim da Primeira Guerra a sua unidade intrínseca. O mundo contemporâneo se definiu aqui, portanto, pelo surgimento de uma dinâmica revolucionária, por uma forma de globalização, pelo nascimento de uma sociedade de massa ou ainda pelo enfrentamento entre sistemas — a democracia, o fascismo e o comunismo — que ultrapassa o con-

---

[73] Hürter e Woller (2005). Ver também Wirsching (2011).

[74] Ver especialmente Berg (2003), que suscitou uma acirrada controvérsia pelas acusações que faz. Ver também Schöttler (1997), um dos primeiros a ter levantado a difícil questão; Solchany (1997), Husson (2000).

texto nacional. Essa leitura da primeira metade do século XX não deixa de esconder um real valor interpretativo. Ela parece, contudo, obedecer assim a outras considerações, uma vez que, de certa maneira, isso acaba por diluir as responsabilidades próprias da Alemanha na deflagração das duas guerras mundiais ou no aparecimento do nazismo. Em todo caso, essa é a censura que lhe foi feita.

Uma vez proclamada a singularidade do período entre 1917-45, colocou-se então a questão do estudo posterior, o do pós-guerra e da Guerra Fria, e também das sequelas de longo prazo do nazismo. Ora, surpreendentemente, mas não sem coerência em vista do que precede, certo número de figuras desta história alemã do tempo presente considera que o conceito já não tem validade *após* 1945, que o "tempo presente" é o tempo que dá nascimento ao nazismo e o vê desenvolver--se para depois desmoronar, mas não o tempo posterior, nem a história do passado próximo no sentido estrutural. Daí o aparecimento nos anos 1970 de um novo corte histórico: a "neure Zeitgeschichte", ou "a mais recente história do tempo presente" — conceito mais ou menos tão vago quanto a "história do muito contemporâneo", que reduz mais uma vez e sempre a contemporaneidade a uma questão de proximidade temporal. "A 'história contemporânea', tal como foi concebida na sequência da Segunda Guerra Mundial, já não significava simplesmente a confrontação com o respectivo passado de cada um, mas implicava também a preocupação com um período particular da história (alemã em primeiro lugar)" (Conrad, 2010:127). Entretanto, pode-se notar que essa história tão singular, tão aparentemente irredutível apenas ao período nazista, resultou 20 ou 30 anos mais tarde, em Munique e em quase todos os institutos europeus encarregados da história da guerra, em uma história das sequelas de longo prazo do evento e em uma prática da história contemporânea em parte emancipada da catástrofe original, ainda que esta tenha permanecido como um paradigma fundamental para compreender a segunda metade do século XX. Quaisquer que sejam as insuficiências ou as ambiguidades dessa historiografia, qualquer que seja seu traço narcísico original, ela levantou um número impressionante de problemas éticos e teóricos que estruturaram permanentemente a escrita da história do tempo presente, do que este livro precisamente tenta dar conta: a dialética entre história e memória; a questão da "historicização" (*Historiesierung*) ou que lugar conceder à moral na abordagem de um fenômeno tal como o nazismo, e que escolha fazer entre uma história que privilegia o ponto de vista das vítimas e a que se interessa pelos criminosos ou pelos processos de decisão; a oposição entre postura empática e postura distante, importante em si na prática de toda história contemporânea, mas singularmente espinhosa por tratar-se de compreender crimes de massa; os problemas postos pelo surgimento de uma escrita judicial da história; a polarização, por vezes excessiva, sobre a única dimensão catastrófica da história do século XX.

O interessante nessa virada historiográfica reside com efeito em sua instabilidade, na ausência de um consenso duradouro sobre a maneira de definir seu principal objeto de estudo, em suas profundas ambiguidades ideológicas, na transição forçada entre a velha tradição historicista e a obrigação de pensar de outro modo a história. Esta deve levar em conta agora a necessidade não mais de inserir o presente na continuidade de uma história positiva, fonte de orgulho nacional, mas de escrever sobre um passado próximo que resultou na humilhação, na perda e na culpa. Escrever a história não é somente um exercício de compreensão e de reflexão, é uma *confrontação*, um combate com um passado sempre presente, que constituirá durante décadas mais uma fonte de problemas do que um magistério do qual é preciso tirar lições. Daí esta noção central e ambivalente de um necessário "domínio do passado" (*Vergangenheitsbewältigung*) que impregna desde os anos 1950-60 a relação dos alemães com a sua história, e que acabou por difundir-se com variantes — como o "dever de memória" — em quase toda a Europa nos anos 1980-90.[75] Se se experimenta essa necessidade de domínio, é precisamente porque essa história escapa a qualquer controle.

Os Estados Unidos constituem outro caso singular quanto à situação da história e dos historiadores na guerra e no pós-guerra. A necessidade de justificar um engajamento massivo no conflito mobiliza ainda mais do que em 1917 todos os setores da sociedade, dos estúdios de Hollywood às grandes universidades. Os historiadores se encontram, assim como outras profissões, na situação de defender os valores da cultura ocidental, acerca dos quais os meios mais conservadores dizem que foram "solapados" pelos progressos do relativismo e do subjetivismo, teorias denunciadas como tendo preparado o fascismo. O fato não é uma anedota, pois essa mobilização tanto ideológica quanto patriótica continuará durante o início da Guerra Fria, nos anos 1950-60, com uma dupla consequência. Por um lado, volta a ser prestigiosa a ideia de "verdade histórica objetiva", que incumbe aos historiadores exumar e que constitui uma arma essencial contra o nazismo e depois contra o comunismo: "a coisa realmente assustadora do totalitarismo não é que ele cometa 'atrocidades', mas que ataque o conceito de verdade objetiva: ele pretende controlar o passado tanto quanto o futuro", escreve George Orwell em fevereiro de 1944.[76] Por outro lado, a guerra, o pós-guerra e depois a Guerra Fria levarão a um desenvolvimento significativo da história do tempo presente, mas dessa vez sem que o respeito à objetividade apareça como um obstáculo ao estudo do presente, como no século XIX. Ao contrário, é em nome de uma objetividade necessária que o contemporâneo se torna um objeto

---

[75] Ver a obra de referência do historiador Norbert Frei (1997), que começou a sua carreira no IfZ, nos anos 1980, sob a direção de Martin Broszat, e se voltou muito cedo para uma história da memória. Ver também Gaudard (1997). Para uma perspectiva mais ampla sobre o passado e a memória alemã, ver François e Schulze (2007).

[76] Orwell, *Tribune*, 4 fev. 1944, citado por Novick (1988:290).

importante de investigação, tanto nas universidades quanto em algumas instituições federais. O Office of Strategic Services (OSS), novo e primeiro grande serviço de informações americano, criado em junho de 1942, recrutou, por exemplo, inúmeros intelectuais antifascistas, entre os quais membros eminentes da Escola de Frankfurt que desempenharam um papel importante na compreensão do inimigo, à imagem de Neumann, que publicou, em 1942, *Behemoth*, uma das primeiras análises aprofundadas da policracia nazista, ou ainda de Herbert Marcuse.[77] O Office of War Information (OWI), criado em 1942 para organizar a propaganda interna, também utilizou os serviços de inúmeros acadêmicos, entre os quais a antropóloga Ruth Benedict, cujos trabalhos sobre a cultura japonesa, fundados especialmente nos diários pessoais de soldados capturados, na publicação, em 1946, de uma obra importantíssima: *O crisântemo e a espada*. Do mesmo modo, o Departamento da Guerra cria, em agosto de 1943, uma "seção histórica" no interior da divisão da informação militar do Estado-Maior geral, para que se encarregue de uma verdadeira função "história" no interior do exército americano, diferente do simples uso dialético tradicional praticado desde sempre nas escolas militares. Essa seção envia para campo cerca de 300 historiadores inscritos no contexto de um novo conceito: a "história militar operacional" (Military History Operations). O objetivo é coletar no calor do acontecimento o testemunho dos combatentes a fim de utilizá-lo, por um lado, como um tipo de "retorno de experiência" e, por outro, para manter a coesão interna das unidades envolvidas, difundindo as entrevistas assim coletadas, sobretudo junto dos feridos isolados de seus camaradas. A originalidade do método posto em prática pelo responsável desse serviço, o antigo jornalista Samuel L. A. Marshall, consiste em seguir uma unidade no combate e conversar com os protagonistas nas horas que seguem um enfrentamento, com duas inovações que terão um grande sucesso: "a primeira é a prá-

---

[77] Sobre o papel de Franz Neumann no OSS, ver Salter (2007).

tica da entrevista em grupo nos próprios lugares do acontecimento, para garantir tanto a autenticidade quanto a pertinência dos fatos, mas também para favorecer certa vivacidade da narração; a segunda é juntar à narração uma análise das diferentes situações táticas que permita ao leitor tirar lições da operação realizada na sua totalidade".[78] Vários milhares de testemunhos de combatentes da Segunda Guerra Mundial foram coletados desse modo, abrindo caminho a um ramo muito ativo da história do tempo presente nos Estados Unidos: a história oral da guerra, que se encontra no cruzamento de duas grandes tradições historiográficas ancoradas no tempo presente, a história oral e a história militante.[79] É, com efeito, no contexto do pós-guerra que foram constituídas as primeiras grandes coleções de arquivos orais, em especial o Oral History Research Office, fundado na Universidade de Columbia, em 1948-49, pelo historiador Alan Nevins. Este retoma uma tradição inaugurada nos anos 1930 com as grandes investigações de história social conduzidas no contexto do New Deal, ou ainda com os trabalhos pioneiros de sociologia urbana da escola de Chicago.[80] Assim, os dois grandes eventos que marcaram em menos de uma geração — a Greatest Generation, como foi nomeada posteriormente — a história dos Estados Unidos: a Grande Depressão, vivida como uma catástrofe econômica e social sem precedentes, e a Segunda Guerra Mundial favoreceram o surgimento de uma historiografia do passado próximo profundamente impregnado pela ideia de que a experiência direta dos atores devia constituir ao mesmo tempo uma fonte principal e um objeto essencial das análises históricas, dando assim uma nova dimensão à noção de contemporaneidade que surgiu após 1918.

---

[78] Krugler (2009:59-75), um artigo original sobre um tema desconhecido. Sobre um tema próximo, ver Frankland (1998), memórias de um antigo piloto da Royal Air Force, que se tornou diretor da Imperial War Museum de 1960 a 1982.

[79] O estudo mais conhecido do gênero, talvez o primeiro, é o de Terkel (1984).

[80] Sobre a história da história oral, ver, em francês: Joutard (1992:13-32) e Descamps (2001).

Contrariamente a uma ideia herdada, o desenvolvimento da história oral começou muito antes dos anos 1960-70 e dos grandes movimentos de contestação que quiseram dar a palavra aos sem-voz e aos anônimos da história. Essa forma de abordagem, diretamente ligada ao enraizamento do tempo presente como categoria historiográfica, também se preocupou com a origem tanto dos combatentes do Pacífico e, posteriormente, da Guerra da Coreia quanto das elites econômicas ou políticas, antes de se ocupar dos operários, das mulheres e dos imigrantes: foi Roosevelt que inaugurou a primeira biblioteca presidencial que coleta arquivos e testemunhos sobre o mandato, tradição formalizada em 1955 em virtude do Presidential Libraries Act. A história oral, bem como a história do tempo presente em geral, foi iniciada, assim, em primeiro lugar por e no momento posterior dos grandes cataclismos históricos da primeira metade do século XX, antes de se constituir, 30 anos depois, em programa historiográfico e contestador.

Durante a Guerra Fria, o desenvolvimento de uma historiografia do contemporâneo se acentuará, e o contexto oferecerá oportunidades para os historiadores e politólogos se engajarem no estudo das relações internacionais, na análise do totalitarismo, conceito que ganha corpo no mesmo momento, ou ainda na história da URSS e do sistema soviético, um campo quase virgem antes da guerra, que terá um crescimento espetacular.[81] Esse investimento massivo, motivado pelas circunstâncias, financiado por fundações ou organismos mobilizados pela luta contra o comunismo, talvez explique o fato de o desenvolvimento da história do tempo presente nos Estados Unidos não parecer ter suscitado debates comparáveis ao que acontece na Europa sobre sua factibilidade ou sua legitimidade. Essa maneira de fazer história se verificou quase de saída como óbvia e não parece ter gerado a partir de então disputas epistemológicas comparáveis às que agitaram os historiadores alemães,

---

[81] Novick (1988:310). Ver também Werth (2001:878-896).

franceses e italianos nos anos 1970-80, debate reativado na Europa pós--comunista ou nas democracias da América Latina nos anos 1990-2000. Acrescentemos com uma expressão mais lapidar que a dependência dos historiadores em relação ao contexto político foi bem pior do outro lado da Cortina de Ferro, onde a história contemporânea se tornou um instrumento a serviço dos regimes comunistas. A história contemporânea foi particularmente mobilizada na defesa do sistema e na produção de uma história sob medida, também pela elaboração de grandes mentiras de Estado, negando, por exemplo, a existência de protocolos secretos do pacto germano-soviético de 1939 ou ainda imputando o massacre de Katyn de 1940 aos nazistas. A história contemporânea se tornou assim no mundo comunista a parte da disciplina mais sujeitada pelo poder político, não sem algumas semelhanças nos meios comunistas ocidentais, ainda que essa historiografia mereça sem dúvida ser abordada hoje com um olhar mais nuançado.[82] Após a queda do Muro de Berlim, os historiadores contemporanistas soviéticos, da Alemanha oriental, poloneses etc. terão aliás muito mais dificuldade para conservar seus postos ou suas posições, comparados aos seus homólogos medievalistas ou modernistas.

O tempo dessincronizado

Se fosse necessário, finalmente, apontar uma última diferença na respectiva historicidade das duas guerras mundiais, seria preciso mencionar o caráter heterogêneo, por vezes irredutível uma à outra, das experiências vividas. É em parte o caso nos Estados Unidos, onde os combates ocorreram ao longe e onde a população civil não conheceu a violência da guerra. Mas isto é sobretudo verdadeiro na Europa, à medida que

---

[82] Ver Jarausch (1991). Ver também Berger (1995:187-222).

a contemporaneidade se traduz menos em termos de simultaneidade de experiências do que de dessincronização radical dos tempos vividos. A despeito das disparidades entre homens e mulheres, civis e combatentes, habitantes das zonas de combate e das zonas desmilitarizadas, e mais ainda entre vencedores e vencidos, a Primeira Guerra Mundial tinha, apesar de tudo, levado, após o ocorrido, a uma narrativa mais ou menos dominante entre os antigos beligerantes: a de uma experiência de massa compartilhada em razão da intensidade da violência do campo de batalha e de suas repercussões fora dele. Esse espaço tinha transcendido as antigas linhas de frente para criar um rudimento de memória comum no interior do mundo dos combatentes, apesar dos ressentimentos. A contemporaneidade do pós-1918 foi assim impregnada da ideia, amplamente construída, de uma comunidade de experiência, a da "geração do fogo", soldada por uma espécie de unidade de tempo, de lugar e de ação. Após 1945, apesar do destaque que se dá a uma comunhão de destino fundada desta vez não na experiência do fronte, mas no fato de ter sido vítima da mesma barbárie de uma ponta à outra da Europa, de ter resistido a ela e de tê-la vencido finalmente, é a diferença radical de situações que se imporá por algum tempo na percepção do evento. E com razão: não houve nada de comum entre a experiência do fronte do Oeste e a do fronte do Leste; entre a zona não ocupada francesa, que praticamente não viu alemães até 1944, e o resto da França ocupada; entre a situação da França em seu conjunto e a da Polônia; entre o destino dos prisioneiros de guerra franceses, belgas, neerlandeses ou ingleses e a dos prisioneiros de guerra soviéticos, vítimas de massacres organizados e sistemáticos; ou ainda no tratamento reservado aos cativos após a guerra, tendo os primeiros voltado para casa e os segundos tendo sido enviados para o Gulag. Não há comparação, apesar do horror das situações vividas, entre os deportados de campos de concentração e os dos campos de extermínio. Essas diferenças nem sempre foram admitidas ou compreendidas logo em seguida, nem encontraram no imediato pós-guerra um respectivo espaço político ou cultural para se exprimir e influir de maneira igual nas percepções coletivas do evento. Houve, sabe-se, hierarquias na celebração dos heróis e dos mártires, enquanto os resistentes ou os comportamentos resistentes ocuparam naturalmente um lugar proeminente na memória oficial da maior parte dos países ocupados pelos nazistas. Se a ideia de um silêncio dos sobreviventes judeus do Holocausto após a guerra é sem dúvida uma construção recente, pertencente ao contexto dos anos 1970-80, em que se pretendeu, com ou sem razão, desfazer tabus, se a sensibilidade desta época em inúmeros países europeus não foi tão indiferente ao genocídio cometido contra os judeus quanto foi dito nas últimas décadas,[83] isso não significa que não há comparação possível entre o lugar que a memória do Holocausto ocupa na consciência coletiva europeia desde os anos 1990 e o que ela ocupava nos anos 1950. É essa diferença que me interessa aqui, pois resulta de um fenômeno de igual modo relativamente inédito na história: o efeito tardio na representação de uma catástrofe e o fato de que as gerações nascidas três ou quatro décadas após os fatos tenham decidido refundar completamente um sistema de representações nascido durante os eventos e na sua posteridade imediata. Elas o fizeram a fim de empreender uma "reparação da história" em grande escala, uma verdadeira ação retroativa sobre o passado — processos tardios, indenizações, desculpas nacionais, novos monumentos, novas comemorações — que diz respeito exclusivamente ou quase às vítimas inocentes presumidamente esquecidas do pós-guerra, inicialmente os judeus vítimas do Holocausto e, posteriormente, por questão de igualdade, os rons, os trabalhadores forçados, os homossexuais, os prisioneiros de guerra etc. Entre a memória do evento tal como se desenvolve no pós-guerra e meio século após, não há somente uma diferença de conteúdos, há uma

---

[83] Vários trabalhos recentes põem em questão essa ideia: sobre o caso americano, ver Diner (2009); sobre o caso francês, ver Azouvi (2012).

diferença de natureza. No primeiro caso, as representações do passado foram produzidas e se endereçaram à geração que viveu o drama; no segundo, elas são parcialmente produzidas pelos atores que sobreviveram e se endereçam a gerações muito afastadas do evento, do qual se reduziu a distância temporal em relação ao presente por toda uma série de dispositivos, em particular a imprescritibilidade jurídica que torna todos os atores de um processo (além do acusado e das suas vítimas) "contemporâneos" do crime cometido há meio século. Há aqui uma mudança na definição da contemporaneidade que está no contexto das últimas décadas, mas que encontra parte de sua explicação na historicidade própria da Segunda Guerra Mundial e da sua posteridade tanto a curto quanto a longo prazo.

As duas situações, a do pós-guerra e a de hoje, escondem, aliás, um mal-entendido análogo. No primeiro caso, a representação do passado da guerra repousou implicitamente na ideia de uma contemporaneidade presumidamente compartilhada, que não era em realidade senão *relativa*, uma vez que as experiências vividas não podiam reduzir-se apenas à sua simultaneidade. Ao comemorar inicialmente o martírio dos deportados resistentes, as celebrações oficiais do pós-guerra pensavam comemorar também a lembrança dos judeus deportados cuja destino singular não tinha, no contexto de então, razão de ser posto particularmente em destaque, sem imaginar que elas pudessem um dia ser denunciadas retrospectivamente como injustas em relação às vítimas esquecidas. Da mesma maneira, o investimento considerável, nacional e intelectual, dessas três últimas décadas na comemoração do Holocausto, que dá a esse evento uma centralidade que ele não tinha nas representações de 1945, repousa na ideia segundo a qual se pode criar contemporaneidade não mais ignorando as diferenças de situação — trata-se ao contrário de enfatizá-las —, mas *ignorando dessa vez o tempo transcorrido*, uma vez que se pede a gerações nascidas várias décadas após os fatos que considerem a lembrança dessa catástrofe como se ela tivesse acontecido ontem, que sintam ainda uma parte do impacto emocional, que carreguem a responsabilidade moral por ela e que assumam uma parte do seu custo material. Em 1945, procurou-se abolir o espaço das experiências diferenciadas da guerra; nos anos recentes, tentou-se abolir seu horizonte de espera, uma vez que as nossas gerações já não representam o futuro das gerações da guerra, a esperança de um mundo melhor para os seus filhos, mas permanecem mergulhadas, em parte, em um traumatismo transmitido e mantido de uma catástrofe que elas não viveram.

CAPÍTULO III

A contemporaneidade no cerne da historicidade

A situação do segundo pós-guerra do século XX poderia ter permanecido excepcional, como um efeito circunscrito do caráter singular do último conflito mundial. O interesse pela história do tempo presente poderia ter diminuído à medida que nos afastávamos do acontecimento. Ora, foi exatamente o inverso o que aconteceu. A lembrança dessa última catástrofe resultou, ao contrário, em uma preocupação crescente pela história dessa guerra em particular, e pela história do passado próximo em geral tanto no mundo acadêmico quanto no espaço público. Nos últimos 30 anos, o "presente" se tornou o regime de historicidade dominante: falar de história na literatura, no cinema, nas manifestações culturais ou patrimoniais, e sobretudo nos debates políticos, é falar com frequência prioritariamente, se não exclusivamente, do passado próximo para se afastar dele, para julgá-lo, para repará-lo. As imagens das catástrofes que se sucederam desde 1914 passam repetidamente em nossas telas e formam um elemento determinante do imaginário contemporâneo, ao passo que as imagens mais distantes parecem desbotar, ou pelo menos perder seu caráter presente a sua força estruturante de uma identidade coletiva. Pior ainda, se é lícito dizer, este "presente" — que cobre em verdade a duração do último século — adquiriu de fato o *status* de medida para apreender outros períodos da história aos quais se aplicam categorias contemporâneas, como quando uma lei francesa de 2001 qualifica retroativamente a escravidão e o comércio escravagista ocidental como "crimes contra a humanidade". Nesse contexto, assistiu-se a uma mutação profunda do equilíbrio da disciplina, uma vez que a história do tempo presente, qualquer que seja a sua denominação, ocupa agora em número de estudantes, em temas de tese, em superfície institucional, editorial ou midiática uma posição claramente maior, se comparada à história moderna, medieval ou antiga. Quais são as ligações entre as duas coisas? Como explicar essa mudança, variável segundo os lugares e as modalidades? Neste capítulo, o caso francês foi um pouco mais privilegiado que os outros. Se a *Zeitgeschichte* alemã, a despeito das ambiguidades, desempenhou um papel essencial no surgimento de uma história contemporânea após 1945, a história do tempo presente francesa, sem ser um modelo do mesmo gênero, ilustra, contudo, muito bem o fim das últimas reticências epistemológicas em vista dessa prática nos anos 1970-80.

A longa duração ou a resistência ao presente

O movimento de institucionalização começado em 1945, inicialmente em lugares singulares e especializados, desenvolve-se quase em todo lugar nos anos 1960-70. Na Alemanha, o trabalho do Institut für Zeitgeschichte é acompanhado, no fim dos anos 1960, pelo aparecimento do currículo sobre a história próxima em cerca de 15 universidades, sendo a história do nazismo minoritária em proveito de uma história mais geral da Alemanha e da Europa (Conrad, 2010:130). Na França, a história contemporânea aumenta sua influência, mas sempre com fortes resistências, por vezes inesperadas. A presença de um Pierre Renouvin na Sorbonne, depois na Fundação Nacional das Ciências Políticas (FNSP) que ele preside de 1959 a 1971, marca uma forma de reconhecimento, ele que foi após 1918 uma figura emblemática de uma nova abordagem da contemporaneidade. Contudo, após a Segunda Guerra Mundial, ele adotou posições bem mais conservadoras, a dar crédito a René Girault, um dos jovens historiadores da época que seguiu seus ensinamentos.

> Pierre Renouvin, rapidamente, tornou-se mais prudente sobre a história do tempo presente. Quando, em 1925, ele escreve um primeiro livro sobre as origens diretas da Primeira Guerra Mundial, ou seja, apenas dez anos após o conflito, ele chegou a uma convicção que resultou em uma verdadeira lei para os historiadores posteriores: não fazer história do tempo presente. O resultado desse paradoxo é que será ele, no imediato pós segunda guerra mundial, quem fará o conselho científico da Sorbonne adotar a decisão de proibir teses que versassem sobre uma história muito contemporânea ou, para ser mais preciso, seria preciso estabelecer uma relação entre a abertura dos arquivos e a capacidade de fazer uma tese sobre um dado assunto. Isso significou na época que não se podia fazer tese sobre a história do período posterior a 1914. Houve duas exceções nos anos 1950, porque nos dois casos o futuro autor da tese teve, por razões pessoais, acesso a pastas às quais outros não tinham. [...] Durante muito tempo, Pierre Renouvin recusou assim teses que ultrapassavam 1914. Na época, era uma história "imediata" demais. [Girault, 1998:7-9]

Isto é, a desconfiança persiste nos meios acadêmicos tradicionais com respeito a uma prática tanto mais sujeita à cautela quanto os temas suscetíveis de provocar polêmicas são numerosos em um universo intelectual marcado pela Guerra Fria. Desse ponto de vista, a situação da França, como a da Itália, em que o peso político e intelectual do partido comunista e a influência do marxismo não têm equivalente na Europa ocidental, difere do que acontece na historiografia inglesa, americana ou alemã. Nenhum campo do saber escapa à fratura entre marxistas e anti-marxistas de todas as correntes, e entre os historiadores franceses os debates sobre o feudalismo, o Antigo Regime ou a Revolução não têm nada a invejar das controvérsias sobre o fascismo ou a guerra, dentro e fora do mundo acadêmico. Esta politização dos anos 1950-70 desencorajou as vocações e freou o desenvolvimento da história do tempo presente? "O maior número dos jovens historiadores comunistas da minha geração se tornou 'contemporanista'", escreve Maurice Agulhon, que evoca aqui a contemporaneidade institucional, a que parte de 1789 (Agulhon, 1987:24). Raoul Girardet, liberal vindo da *Action française*, lhe dá a réplica: "É pela aprendizagem da militância política que tantos dos meus companheiros de geração chegaram à maioridade" e, portanto, ao ofício, escreve aquele que foi um dos historiadores do nacionalismo francês (Girardet, 1987:163). Por outro lado, uma militante comunista como Madeleine Rebérioux, muito engajada na luta anticolonial, presidente da Liga dos Direitos do Homem entre 1991 e 1995, especialista em século XIX e início do século XX, exprimiu frequentemente sua reticência de universitária face a uma história muito próxima, aquela precisamente dos seus engajamentos de cidadã, e sem dúvida pela "recusa de se confrontar com a história do partido comunista" (Blum e Vaccaro, 2007:73).

O atraso relativo da França se explica em realidade por outras razões que não a politização do meio. Um pouco mais do que alhures, os historiadores franceses são polarizados por uma abordagem estrutural que parece antinômica com o estudo do passado recente. Iniciativas singulares como o CHGM ou o CDJC são certamente encorajadas por historiadores bem colocados: vimos isso com Lucien Febvre apoiando os *Cahiers d'Histoire de la Guerre*, que, porém, não oferecia um modelo de história-problema tal como ele chamava. Mas fica-se ainda mais ou menos na ideia de que existe uma divisão do trabalho entre lugares muito especializados cuja existência se justifica por questões de urgência moral e ética, e a Universidade em sentido amplo que tem como tarefa desenvolver os cânones da disciplina, os quais pouco se preocupam com uma história mais recente. Quando, antes da guerra, a darmos crédito ao estudo citado de Henk Wesseling, a revista *Annales* deu a esta última uma grande atenção e se dedicou a encontrar uma nova dinâmica entre passado e presente, ela parece, após 1945, abandonar esse campo: até 1977, a história dos séculos XIX e XX ocupa de maneira estável cerca de 16% do número de páginas, ao passo que a história dita então "imediata", que ocupava cerca de 22% do volume antes da guerra, diminui regularmente até não ocupar senão 6%.[84] A esse respeito, o historiador neerlandês não concede vantagem a nenhum dos protagonistas, alegando que, não conseguindo a historiografia do contemporâneo dissociar-se da mais tradicional história política e manifestando um desinteresse pelos avanços da escola dos *Annales*, esta abandonou o campo. O argumento convence apenas em parte, pois isso não explica por que nesse grupo e quando a historiografia francesa conhece um período de grande influência, não se desenvolve um programa capaz de permitir a escrita de uma outra história próxima que não fosse política ou de acontecimentos. Os primeiros cientistas de crédito que advogaram em favor de uma história contemporânea apareceram, contudo, no fim dos anos 1930, como vimos no capítulo precedente, no mesmo momento da criação dos *Annales*, em 1929. Ora, é definitivamente meio século mais tarde, nos anos 1970, que essa preocupação encontrará um lugar na École des Hautes Études en Sciences Sociales (EHESS), herdeira da Sexta Seção da École Pratique des Hautes Études (Ephe), criada e dirigida por Lucien Febvre, depois por Fernand Braudel, em um contexto em que toda a disciplina está se interessando pela questão. Nos anos 1950-60, há realmente um abismo entre uma historiografia medieval e moderna — inclusa a Revolução Francesa — reconhecida, e criando novos paradigmas (a longa duração, a história

---

[84] Wesseling (1978:185-194). Ver também Dosse (1987:46-47).

imóvel, as mentalidades) ou novos objetos (o clima, o cotidiano), e uma historiografia do tempo presente ainda fracamente implantada, prisioneira de temas qualificados de "tradicionais" (as guerras, as revoluções, o fascismo) e de paradigmas aparentemente ultrapassados (o acontecimento). Essa situação se parece muito com uma repetição do fim do século XX, em que os sucessos da escola metódica tinham barrado o desenvolvimento de uma historiografia científica do contemporâneo. *A priori*, a aproximação pode parecer herética, uma vez que os *Annales* se construíram contra a referida escola, e continuou a prosperar após a guerra, dando a crer que o inimigo acontecimento, embora amplamente aniquilado, ameaçava sempre as imediações da avenida Raspail. Contudo, há a meu ver um ponto em comum entre os dois: a recusa, ou talvez a incapacidade, tanto de um Seignobos quanto de um Braudel, em aceitar o caráter incerto e inacabado de toda história do tempo presente, que vai ao encontro da sua perspectiva fundamentalmente cientificista. Acresce-se a isso a questão mais precisa da incompatibilidade de fundo entre o conceito de "longa duração" defendido por Braudel, figura dominante da historiografia da época, e o estudo do tempo de então, o da primeira metade do século XX.

Cativo durante a guerra, em Mayence, depois em Lübeck, Fernand Braudel não somente concebe nos *oflags* a sua tese sobre o *Méditerranée et le monde méditerranéen à l'époque de Philippe II,* mas enuncia pela primeira vez o conceito de longa duração que formalizará em 1958 (Schöttler, 2011). Para tanto, ele aborda de modo muito pessoal a questão da atualidade, do acontecimento, dos acontecimentos:

> A boa política, a atitude viril é reagir contra eles, suportá-los pacientemente desde o começo, e sobretudo julgá-los pelo seu valor, por vezes tão irrisório, pois os grandes acontecimentos apagam-se com rapidez, sem deixar nunca após si as importantes consequências anunciadas. Basta pensar no destino de tantas vitórias brilhantes ou de tantos grandes discursos políticos! Que

resta deles dois ou três meses depois? E o que reterá a história em cinquenta anos, em bloco, do nosso tempo tão inquieto, monstruosamente preocupado consigo próprio?[85]

Fernand Braudel evoca aqui a propaganda alemã de que os prisioneiros de guerra são alimentados e a maneira de resistir a ela. Mais profundamente, o texto esconde uma vontade de evadir-se da presença do seu próprio presente, uma ideia que ele exprimiu muitas vezes: "todos esses acontecimentos que a rádio e os jornais derramavam sobre nós..., era preciso que eu os superasse, os rejeitasse, os negasse..., crer que a história, o destino, foram escritos em uma profundidade bem maior, escolher o observatório do tempo longo" (Braudel, 1972, citado em Braudel, 1997:20-21).[86] Foi assim que seus companheiros habituados às conferências dadas no Oflag XIIb de Mayence, em 1941-42, se tinham habituado a reagir aos anúncios deprimentes das vitórias alemãs no fronte do Leste, gritando: "É acontecimento, nada mais que acontecimento!", como para conjurar a sorte (Braudel, 1972, citado em Braudel, 1997:20-21). Pensamos aqui na situação de alguns grandes espíritos, como Norbert Elias, que, após a Primeira Guerra Mundial, puderam negar parcialmente ou recalcar nos seus escritos a violência do combate sofrida, observada ou infligida, da qual eles tinham tido a experiência direta (Audoin-Rouzeau, 2008). Da mesma maneira, um dos maiores historiadores da geração seguinte inventa a longa duração e recusa o evento como "escuma da história", no momento em que está no cerne do maior cataclismo da história da humanidade — é verdade, em um relativo isolamento. Longe de ser compreendido como um Walter Benjamin, pela urgência imposta pela catástrofe e que o levará ao suicídio, Fernand

---

[85] "L'Histoire, mesure du monde", texto redigido em cativeiro, retomado em Braudel (1997:29).

[86] Braudel (1972), citado em Braudel (1997:20-21).

Braudel nega o caráter trágico do seu tempo para sobreviver e continuar a exercer sua criatividade em um universo em que o presente mortífero apagou o passado e obscureceu o futuro. Ele escreverá, em 1958, em seu célebre artigo sobre a longa duração:

> Quanto a mim, lutei muito, no curso do meu cativeiro assaz sombrio, para escapar à crônica dos anos difíceis (1940-1945). Recusar os acontecimentos e o tempo dos acontecimentos, era colocar-se à margem, ao abrigo, para olhá-los um pouco de longe, julgá-los melhor e não acreditar demais. Do tempo curto, passar ao tempo menos curto e ao tempo muito longo (se existe, este último não pode ser senão o tempo dos sábios); e depois, chegado a esse termo, parar, considerar tudo de novo e reconstruir, e até mesmo girar tudo em torno de si: a operação que deve tentar um historiador. [Braudel, 1958, retomado em Braudel, 1997:223]

Temos mais uma vez o exemplo de uma resposta não traumática diante dos efeitos de uma catástrofe histórica. Contudo, essa concepção do tempo forjada muito cedo no cerne do Terceiro Reich não é somente uma resposta psicológica em que o lugar do tempo presente e do acontecimento é problemático:

> O que é de fato um grande acontecimento? Não aquele que tem mais repercussão no momento [...], mas o que leva às mais numerosas e mais importantes consequências. As consequências não se produzem imediatamente, elas são filhas do tempo. Daí as múltiplas vantagens que há em observar uma época com um grande recuo. É igualmente uma vantagem apreender alinhamentos de fatos, não como pontos, mas como linhas de luz. É importante, ao estudar um drama, conhecer a sua última palavra.[87]

---

[87] "L'Histoire, mesure du monde", texto redigido em cativeiro, retomado em Braudel (1997:49).

E Braudel cita dois exemplos que mostram os escolhos quando falta o sacrossanto recuo. O primeiro é o de Henri Pirenne, que, terminando a sua *Histoire de Belgique*, queixou-se "de ter tido de trabalhar em uma história próxima demais dele, ainda não decantada, de se ter afogado em uma poeira de fatos em que nada se distinguia com segurança". O segundo é de Émile Bourgeois, que, para escrever o último tomo do seu *Manuel historique de politique étrangère*, teve de esperar o fim da Primeira Guerra Mundial para compreender melhor o congresso de Berlim de 1878. Daí a única conclusão possível: "é preciso sem dúvida que uma época se tenha destacado suficientemente de nós e dos liames da atualidade viva, que tenha feito a sua circunvolução e tenha permanecido o tempo requerido na podridão, assim como algumas preparações anatômicas, para revelar a sua estrutura profunda".[88] Fernand Braudel retoma por conta própria a ideia dos cientificistas e dos metódicos do século XIX, e algumas expressões lembram as de um Fustel de Coulanges, porém com duas grandes diferenças. Por um lado, não se trata de compreender um acontecimento ou um processo, uma vez este "refrescado", mas de observar melhor, graças à longa ou alta perspectiva, como em uma foto aérea, as estruturas profundas da sociedade. Por outro lado, longe de considerar que o tempo transcorrido seja uma deficiência que deve ser superada pela empatia ou pelo método objetivo, ele vê nele "um privilégio do historiador", assumindo assim a posição subjetivista que está no cerne do projeto dos *Annales*. Mas, no fim das contas, o resultado será o mesmo: a história contemporânea se vê mais uma vez reduzida à política e ao curto prazo — aquilo de que é necessário precisamente desvencilhar-se —, donde o divórcio posterior. Braudel não explica, contudo, em nenhum momento, em que o longo prazo oferece uma melhor inteligibilidade do que o curto prazo, uma vez que não se observa unicamente as estruturas

---

[88] Ibid.

com fraco ritmo de evolução, nem em que esse método pode ser aplicado para compreender um século, o seu, marcado precisamente pela aceleração de um tempo particularmente móvel. Em realidade, se o conceito de longa duração permite compreender a temporalidade própria do Ocidente medieval ou moderno até as primícias da Revolução Francesa, ele mostra pouca pertinência para analisar as sociedades de massa contemporâneas, marcadas pela velocidade e pela sucessão de acontecimentos construídos e percebidos como outras tantas rupturas em uma continuidade histórica que perdeu a sua legibilidade. Daí a escassez dos trabalhos fundados no conceito de longa duração que tenham permitido uma inteligibilidade melhor do século XX, ainda que o termo às vezes seja agitado como um chocalho. Este pertence menos a um conceito heurístico do que à interpretação de uma conjuntura, ainda que milenar, que não é nem eterna, nem universal.

Pode-se, aliás, duvidar de que Fernand Braudel, para além das posturas de distinção e de combate, não o tenha compreendido intimamente. Em janeiro de 1957, a *Revue d'Histoire de la Deuxième Guerre Mondiale* dedica um primeiro número especial ao cativeiro no qual Braudel aceita fazer uma introdução baseada nas recordações da sua própria experiência. É uma nova passarela entre os historiadores do CHGM, um lugar dedicado à abordagem dos acontecimentos, se de fato o foi, e à aristocracia da disciplina. Rendendo homenagem à equipe de Henri Michel, Fernand Braudel escreve:

> Como Lucien Febvre disse frequentemente e como repetirei, agora que ele já não está aqui: a história é o estudo do passado, certamente, mas também uma explicação do presente em que vivemos. Os advogados que preconizam a necessidade do recuo para o historiador se enganam, em parte, sobre a própria essência do nosso ofício: em todo caso, eles deixam deteriorar-se a maior parte da matéria-prima da história, de um tempo do qual emergimos e que continua, com efeito, a pesar sobre nós. [Braudel, 1957:3-5]

Ele não está errado em lembrar que retoma as palavras utilizadas nessa revista por Lucien Febvre, alguns anos antes. O mesmo número publica acerca desse texto uma breve homenagem ao cofundador dos *Annales*, morto no ano anterior, e que foi durante 10 anos o presidente do conselho diretor do CHGM:

> Ele gostava de dizer, por brincadeira, que não era especialista em história contemporânea; mas nenhum campo de pesquisa lhe permaneceu estranho por muito tempo, e sua perspectiva aguçada, sua ampla experiência dos homens e da coisas, lhe permitiam descobrir rapidamente, e ampliar, os caminhos nos quais convinha investir. Que os contemporâneos devam por primeiro, tão logo extintas as suas paixões, dar a sua versão dos acontecimentos dos quais eles foram os autores, ou simplesmente testemunhas, lhe parecia por demais evidente, para o maior proveito das gerações vindouras, para que o passado mais próximo delas pelo tempo não fosse também o que elas conhecessem menos e não lhes ficasse estranho. Se, nesta *Revue*, os temas mais ardentes do segundo conflito mundial foram por vezes abordados, se as paisagens humanas mais atormentadas da nossa época se seguem por vezes aí, clarificadas pelo historiador, é a Lucien Febvre que o devemos.[89]

A integridade dessa consideração acerca de uma história contemporânea ainda perto demais em seus métodos que eles não cessaram de denunciar poderia passar por uma simples polidez acadêmica ou um oportunismo benfazejo relativamente a um período do qual se foi ator. Entretanto, no que diz respeito pelo menos a Fernand Braudel, a contradição é demasiadamente forte sobre a questão do recuo entre a sua posição de 1943 e a que ele defende em 1957, para não denotar uma incerteza, ou até mesmo uma tensão entre duas necessidades epistemo-

---

[89] Lucien Febvre (1878-1956). *Revue d'Histoire de la Deuxième Guerre Mondiale*, n. 25, p. 2, jan. 1957. Esse texto foi escrito sem dúvida nenhuma por Henri Michel.

lógicas contrárias: a espera por um distanciamento e a urgência de compreender, tensão que estrutura toda a escrita de uma história do tempo presente, como já sublinhamos várias vezes. É verdade que a posição de Braudel não é idêntica à de Febvre, pois ele parece ver na história contemporânea uma coleta primária de fontes e de testemunhos, uma espécie de fase preliminar a uma historiografia futura, num momento em que o Comitê de Henri Michel já havia ultrapassado esse estágio havia alguns anos e já produzia seu próprio conhecimento elaborado sobre o período da guerra, já não se contentando com uma simples coleta. Isso não impede que essas tomadas de posição sejam tanto mais espantosas quanto elas são concomitantes com o seu artigo fundador sobre a longa duração, publicado em 1958.

Sem reacender um debate que fez correr muita tinta e parece um pouco ultrapassado hoje, lembremos contudo que esse artigo estigmatiza mais uma vez o mesmo inimigo íntimo: "a história tradicional, dita dos acontecimentos, sua etiqueta se confundindo com a história política".[90] Essa história política, de certo modo fantasiada, se tornou um bode expiatório reconfortante, pois mantém sempre em aparência a mesma face — traço próprio a toda construção de um inimigo ou de um adversário hereditário. Essa condenação vale, aliás, para a história em geral e não para a única história contemporânea que não é abordada diretamente nesse artigo. Do mesmo modo, outra nuança, o autor nota que "a história política não é necessariamente de acontecimentos", uma observação incidental cujo alcance se pode medir hoje, haja vista a renovação da história social ou cultural do político na França nesses últimos 20 anos pelo impulso dado por René Rémond e continuado por Jean-François Sirinelli e outros. Permanece, em todo caso, a ambivalência de que o autor dá mostras acerca do estudo do presente.

---

[90] Fernand Braudel (1997:196-197). Sobre esse debate, ver o livro fundamental de François Dosse (2010), que recorta várias das problemáticas abordadas aqui, que discutimos juntos há muito tempo.

Mas o que não daria o viajante da atualidade para ter este recuo (ou este avanço no tempo), que desmascarasse e simplificasse a vida presente, confusa, pouco legível porque cheia demais de gestos e de sinais menores? Claude Lévi-Strauss pretende que uma hora de conversa com um contemporâneo de Platão o informaria, mais do que nossos discursos clássicos, sobre a coerência ou a incoerência da Grécia antiga. Estou plenamente de acordo. Mas é que ele ouviu, durante anos, cem vozes gregas salvas do silêncio. O historiador preparou a viagem. Uma hora na Grécia de hoje não lhe ensinaria nada, sobre as coerências ou as incoerências atuais.

Mais ainda, o perquiridor do tempo presente não chega às tramas "finas" das estruturas senão com a condição de, ele também, *reconstruir*, avançar hipóteses e explicações, recusar o real tal como se percebe, truncá-lo, ultrapassá-lo, todas as operações que permitem escapar ao dado para dominá-lo melhor, mas que são, todas, reconstruções.[91]

Por um lado, a sua crítica visa as ciências sociais ignorantes da história e do trabalho do tempo longo, como a economia, incapaz de remontar "antes de 1945". É a ocasião de lembrar a superioridade da história, uma superioridade fundada no recuo. A história é ainda e sempre a disciplina que permite ter acesso à verdade de uma época pela distância temporal, a única que pode discernir as linhas de força essenciais em meio aos cegos que são os contemporâneos que se agitam no seu tempo sem compreender nada dele. E uma vez que as ciências sociais diferentes da história versam, por definição, sobre o estudo do presente, é preciso, portanto, afirmar no seu seio a superioridade do historiador. Por outro lado, Braudel parece ao mesmo tempo querer livrar-se dessa questão ao lembrar que a querela entre o distante e o atual é no fundo vã, a aceitarmos,

---

[91] Ibid., p. 207. As palavras são sublinhadas pelo autor. A citação de Lévi-Strauss é do seu artigo "Diogène couché", v. 7, n. 2, p. 253, 1957.

178 A ÚLTIMA CATÁSTROFE

juntamente com Bloch e Febvre, a ideia de uma dialética entre passado e presente. Julgando insistir, ele propõe um programa *a priori* impossível: para compreender o real: seria necessário recusá-lo para reconstruí-lo, projeto de que são evidentemente incapazes, a seus olhos, os especialistas no presente que são os sociólogos ou os economistas ignorantes da história. Ao fazer isso, ele abre incidentalmente outra via na qual a distância entre passado e presente não é somente temporal e, portanto, passiva — o historiador deve esperar que o tempo faça a sua obra, o que não é particularmente novo —, mas consiste em uma operação intelectual, uma construção que busca livrar-se da sua própria época por certo tipo de olhar, de método ou de postura. Ora, criar distância em relação ao muito próximo é a direção que tomará, 20 anos mais tarde, a história do tempo presente francesa, dando à noção de contemporaneidade outra acepção diferente da pura dimensão temporal.

Apreender a história em movimento

Um ano antes da publicação do artigo de Fernand Braudel sobre a longa duração, em 1958, outro historiador, René Rémond, de uma geração mais jovem (nasceu em 1918), publicava um artigo menos famoso, mas não sem importância: "Defesa de uma história abandonada. O fim da Terceira República", editado em uma revista de ciência política, uma escolha em si mesma muito significativa. Fortalecido pela notoriedade adquirida graças à sua obra publicada em 1954, e que se tornou rapidamente um clássico da história política francesa: *La droite en France de 1815 à nos jours*, o autor deplora aí o fato de que "os dez últimos anos da Terceira República constituem um dos mais belos exemplos de desgraça aparentemente inexplicável" (Rémond, 1957:253). Centrado no silêncio que circunda a história da França dos anos 1930, esse artigo se tornou no linguajar profissional da disciplina um dos atos de fundação da historiografia contemporânea francesa. O próprio autor contribuiu amplamente, aliás, para isso: "o artigo teve alguma repercussão e as reações não foram todas positivas: defender, em 1957, que os historiadores comecem a se interessar pelo Conselho do Bloco Nacional ou pelas eleições da frente de esquerdas parecia ainda a alguns historiadores uma aventura e mesmo uma provocação", escreverá ele em 1987, quando se tornará um dos historiadores franceses com maior reputação (Rémond, 1987:341). É verdade, salvo que o autor não diz nada sobre a situação no estrangeiro, sobretudo nos Estados Unidos ou na Alemanha, onde essa história já está bem estabelecida, nem leva em conta o fato de que uma das correntes dominantes da historiografia da época não vê nela nenhuma temeridade intelectual, mas a manifestação de uma história política dos acontecimentos caída em descrédito. De fato, a apologia de René Rémond não dissocia história contemporânea e história política. Ele confirma assim involuntariamente o laço consubstancial que existiria entre as duas e parece defender de maneira simétrica muito exatamente o que Braudel e a corrente dos *Annales* continuam a estigmatizar.

No fundo, René Rémond censura às revistas científicas e aos manuais universitários o fato de pararem nos momentos seguintes à Primeira Guerra Mundial ou tratarem de maneira lapidar os anos seguintes.

A proximidade do período o explica facilmente: talvez seja cedo demais para estudos de conjunto e pode-se estimar legitimamente que a hora das grandes sínteses ainda não chegou. Mas que esses dez anos [1929-1939] tenham suscitado tão poucos estudos particulares, eis o fato surpreendente. O silêncio da história feita encontra sua explicação na indiferença da história que se faz. [Rémond, 1957:255]

Rémond defende, portanto, aqui um elemento essencial a toda prática de história do tempo presente: a apreensão de uma história em movimento. Ele o faz contudo com uma grande prudência, uma vez que ele admite "que historiadores formados nos bons métodos da crítica histórica e que visam à objetividade científica tenham escrúpulos ao abordar um período ainda muito próximo e uma regra de esperar os efeitos benfazejos do tempo", voltando-se então para os jornalistas, igualmente pusilânimes acerca do assunto (Rémond, 1957:256). Primeiramente, ele se contenta em fazer um apelo para estudar um período desconhecido — "um capítulo distinto da história da Terceira República" —, como existe frequentemente na disciplina. É o próprio período, a sua atualidade, a sua "contemporaneidade", e a possibilidade de tirar dele lições para uma Quarta República, que também está em crise, que chamam a sua atenção, ainda que ele não o diga explicitamente, mais que as condições de possibilidade de uma história contemporânea, a qual já existe, como ele lembra:

> Ora, o silêncio dos historiadores, a abstenção dos ensaístas, já surpreendentes em comparação com o número dos sinais de interesse que eles deram nos anos anteriores, parecem ainda mais surpreendentes a quem considera o período posterior a 1939. Paradoxalmente, estamos dez vezes mais informados sobre a Segunda Guerra Mundial e sobre os anos seguintes, do que sobre o fim da Terceira República [...]. O Comitê de história da Segunda Guerra Mundial realiza um trabalho considerável, cuja qualidade científica prescinde dos nossos elogios. Não é inconcebível que estejamos menos bem informados e equipados sobre a nossa própria história política dos anos 1930-1939 e que ninguém ou que nenhuma instituição tenha empreendido um trabalho sobre isso do mesmo quilate? Tal é, contudo, a situação. Esses dez anos de 1930-1939 formam um vazio entre dois maciços no relevo dos estudos históricos. [Rémond, 1957:257]

Explicando as razões do silêncio que ele denuncia, René Rémond acaba por contestar, na sequência desse artigo, uma a uma as objeções tradicionais a toda história contemporânea, em particular a ausência de recuo:

Contudo, talvez elas não sejam determinantes. Sobretudo a sua força varia muito com a natureza dos problemas que é preciso estudar. [...] Não se notou suficientemente que a espera pelo tempo imposto pelas administrações implica talvez uma escolha involuntária e que as vantagens usufruídas também têm a sua contrapartida onerosa. Espera-se a última palavra de documentos frequentemente contestáveis, relatórios de polícia previamente desprovidos do mais interessante, correspondências administrativas frequentemente mal informadas da situação das preferências; cada consulta eleitoral administra de novo a prova da lacuna que persiste entre as previsões dos profetas centradas nas indicações dos seus informantes e expressão do sufrágio universal. Ao mesmo tempo, permite-se por descuido que se destruam documentos preciosos em posse de particulares e que desapareçam testemunhas insubstituíveis. [Rémond, 1957:259]

De maneira ainda mais incisiva, ele revolve inteiramente a necessidade de um tempo de reserva, enunciando um dos mais fortes argumentos em favor de uma história do tempo presente que vai desenvolver-se nos anos 1970-80 a propósito, por exemplo, das testemunhas do Holocausto, que correm o risco de desaparecer antes de terem informado a posteridade:

O estudo quase contemporâneo não torna inútil por antecipação o estudo de documentos empreendido a distância; ao contrário. A recíproca não é menos verdadeira: nada pode substituir a investigação junto dos contemporâneos; a esperar o recuo que forneça por uma ação quase mecânica a fisionomia exata da realidade histórica, deixa-se escapar a possibilidade de encontrar a palavra de alguns enigmas, expõe-se manter sempre sem resposta algumas incertezas. É uma ilusão pensar que o tempo trabalha necessariamente para o historiador e o conhecimento histórico. Longe de ser cedo demais para empreender o estudo dos anos 1930-1939, não é senão a hora de começar. [Rémond, 1957:260]

Nesse texto, a história contemporânea não é ainda definida pela existência de atores vivos, embora seu testemunho deva ser recolhido sem tardar: reencontra-se essa ideia do historiador do tempo presente como primeira testemunha da testemunha. Sem o dizer explicitamente, a testemunha se reduz, contudo, à sua "grande testemunha": o homem de Estado, o ministro, o diplomata, ou ainda o líder de partido ou o chefe de empresa, eventualmente o homem de gabinete. É nesse caminho que René Rémond se empenhará 12 anos mais tarde ao organizar uma série de colóquios na Fundação Nacional das Ciências Políticas sobre essa história abandonada, reunindo historiadores e atores da época (Rémond, 1972; Rémond e Bourdin, 1977). O método fez amplamente escola em história do tempo presente e se verificou produtivo, não fossem algumas derivas em direção de uma historiografia por vezes tentada pelo crédito oficial quando foi preciso trabalhar com ex-chefes de Estado ou com os seus executores testamentários, como na ocasião de colóquios organizados pela FNSP sobre François Mitterrand (1999) ou Valéry Giscard d'Estaing (2002). Com maior profundidade, René Rémond define a história contemporânea como uma história em processo de se fazer que se pode tentar apreender pelas migalhas, mas de que não se podem tirar ainda todas as lições. Ele defende com convicção a perspectiva de uma história inacabada, provisória, ao mesmo tempo que se situa em uma visão assaz clássica da historiografia, uma vez que admite ou concede que a história de um acontecimento ou de um momento não encontra o seu sentido último senão quando o processo está terminado.

Por outro lado, nunca se apontou uma contradição desse artigo. Por um lado, ele tenta explicar por que a história dos anos recentes é possível e mesmo necessária, mas, por outro, ele não explica o *status* que concede ao período da Segunda Guerra Mundial, o outro "maciço" que enquadra o "vazio" dos anos 1930, e acerca do qual ele nos diz que ela é amplamente estudada. Por que desenvolver em várias páginas uma apologia de uma história contemporânea e não somente a dos anos 1930, se essa história existe efetivamente na paisagem científica? E por que não tirar nenhuma consequência da experiência adquirida pelo Comitê de História da Segunda Guerra Mundial, do qual ele tece, aliás, um elogio? A resposta remete provavelmente às ambivalências do autor acerca desse período que ele sempre apreendeu como um parêntese excepcional na história da França e à sua vontade de não fazer julgamentos decisivos sobre instituições que ele próprio tinha atravessado. É com muita frequência acerca do regime de Vichy que ele invocará a necessidade para o historiador de ser "objetivo" e "imparcial" ao mesmo tempo que encoraja os estudos sobre o tema. Em 1967, em uma contribuição para um dossiê sobre a história contemporânea, publicado pelo novíssimo *Journal of Contemporary History*, do qual se tratará mais à frente, ele volta ao balanço do CHGM francês, mas dessa vez de maneira mais crítica:

> O trabalho do comitê dá a demonstração concreta de que não é impossível para espíritos formados no método histórico ser objetivos mesmo acerca de eventos recentes que foram o tema de controvérsias apaixonadas. [Contudo,] considerando-se o seu interesse *a priori* pela luta contra o invasor, o comitê teve pouco interesse pelo outro lado, o governo de Vichy e a "revolução nacional", ou pelo papel e a personalidade do Marechal Pétain. Nosso conhecimento dos anos em questão sofre com esta ausência acentuada de equilíbrio. Excetuados alguns trabalhos não partidários, entre os quais se sobressai a *História de Vichy* de Robert Aron (Paris, 1954), quase tudo o que apareceu sobre o regime de Vichy é viciado pelo espírito partidário ou pela vontade de reabilitação. [Rémond, 1967:43]

Três anos depois, René Rémond organizará o primeiro grande colóquio, em que ladeiam historiadores e testemunhas, cujo foco é o "governo" de Vichy (e não sobre o regime). Ele se limita prudentemente aos anos de 1940-42, o "bom Vichy" de Pétain por oposição ao "mau Vichy" de Laval, uma dicotomia defendida por André Siegfried, a figura tutelar

184 A ÚLTIMA CATÁSTROFE

da Sciences Po, e ignora completamente a questão da colaboração e sobretudo a do antissemitismo, em razão do que ele será por muito tempo exprobrado — eu fui um desses, e não renego a minha crítica. Um texto pouco conhecido esclarece, aliás, retrospectivamente seu estado de espírito. Em um dossiê de abril de 1972 da revista *Réalités*, dedicado à "França novamente bendita pelos deuses", René Rémond — um ano após a saída controversa do *Chagrin et la pitié* — escreve um breve artigo sobre a derrota e a ocupação intitulado "A ferida de 1940 enfim cicatrizada", no qual ele conclui que:

> Hoje, a descolonização acabou, a França está em paz com o mundo inteiro, sua economia se transforma em um ritmo que permite a comparação com os outros; a lembrança dos nossos reveses se afasta e tem-se o direito de pensar que os seus efeitos psicológicos se apagaram.[92]

Tendo-se embora interessado como precursor pela questão da memória coletiva dos franceses — nos anos 1960, ele organizou um seminário no Instituto de Estudos Políticos (IEP) sobre o tema "*Histoire, durée, mémoire et politique*" (Lavabre, 2007: parágrafo 12) —, ele não vê chegar a amnésia de Vichy, nem mesmo os efeitos da crise econômica, persuadido de que a França está agora voltada para o futuro e para a prosperidade, um traço próprio da sua geração.

Para desculpá-lo, se podemos dizer isso, além do fato de que ele contribuirá nos anos 1990 para produzir uma história sem ingenuidade desse período, René Rémond abordou de frente no colóquio de 1970 o caso mais complexo de toda história do tempo presente: o estudo de um conflito recente, duplicado por um conflito interno, ou até mesmo uma forma de guerra civil com sequelas vivazes, com a ideia de confrontar os pontos

---

[92] Rémond (1972:41). Agradeço a Olivier Büttner por ter chamado a minha atenção para esse artigo.

de vista fora de toda postura de julgamento. É defender a ideia de que o anfiteatro universitário não é uma corte de justiça, um lugar em que o mesmo René Rémond aceitará, contudo, testemunhar anos mais tarde, ao lado de outros historiadores, na ocasião do processo de Paul Touvier, em 1994, e posteriormente do processo de Maurice Papon, em 1997. Na introdução da publicação dos anais desse colóquio, o primeiro do gênero na França, ele escreve: "toda pesquisa coletiva sobre um passado próximo é uma aventura [e] quando ela toma por objeto um período tão dramático quanto os anos 1940-1944, e quando se propõe, além disso, pôr em presença homens que pertenceram a campos opostos, ela se torna um desafio ou uma provocação", festejando, contudo, a realização de uma manifestação em que antigos ministros de Vichy foram convidados com grande honra a vir exprimir-se e com toda liberdade, sem "polêmicas mesquinhas" (Rémond, 1972:17). René Rémond toca aqui em uma aporia inerente a toda abordagem do tempo presente, particularmente aguda, tratando-se da história do século XX. Escolher o partido tomado? O historiador será então atacado pelos outros "partidos" e será criticado pela profissão, lançando uma suspeita sobre o valor do trabalho histórico realizado. Escolher a neutralidade? Ela é insustentável moralmente e pode conduzir a um sentimento que minimiza os crimes cometidos, e até mesmo estabelecer uma espécie de equilíbrio entre "partes" que não se equivalem no nosso sistema de valores: mesmo para as necessidades de uma pesquisa científica, o torturador não pode ser equiparado a sua vítima. O que é possível em uma instância judiciária que deve decidir sobre a culpa, a responsabilidade, a pena para cada um dos protagonistas, os quais podem todos se exprimir de maneira contraditória, não o é em um recinto científico, pouco importa o que digam. Assim como o Comitê de História da Segunda Guerra Mundial, o seu sucessor, o Instituto de História do Tempo Presente, manteve relações estreitas e seguidas com numerosos resistentes ou sobreviventes, constantemente presentes aos seus seminários e colóquios até o início dos anos 2000. Por outro lado, se antigos vichystas ou colaboradores puderam ser também requisitados pelos pesquisadores em suas pesquisas, nunca nenhum foi convidado a uma manifestação pública quando Vichy e a colaboração eram os temas preferidos.

Desse ponto de vista, a experiência do colóquio de 1970 nunca foi renovada. Não há, portanto, nenhuma boa postura na matéria, coisa que René Rémond pressente com exatidão ao falar de "desafio" e de "provocação". Os historiadores do tempo presente, tendo trabalhado sobre questões terrivelmente sensíveis, tiveram de inventar, senão métodos, pelo menos uma maneira de se colocar na paisagem. Eles tiveram de criar suas hierarquias acerca das testemunhas, tentando dominar seus afetos sem com isso renunciar a suas emoções. Eles tiveram de aceitar que o "Mal" se encarnou em indivíduos de carne e osso, os quais era preciso exprobrar, cativar, interrogar, sem perder de vista o que eles tinham feito, e que as figuras heroicas, os mártires, os vencidos da história não podiam ser considerados intocáveis, indignos de um olhar crítico, mesmo que isso implicasse em tomar certas precauções. Contrariamente à posição defendida em 1970 por René Rémond, a solução residiu mais frequentemente na escolha de uma subjetividade assumida do que na de uma subjetividade forçada. Antes de ignorar suas próprias inclinações ou sua própria identidade, o historiador deve se servir disso para pôr à sua maneira problemas que não podem ser tratados de modo "neutro": o destino dos valores petainistas deve movê-lo a um excesso de rigor para analisar Vichy sem trapacear sobre os fatos ou fazer silêncio sobre o que não se coaduna com os preconceitos correntes; um engajamento político pode — e deve — conduzir a uma mesma vigilância crítica no estudo da sua própria família política. Para a maior parte dos pesquisadores (nem todos, é verdade), o pior consiste com frequência em conferir pouca credibilidade àquilo que pode fazer contrapeso ao erro de seguir cegamente as suas próprias inclinações ideológicas, tanto mais que hoje os procedimentos de verificação, inclusive por não profissionais, tornam frágeis enunciados científicos escandalosamente partidários.

De todo modo, o historiador que tenta apreender a história em movimento deixa-se também envolver na marcha do tempo e deve aceitar que seu olhar é apenas parcial, limitado, frágil, bem ao contrário da ilusão científica de dominar o sentido último da história. A despeito disso, René Rémond permaneceu ligado à crença positivista que pensa que, apesar de tudo, o tempo permitirá um dia escrever uma "verdadeira" história de tal ou qual evento ou processo histórico. Muito embora tenha professado uma grande ligação com a contingência histórica e combatido a história dogmática ou sistêmica, ele conserva uma inclinação pela ideia de "forças profundas", herdada de Pierre Renouvin e de André Siegfried. Acrescento como prova sua recusa constante em levar em conta o peso do fascismo, do nazismo e das duas guerras mundiais na sua visão das direitas francesas após 1945, que teriam permanecido, segundo ele, herdeiras de uma tripartição nascida no contexto do século XIX, também consequência da Revolução Francesa, uma posição dificilmente sustentável.[93] Por um lado, ele aceita o caráter inacabado de toda escrita da história do tempo presente, por outro, ele continua pensando que a última palavra virá mais tarde, mesmo que ele espere secretamente conservá-la. Prefaciando em 1982 uma nova edição da sua história dos direitos, ele escreve:

> Os fatos mesmos vieram trazer à interpretação realizada em 1954 um começo de verificação experimental. É um risco temível para as obras que tratam de uma história que não está fechada o confronto com o real: é também uma possibilidade de experimentação da qual as ciências humanas são com muita frequência privadas. [Rémond, 1982:10]

Ele está aqui do lado do inacabado, do provisório assumido, de uma postura que vê o historiador analisar um passado em devir, e assim for-

---

[93] Remeto, sobre esse ponto, ao meu estudo: Rousso (1992:549-620).

188 A ÚLTIMA CATÁSTROFE

mular interpretações em suspenso, chegando a ousar evocar a dimensão experimental da disciplina pela observação do presente mais próximo. Em outras circunstâncias, ele se refugia, ao contrário, na ortodoxia disciplinar:

> Todo período recebe do momento seguinte a resposta às questões que ele coloca; ele não toma o seu significado senão muito depois do seu fim. É o desastre de 1940 que sela finalmente os últimos anos da Terceira República. Não estando inteiramente encerrada, a história do nosso século não revelou ainda todas as suas implicações, nem disse a sua última palavra. Não é, portanto, prematuro fixar e congelar a visão dessas poucas décadas? [Os historiadores do tempo presente] se expõem ao duplo desmentido dos contemporâneos e dos acontecimentos vindouros, ajudando os seus contemporâneos a compreender seu tempo, a decifrar a complexidade, e preparando a via aos historiadores do amanhã. [Rémond, 1988: t. VI, p. 9]

Aqui, ele venera o historiador da última palavra. Mas então como, por que e em que momento uma história em movimento se torna uma história encerrada?

Uma história engajada em seu tempo

Na Grã-Bretanha, a situação evolui nos anos 1960, após o declínio do Império Colonial, em um contexto em que domina a questão do lugar dos europeus em um mundo percebido cada vez mais como "globalizado". Como alhures, ela se realiza inicialmente fora ou nas margens do *establishment*. Em 1964, o historiador Geoffrey Barraclough publica uma *Introduction à l'histoire contemporaine*, que se tornará nos anos seguintes a referência sobre o tema no mundo anglófono.[94] Medievalista de 56 anos, especialista em Alemanha, ele ensina em Liverpool, Londres e na Califórnia. Profundamente marcado pela guerra em que participou nos serviços de informação da Royal Air Force, ele se volta nos anos 1950-60 para a história contemporânea não por simples curiosidade intelectual, mas porque se sente envolvido pela metamorfose em curso na história do mundo: o fim do domínio europeu e o surgimento de novas potências que contestam sua hegemonia; o desenvolvimento da democracia de massa; as inovações científicas e tecnológicas. Isso o leva a se interessar pelo presente e a pensar diferentemente a história: "somos invadidos por um sentimento de incerteza porque nos sentimos no limiar de uma nova era, para a qual a experiência anterior não oferece nenhum guia seguro", escreve em 1955, uma ideia em que sentimos a influência tanto de Tocqueville quanto de Benjamin, e que Hannah Arendt retomará em seu ensaio *Between past and future*, alguns anos mais tarde, em 1961 (Barraclough, 1955, citado por C. Dewar, 1994:449-464). O historiador deve dar conta dessa profunda mutação. Se toda história desde Tucídides é certamente "contemporânea", uma concessão puramente retórica, e se de fato houve uma renovação dessa noção após 1918, Geoffrey Barraclough denuncia, contudo, a persistência nos anos 1950 dos paradigmas do século XIX: o objetivismo, a abordagem causal, o eurocentrismo. Ele apela a uma maneira totalmente diferente de apreender o tempo presente. Influenciado pelo marxismo, ele advoga uma história mundial que não seja a soma das histórias nacionais, uma tese que estrutura todo o seu livro e uma parte da sua obra. Embora seja uma parte cativante da historiografia geral, a história contemporânea tem, segundo ele, outra natureza por obrigar

---

[94] Barraclough (1964). Refiro-me aqui à edição de bolso de 1967 e a uma tradução pessoal. Agradeço a Martin Conway por ter chamado a minha atenção para essa obra, quase nunca citada na historiografia francesa mesmo tendo sido traduzida em 1967 pela editora Stock.

190 A ÚLTIMA CATÁSTROFE

o historiador a dirigir sua atenção à transição em curso e a utilizar sistematicamente um olhar retrospectivo. Dando exemplos tirados da história recente da Rússia, da Ásia ou dos Estados Unidos, ele escreve:

> Esses exemplos são suficientes para mostrar que a história contemporânea não significa — como os historiadores fizeram por vezes entender com desprezo — nada diferente de arranhar a superfície dos acontecimentos recentes e interpretar mal o passado à luz das ideologias do momento. Mas eles mostram também — o que é fundamentalmente mais importante — por que não podemos dizer que a história contemporânea "começa" em 1945 ou 1939, ou 1917, ou 1898, ou em uma outra data qualquer que podemos escolher. [...] [Certamente], os anos imediatamente anteriores e posteriores a 1890 constituíram uma virada importante; mas faríamos melhor tendo cautela com datas precisas. *A história contemporânea começa quando os problemas que pertencem à atualidade no mundo de hoje tomaram pela primeira vez uma forma visível*; ela começa com as mudanças que permitem, ou antes que nos forçam a dizer que entramos em uma nova era — o tipo de mudanças [...] que os historiadores colocam em evidência quando traçam um risco que separa a Idade Média e os tempos "modernos" na virada dos séculos quinze e dezesseis. Assim como as raízes das mutações do Renascimento podem remeter à Itália de Frederico II, também minhas raízes do presente podem se situar tão longe como no século dezoito. [Barraclough, 1964:20, passagens sublinhadas pelo autor]

Nesta acepção, a história contemporânea se refere menos à história de um período do que a uma maneira de fazer — uma postura que é a de muitos historiadores hoje acerca da história do tempo presente, a qual não se limita, nessa perspectiva, apenas ao período contemporâneo. Prolongando as reflexões de Marc Bloch sobre a necessidade de se partir do presente para compreender o passado, ele esboça uma reflexão que aborda o tempo presente enquanto tal, tanto em sua singularidade estrutural como na sua particularidade conjuntural — ainda que ele insista mais neste segundo aspecto, pertencendo o contemporâneo, afinal de contas, a uma nova periodização, quaisquer que sejam seus argumentos para se afastar dessa herança positivista.

Geoffrey Barraclough foi considerado um iconoclasta. Comentando os seus escritos, A. J. P. Taylor, uma das figuras tutelares da historiografia inglesa, nota "que é uma coisa dizer que o passado muda à luz do presente, outra é dizer que o próprio passado muda", uma boa ilustração da persistência do paradigma objetivista que é precisamente denunciado por Barraclough (Taylor, 1956, citado por Dewar, 1994:457). Este desenvolve um ponto de vista muito pessoal sobre a história contemporânea que surge retrospectivamente — e para seguir o seu próprio método — como um delineamento do que vai desenvolver-se nos anos 1970. Ele chegou a incríveis antecipações: mais de uma década antes das teses de Jean-François Lyotard, ele desejaria qualificar a sua época como "pós-moderna" para distingui-la do período "moderno", que teve seu fim, segundo ele, nos anos 1940, do mesmo modo em que esta última foi forjada para se distinguir da Idade Média (Barraclough, 1964:23). Ele vê aí um momento "climatérico", no sentido de período crítico, desenvolvendo uma espécie de presentismo radical: "ninguém tem um dever para com os mortos mas sim com os vivos", um modo de lembrar que o mundo posterior a 1945 é um mundo de sobreviventes.[95]

É também em 1964 que é inaugurado o Institut of Contemporary History na Wiener Library de Londres, um centro de documentação fundado por Alfred Wiener, em 1947. Este refugiado judeu alemão fugiu do

---

[95] Barraclough (1955), citado por Dewar (1994:457). No que tange à pequena história, Geoffrey Barraclough participa, em 1978, da redação do relatório da Unesco sobre o estado das ciências sociais. Ele ficou encarregado da história e é ladeado por Paul Ricoeur, que redige a parte sobre a filosofia e... Jean-François Lyotard encarregou-se da parte sobre psicanálise: Havet (1978).

nazismo em 1933 e fundou em Amsterdã o Jewish Central Information Office, transferido para Londres em 1939. A Wiener Library tem por objetivo não somente reunir documentação sobre as perseguições nazistas, mas se torna após a guerra um lugar importante de reflexão e de sensibilização aos riscos de um ressurgimento do antissemitismo. Dois anos mais tarde, em janeiro de 1966, o novo instituto lança uma nova revista, o *Journal of Contemporary History*, dirigido por dois outros refugiados judeus alemães, os historiadores George L. Mosse, que ensina nos Estados Unidos, e Walter Laqueur. Esse novo ambiente de pesquisa, se é verdade que contribuirá por certo tempo para o desenvolvimento da história contemporânea na Grã-Bretanha e na Europa, se situa também, em sua origem, às margens da universidade, tanto mais que se dedica prioritariamente à história do nazismo e do fascismo, e, portanto, a uma história continental à qual os ingleses continuam acreditando não pertencerem de fato (Palmowski e Readman, 2011:488). No comitê de redação da nova revista, contam-se acadêmicos ingleses, americanos, alemães e franceses, todos conhecidos ou em vias de se tornarem conhecidos: Karl Dietrich Bracher, Allan Bullock, Norman Cohn, Bernard Lewis, Hugh Seton-Watson, Eugen Weber, Alfred Grosser, Pierre Renouvin. No primeiro número, os editores observam que os opositores da história do passado próximo se tornaram raros, seja porque existe uma maior tolerância no meio em relação a essa prática, seja porque os limites inerentes a toda escrita da história aparecem com mais nitidez, diminuindo o alcance das críticas que haviam sido feitas contra o estudo do contemporâneo. O fim do ideal cientificista do século XIX e o impacto das duas guerras mundiais dão assim um lugar maior a uma visão mais ampla e mais pragmática da disciplina. Em algumas linhas somente, os autores varrem as objeções tradicionais da falta de arquivos, da falta de recuo, das paixões ainda vivas. É ao contrário a abundância de arquivos e de documentos que ameaça o historiador do século XX. A regra dos 50 anos passados antes de qualquer acesso aos arquivos públicos na Grã-Bretanha, na França e em outros lugares, não pode evitar que os segredos de Estado, pelo menos nas democracias, sejam espalhados ao fim de alguns anos. Quanto à ausência de recuo, não há pertinência, uma vez que se abandona o credo objetivista. Esses dois contra-argumentos serão constantemente retomados nos anos seguintes em todo lugar em que se desenvolve uma historiografia do tempo presente. Mais original, não somente a nova revista não nega o risco de uma escrita envolta nas paixões do tempo, mas assume plenamente, e mesmo o reivindica como um postulado ético:

> As revistas históricas do século XIX excluíam "a discussão sobre questões não resolvidas dos negócios políticos correntes" (*Historische Zeitschrift*), proclamavam que elas iam "evitar as controvérsias contemporâneas" (*Revue historique*), ou mesmo recusar "contribuições que discutissem questões ainda ardentes, que fizessem referência a uma controvérsia atual" (*Historical Review*). O *Journal of Contemporary History*, ao contrário dos seus predecessores mais distintos, mesmo não buscando de maneira ativa a controvérsia, certamente não a evitará. Não fugirá diante das questões sempre pendentes que tocam o passado recente. "Acadêmico" não é e não deve ser sob nenhum pretexto sinônimo de "neutralidade", "não controverso" ou "não pertinente ao olhar do mundo de hoje".[96]

Esta tomada de posição, tanto mais notável quanto os membros do novo comitê não são todos ferozes opositores do paradigma da objetividade, em particular o francês Pierre Renouvin, retoma em suas linhas gerais as ideias de Hugh Seton-Watson, expressas em seu artigo fundamental de 1929. A esse engajamento reivindicado no tempo presente, acrescem-se duas outras dimensões: a história contemporânea deve ser uma história transnacional, e mesmo que a revista se interesse prioritariamente pela história da Europa, ela pretende não isolá-la do resto

---

[96] EDITORIAL note. *Journal of Contemporary History*, v. 1, n. 1, p. iii-vi, jan. 1966.

do mundo; do mesmo modo, a revista não se dirige apenas aos especialistas, mas visará um público mais amplo, tentando lutar contra uma especialização grande demais da história — um postulado que leva em conta o interesse crescente do grande público (Woodward, 1966:1-13). Enfim, com uma notável intuição, os editores desse número dedicado essencialmente à gênese do fascismo alertam contra um risco possível que continua a agitar o mundo dos contemporanistas cerca de 40 anos depois, o de uma historiografia que se centraria exclusivamente na dimensão trágica, catastrófica, do século:

> Ainda que o historiador não possa ou não deva esquecer o caráter essencialmente trágico do seu tema — a proximidade da morte ou do esquecimento —, o estudo da história contemporânea não justifica afundar no pessimismo total no que diz respeito aos negócios humanos. Gibbon [...] descreve a história como o registro dos crimes, loucuras e infelicidades da humanidade. Nossa época acrescentou mais que a sua parte a esse catálogo sombrio, mas a época também foi marcada por ações heroicas de uma amplitude inabitual e pelo mais notável desenvolvimento do poder da inteligência em novos campos.[97]

Apesar de um desenvolvimento extremamente diversificado da historiografia do tempo presente, o lugar que ocupa nela ainda hoje o estudo do nazismo, do comunismo, das guerras mundiais ou coloniais, inclusive no *Journal of Contemporary History*, demonstra, se fosse preciso, que essas catástrofes não cessaram de exercer seus efeitos no longo prazo.

---

[97] Woodward (1966:13). No ano seguinte, sob a direção de Walter Laqueur e George Mosse, a revista dedica um número inteiro ao estado da história contemporânea no mundo: "History today in USA, Britain, France, Italy, Germany, Poland, India, Czechoslovakia, Spain, Holland, Sweden", v. 2, n. 1, jan. 1967.

A reinvenção do tempo presente

Na década seguinte, a história do tempo presente vê uma dupla evolução, que ainda caracteriza mais ou menos sua situação atual: ela constitui agora uma parte importante, por vezes mesmo dominante, dos estudos históricos, e ocupa um lugar inédito no espaço público e na cultura popular. O gosto e o interesse do grande público pela história certamente não têm nada de novo, sobretudo em países como a Franca, a Alemanha ou a Itália. Mas, a contar dos anos 1970, surgem novas formas de curiosidade pelo passado. A história em geral se torna objeto de consumo de massa, de investimento cultural e de diversão cujos indícios são bem conhecidos e deram lugar a uma literatura abundante: emergência da memória como nova categoria intelectual, social e cultural, multiplicação das comemorações, patrimonialização diversificada, sucesso da literatura ou do cinema com componente histórico, onipresença da história nos canais de televisão e, há uma década, explosão dos sites online ou dos fóruns de discussão dedicados à história. Contudo, essa paixão de novas características pela história ou pela memória — dois termos que vão confundir-se pouco a pouco no senso comum — vai concentrar-se progressivamente no passado recente, e dirá respeito de maneira privilegiada às grandes catástrofes do século XX e do século XXI, objetos quase exclusivos das grandes polêmicas e das "políticas do passado" há duas décadas. Esse interesse cresce consideravelmente após 1989 em uma escala mundial: nos países da Europa central e oriental que tiveram uma transição democrática, nos países da América Latina liberados das ditaduras, em uma África do Sul liberada do *apartheid*, ou ainda em muitos países continuamente marcados por heranças coloniais, assim como na Argélia ou na Coreia do Sul. Mas esse fenômeno começou muito antes e constitui uma evolução mais profunda do que apenas os efeitos da queda do Muro de Berlim.

O desenvolvimento da história do tempo presente se insere nesse contexto. Ela resulta de uma evolução própria à historiografia e ao universo científico, mas acompanha também uma "demanda social" de história. A criatividade dos historiadores e dos cientistas sociais em geral, sua capacidade de identificar fenômenos, de lhes dar um nome, de inseri-los em uma duração e em um espaço permitiram dar forma a uma espera, uma necessidade de compreender o passado próximo, as quais nutriram em contrapartida seus questionamentos. Essa demanda social de história que surge no espaço público das sociedades contemporâneas explica em grande medida o desenvolvimento da história do mesmo nome há uns 30 anos. Os indícios são inúmeros e dou aqui apenas alguns exemplos provindos do caso francês. As mudanças são aí mais visíveis, quando não realmente diferentes do que acontece em outros países. "A explosão da História Nova é espetacular, a partir da virada dos anos 1968-1969", escreve François Dosse.

> Ela se segue às publicações psicanalíticas e antropológicas. Em 1974, o número de volumes dedicados à História é seis vezes maior do que era em 1964; e as posições-chave deixam ver uma preponderância absoluta dos *Annales*. Este entusiasmo pela História nos anos 1970 se insere em certa continuidade com o interesse suscitado pela Antropologia nos anos 1960. Trata-se sempre de descobrir a figura do Outro, não em lugares distantes, mas no interior da civilização ocidental, nas profundezas do passado. [Dosse, 2011:223]

A corrente dita "Nova Historia" reúne então quase exclusivamente medievalistas ou especialistas em história moderna: Georges Duby, Jacques Le Goff, Emmanuel Le Roy Ladurie, Pierre Chaunu e outros. Esses historiadores de grande renome contribuíram com suas obras, frequentemente de grande tiragem, para criar uma nova sensibilidade em uma audiência esclarecida que descobre uma história das mentalidades ou uma outra visão da Idade Média, muito afastadas das formas habituais das obras históricas de grande difusão. Esses autores se beneficiam do contexto geral de apetite pela cultura sob todas as suas formas, que caracteriza o período posterior aos acontecimentos de 1968. Busca-se na leitura da história uma forma relativa de mudar de ares, ainda que comece a despontar a dimensão de identidade e, portanto, uma preocupação ancorada no presente. São testemunhas disso o *Montaillou* de Emmanuel Le Roy Ladurie, publicado em 1975 por Pierre Nora pela Gallimard e subtitulado chamativamente de "vila occitana", em plena tendência regionalista, ou ainda, uma década mais tarde, a evolução de um Fernand Braudel, que publica, em 1986, a sua última grande obra dedicada à *L'identité de la France*. No mesmo ano, um dos principais historiadores dessa corrente, Georges Duby, é nomeado presidente da Sociedade Europeia de Programas de Televisão (Sept), primeiro canal de televisão quase inteiramente dedicado a programas culturais e ancestral do canal franco-alemão Arte. É um sinal indubitável da importância que a História e os historiadores tomaram como vetores de uma nova cultura contemporânea de massa, uma História vivida aqui como referente positivo, uma ancoragem em um mundo em que as balizas temporais estão se movendo.

Deste movimento, a história contemporânea é quase ausente. Ela se desenvolve, entretanto, de maneira paralela nos nichos editoriais e na imprensa escrita, pois, aqui também, existe uma demanda e também um mercado econômico nascente. Sem surpresa, são os períodos e os temas ditos "sensíveis" que atraem um número crescente de leitores, sinal de que a dimensão cultural ou a dimensão identitária estão longe de ser as únicas explicações desse interesse renovado pelo passado. Pode-se mesmo dizer que há um abismo entre as expectativas do público em relação à história das "batalhas" do século XX e o desprezo mostrado pela maior parte dos historiadores da corrente dominante dessa forma de História, que não deixa de lembrar a situação do fim do século XIX. Talvez exista — já... — uma espécie de fascínio pela violência do século, e até uma forma de voyeurismo que se exprime abertamente durante a tendência dita "retro", com o sucesso ambíguo de um filme como *Portier de nuit*, de Liliana Cavani (1974). Contudo, o fenômeno durou, ampliando-se nas décadas seguintes, e tocou tanto as gerações marcadas pelas maiores catástrofes do século quanto as seguintes, mais poupadas, mas que sofreram seus efeitos. Pode-se, portanto, considerar que ele não constitui uma simples conjuntura. Os acontecimentos de 1968 também tiveram sua parte, criando uma demanda cada vez mais caracterizada por uma história menos deferente e mais crítica das zonas de sombra e de outros tabus, reais ou proclamados, da história próxima. Forma-se assim nos anos 1970 uma interrogação que não vai cessar de crescer sobre a dimensão mortífera do século, muito diferente a meu ver do atrativo da história medieval ou moderna, ou ainda da herança da Revolução Francesa, que ocupará os franceses na ocasião do Bicentenário de 1989. Ela não pertence ao registro da positividade, a de tradições reatualizadas e reivindicadas, a de uma história exemplar da negatividade, a de um passado que tomou a forma de um fardo que se deverá medir para o enfrentar ou tentar livrar-se dele. Contrariamente a certa *doxa* formulada na sequência das reflexões de Pierre Nora no fim dos *Lieux de mémoire* sobre a "era da comemoração", ou de François Hartog sobre a questão do presentismo, penso que não se pode compreender o regime de historicidade dessas três últimas décadas se não se leva em consideração a forte tensão, variável segundo os lugares e os momentos, entre esses dois polos. A presença obsessiva do passado na qual vivemos não constitui somente uma perda da tradição, uma ruptura desconsiderada do passado, uma inconsciência quase prometeica que encerraria as sociedades pós-modernas, e talvez até "pós-pós-modernas", em um presente perpétuo, e nos faria assim consumir a história como se consome alta tecnologia. Ela constitui também, talvez até mais, a necessidade imperiosa de se libertar do peso dos mortos, das dezenas de milhões de mortos, das destruições sem precedentes ocasionadas pela loucura humana e não por uma fatalidade qualquer. Daí esta outra tensão entre exigência da lembrança e necessidade do esquecimento que caracteriza os debates recentes em torno das últimas catástrofes do século.

É nesse contexto que a história contemporânea terá uma forma de apogeu. Em um primeiro momento, por não dispor de uma oferta científica desenvolvida, o público se volta para jornalistas, escritores, historiadores "amadores", a maior parte do tempo sem contato real com o meio acadêmico, o qual abandou em parte esses temas. Henri Amouroux, que começou em um jornal pró-Pétain, *La Petite Gironde*, antes de se juntar a uma rede de resistência e de participar da criação do jornal *Sud-Ouest*, publica em 1961 uma primeira história geral dos franceses sob a Ocupação, pela Fayard, em uma coleção intitulada "Les grandes études contemporaines" (Amouroux, 1961). Pela mesma editora, o grande repórter Yves Courrière publica em 1968 o volume inicial da primeira narrativa de conjunto sobre a Guerra da Argélia, que havia terminado oficialmente apenas quatro anos antes.[98] Fundado em numerosos testemunhos, sobretudo dos "vencidos" — oficiais, policiais, militantes da OAS —, ele inaugura um gênero histórico que privilegia, sobre o tema, a narrativa de vida, o anedótico, a dimensão militar, o que Benjamin Stora qualifica de "efeito Courrière" (Stora, 1991:241-242). Alguns anos antes, em 1963, outro jornalista, Jean Lacouture, criou pelas Éditions du Seuil uma nova coleção intitulada "L'Histoire immédiate", que será depois retomada por Jean-Claude Guillebaud. A fórmula, que teria certa fortuna, teria sido inventada pelo editor Paul Flamand, que desejava produzir obras documentadas sobre acontecimentos recentes, distinguindo trabalho histórico e investigação jornalística.[99] A

---

[98] Courrière (1968-1971); o primeiro volume foi prefaciado por Joseph Kessel.

[99] Ver o testemunho de Lacouture (1989), citado por Pervillé (2006-2007:6-7).

coleção busca promover a história contemporânea e seus primeiríssimos títulos remetem... às últimas catástrofes em data: Jean Plumyène e Raymond Lasierra com *Les fascismes français, 1923-1963* (1963), sem dúvida a primeira obra sobre o tema, ou ainda Saul Friedländer e seu *Pie XII et le IIIe Reich* (1964). A coleção se enriquece nos anos seguintes com obras de etnologia (Germaine Tillion), de ciência política (Maurice Duverger), documentos de atualidade, como a série de entrevistas com os principais líderes do movimento de 1968: Jacques Sauvageot, Alain Geismar, Daniel Cohn-Bendit, em *La révolte étudiante: les animateurs parlent* (1968), ou ainda de sociologia, com a célebre obra de Edgar Morin: *La rumeur d'Orléans* (1969).

Em um primeiro momento, a expressão "história imediata" constitui um procedimento editorial e não um conceito epistemológico. É apenas 15 anos mais tarde, em razão do sucesso da coleção, e em um contexto em que a história contemporânea começa a surgir, que Jean Lacouture tenta formalizá-la em um artigo que consta de uma obra dedicada à "Nova História" e lhe dá um começo de legitimidade científica. Nesse contexto, Jean Lacouture se pergunta sobre a pertinência da fórmula: "Imediata, de fato? Ou seja, instantânea na sua apreensão, simultânea na sua produção, virgem de todo mediador? Imaginá-la é praticamente negá-la — ou reservá-la a alguns casos limites" (Lacouture, 1978:270). Contudo, segue-se uma brilhante demonstração dos desafios de uma história contemporânea que dá mostras de uma bela capacidade de antecipação. Que ela seja escrita no calor do acontecimento por atores ou testemunhas, por jornalistas, por historiadores que buscam compreender as raízes de um acontecimento ou de um processo em andamento, essa história pertence menos à "imediatidade" do que à observação de uma mudança que opera sob os olhos do observador, uma ideia simples mas central, pois mostra que a contemporaneidade não define um momento fixo do tempo, mas um movimento em curso:

Na busca da tentativa de definição, o "imediatista" seria tentado a sugerir que a disciplina que ele se esforça por praticar não versa exatamente sobre essas mudanças, e menos ainda sobre o "mudado"; mas sobre o "mudar". Como Malraux abria caminho ao existencialismo trágico e literário fazendo o herói da *Voie royale* dizer que o que conta não é a morte, mas o "morrer", assim o "imediatista" dirige a sua atenção prioritária a esta passagem existencial. [Lacouture, 1978:293]

Nos anos seguintes, o conceito se desenvolve no universo científico paralelamente e concorrendo com a noção de história do tempo presente — no capítulo seguinte explico por que esse termo apresenta, a meu ver, inconvenientes epistemológicos. Ele tem o mérito de enfatizar a aporia fundamental de toda história contemporânea, uma vez que o próprio analista é obrigado a criar sua distância, e daí a relação estreita com as outras ciências sociais, uma posição que é defendida pelo sociólogo e economista belga Benoît Verhaegen:

Dois traços caracterizam esta disciplina na confluência da História, da Antropologia e da Sociologia: ela pretende, por um lado, inverter a relação unívoca tradicional entre o estudioso e o objeto do conhecimento, relação fundada na passividade do objeto e na distância máxima entre ele o estudioso, e substituí-lo por uma relação de trocas que implicam a participação real do objeto — como ator histórico — com seu próprio conhecimento e no limite com o desaparecimento do estudioso como indivíduo: por outro lado, e correlativamente, o método de História imediata se quer resolutamente orientado para uma prática social e política e engajada em uma transformação revolucionária do mundo. [Verhaegen, 1974, citado por Pervillé, 2006-2007:7-8]

Se os jornalistas foram os primeiros a investir no campo da história contemporânea com vocação popular, os acadêmicos os seguiram, permitindo a essa história sair definitivamente das margens em que fora confinada. Vimos anteriormente o papel precursor de René Rémond, empenhado em defender a possibilidade científica de uma história próxima. No início dos anos 1970, Pierre Nora, de uma geração mais jovem (nasceu em 1931), o segue de perto ao esboçar com poucas pinceladas alguns dos contornos possíveis de uma nova historiografia do contemporâneo. Em 1972, ele publica um artigo que não seria rapidamente esquecido, intitulado "L'événement monstre"; nele ele desenvolve a ideia de que "as mídias de massa têm agora o monopólio da História", ou seja, substancialmente, o da criação e da difusão dos acontecimentos (Nora, 1972:162-172). "A televisão é na vida moderna o que era o sino na vila, o ângelus da civilização industrial", mas como todas as mídias frias, em que se participa de maneira passiva, em casa, à distância, ela é portadora de imprevisto e transforma a história em "agressão" pela irrupção constante do novo e do sensacional, donde o seu caráter "monstruoso". Esse postulado, que não ganhou nenhuma ruga, tem várias consequências. Ele muda primeiramente a posição dos historiadores e a natureza mesma do seu trabalho, pois o acontecimento não é somente inteligível muito tempo depois, por obra do tempo transcorrido e do julgamento da posteridade. Ele toma uma dimensão "histórica" no imediato e são os próprios contemporâneos que podem assim qualificá-lo de acontecimento, participando efetivamente do seu surgimento e da sua qualificação:

> Mas é para o historiador que, monstruoso, o acontecimento moderno o é sempre mais, pois de todos os recebedores ele é o mais desprovido. O acontecimento permanecia, em um sistema tradicional, o privilégio da sua função. Ele lhe dava seu lugar e seu valor e nada penetrava em História sem seu selo. O acontecimento se dá a ele agora do exterior, com todo o peso de um dado, antes da sua elaboração, antes do trabalho do tempo. E mesmo com tanto mais força quanto as mídias impõem imediatamente o vivido como história e quanto o presente nos impõe mais do vivido. Uma

imensa promoção do imediato ao histórico e do vivido ao lendário se opera no exato momento em que o historiador se encontra desnorteado em seus hábitos, ameaçado em seus poderes, confrontado com o que ele se aplica a reduzir em outros lugares. Mas trata-se do mesmo acontecimento? [Nora, 1972:164]

Em seguida, não somente o acontecimento se torna ou volta a tornar-se um elemento essencial da historicidade, na contracorrente da tradição historiográfica dominante, mas ele muda de natureza. Ele diz respeito agora às massas e, portanto, a todos. Os acontecimentos já não podem ser percebidos como a escuma de movimentos mais lentos. Por seu número e sua repetição, eles são portadores de sentidos múltiplos. Por isso, abre-se um espaço novo de análise:

Reside exatamente aqui a fortuna do historiador do presente: o deslocamento da mensagem narrativa para suas virtualidades imaginárias, espetaculares, parasitárias, tem como efeito sublinhar, no acontecimento, a parte do que não é acontecimento. Ou antes de não fazer do acontecimento senão o lugar temporal e neutro do surgimento brutal, isolável, de um conjunto de fenômenos sociais surgidos das profundezas e que, sem ele, teriam permanecido sob as dobras do mental coletivo. O acontecimento testemunha menos pelo que ele traduz do que pelo que ele revela, menos pelo que ele é do que pelo que ele provoca. O seu significado é absorvido na sua repercussão; ele é apenas um eco, um espelho da sociedade, um buraco. [Nora, 1972:168]

A originalidade da posição de Pierre Nora relativamente a uma reflexão renovada sobre a história contemporânea reside no fato de não se situar no registro da apologia, como muitos dos seus predecessores. Ele não se faz aqui advogado de uma prática que deveria ter seu lugar em um dispositivo, diga-se de passagem, imutável. É porque a história no processo de se fazer muda precisamente de natureza, porque os historiadores, intérpretes do tempo, não devem deixar a outros o cuidado de fazer sua narração exclusiva, que o próprio historiador deve evoluir e se apropriar do acontecimento, visto aqui mais como um sintoma — o termo é meu — do que como uma finalidade historiográfica em si.

Esta ideia preliminar, Pierre Nora desenvolverá em vários outros escritos. Em 1974, ele coedita com Jacques Le Goff três volumes sobre as novas maneiras de *Faire de l'histoire*, nos quais a história contemporânea ocupa um lugar ainda modesto, mas real, sobretudo pela retomada do seu próprio artigo remanejado e completado sobre o acontecimento, e artigos sobre temas novos, como as relações entre cinema e história, analisados por Marc Ferro.[100] Em 1975, Pierre Nora deixa o Institut d'Études Politiques, onde a história contemporânea começou a se desenvolver, para juntar-se à École des Hautes Études en Sciences Sociales em uma cátedra identificada como "História do Tempo Presente" por seu presidente, Jacques Le Goff, tendo seu projeto o título — pequeno detalhe — de "História do presente". É incontestavelmente uma evolução na tradição do que é então um dos lugares de prestígio da pesquisa histórica. No projeto que ele apresenta, como em um artigo escrito três anos depois sobre o mesmo tema, ele precisa o que pretende fazer ao praticar uma "História do presente", que superou o descrédito do fim do século XIX e reconheceu o desenvolvimento das ciências sociais:

> Ora, agora que esta revolução pôs amplamente em questão a prática da História como ciência do passado, é lógico que a interrogação dos historiadores ampliasse naturalmente seu horizonte no tempo presente: um presente cuja espessura própria e transparente opacidade põem, contudo, ao estudo problemas metodológicos muito particulares. São os caracteres originais desta nova consciência histórica que, por falta de meios, se teria a ambição de

---

[100] Le Goff e Nora (1974). O artigo de Pierre Nora se intitula "Le retour de l'événement" (tomo I, p. 210-228), o de Marc Ferro "Le film, une contra-analyse de la société?" (tomo III, p. 236-255).

esclarecer... Eu desejaria estudar o peso do passado sobre o presente pelo inventário relativo das diferentes heranças históricas, segundo os tipos de sociedades contemporâneas.[101]

Após as mídias, após o acontecimento, o historiador do presente deve interessar-se pelo que não é ainda identificado como "a memória", mas como "o peso do passado sobre o presente". Nesses inícios dos *Lieux de mémoire*, cujo primeiro volume será publicado 10 anos mais tarde e que não dizem respeito somente à história contemporânea, pode-se revelar a influência de René Rémond. Em realidade, quase em todo lugar, tanto na França quanto na Europa, delineia-se o esboço de uma configuração historiográfica particular. A renovação da história contemporânea traduz uma evolução cultural e sem dúvida uma mudança de historicidade que se apoiará em elementos até então abandonados e até mesmo desprezados pelos historiadores: o acontecimento, concebido diferentemente e que ocupa um lugar de escolha no imaginário contemporâneo; as mídias, consideradas ao mesmo tempo como fonte de informação, como objeto de história e, logo, como vetores de difusão de uma nova prática da disciplina inserida em um espaço público; enfim, a memória, um tema cujo peso pessoal aparecerá pouco a pouco, mas que apresenta, em um primeiro momento, o interesse estratégico de ligar o estudo do passado e do presente, e portanto de permitir a uma "história do presente" inserir-se em um dispositivo científico em que medievalistas e especialistas em história moderna permanecem hegemônicos.

Contudo, Pierre Nora, como a maior parte dos outros autores franceses então mobilizados em campo, não leva em conta os textos fundadores dos historiadores alemães ou ingleses que marcaram a disciplina fora da

---

[101] Programa de orientação citado por François Dosse (2011:282-283). Ver também Nora (1978).

França. Se ele evoca de maneira pioneira a necessidade de uma história do presente, não menciona o instituto alemão que leva esse nome, criado 25 anos antes em Munique. Defendendo o princípio de uma história contemporânea, ele não cita a revista de mesmo nome, criada em Londres alguns anos antes. Do mesmo modo, a dimensão catastrófica do século não aparece senão de modo marginal em sua reflexão, e ela parece mesmo quase constantemente evitada, com exceção de algumas alusões. Ora, é justamente a que domina nos lugares em que se insere então uma história contemporânea. Certamente, guerras, conflitos e revoluções fazem parte do contexto geral, mas o "acontecimento monstro" não é o Holocausto do qual Pierre Nora escapou pessoalmente, nem mesmo a Guerra da Argélia, à qual ele dedicou em 1961 uma obra crítica e engajada (*Les Français d'Algérie*), fruto da sua experiência de jovem professor em Oran. É mais uma abstração, uma figura epistemológica, do que um objeto de estudos. Isso merece ser enfatizado, pois o itinerário de Pierre Nora o conduzirá a uma direção diferente da implementação de uma nova história do tempo presente, a qual terá seu desenvolvimento alhures.

No fim dos anos 1970, as mentalidades evoluíram consideravelmente. A maior parte das instituições criadas após 1945 para fazer a história do último conflito mundial tem, a contar dessa época, uma mesma evolução, mais ou menos precoce segundo o caso: elas são convidadas a se reformar, a renovar suas problemáticas, a tratar de um campo mais amplo do que apenas a história da guerra, primeiramente ao avançar na cronologia para abordar a história do pós-guerra, e depois ao remontar ao início do século para englobar a Primeira Guerra Mundial. Por razões contingentes, mas também por causa de um contexto historiográfico favorável, os franceses se tornam precursores. Em 1976-77, o secretário-geral do governo decide que o Comitê de História da Segunda Guerra Mundial, do qual ele tem a tutela desde 1951, dependerá agora apenas do CNRS, que financia seu pessoal e suas atividades. Essa medida fora do normal foi tomada para facilitar o acesso a arquivos particularmente delicados que dependia de diversas administrações (assuntos estrangeiros, internos, finanças etc.). A estratégia tinha dado frutos, a despeito da impossibilidade de ter acesso aos documentos do regime de Vichy e dos documentos posteriores a 10 de julho de 1940. O governo põe-lhe fim por duas razões. Por um lado, ele antecipa os efeitos de uma lei em tramitação sobre os arquivos que prevê um prazo de reserva de 30 e não mais de 50 anos, oferecendo mecanicamente a possibilidade de abrir os arquivos da Ocupação. Será a lei de 3 de janeiro de 1979, que permitirá uma real inserção historiográfica, ainda que seja preciso tempo para que a maioria dos documentos desse período seja quase inteiramente explorável pelos pesquisadores. Por outro lado, os poderes públicos estimam que a França deve agora olhar para o futuro e liquidar as últimas sequelas do conflito mundial, como mostra a decisão tomada em 1975 pelo presidente Valéry Giscard d'Estaing de suprimir o dia 8 de maio como feriado.[102] Partindo da constatação de que é preciso virar a página do passado, o governo empreende normalizar uma instituição criada na urgência do pós-guerra e mantida em uma situação de excepcionalidade durante várias décadas. Fato muito raro, o CHGM teve apenas um diretor, Henri Michel, inamovível secretário-geral de 1951 a 1978. De fato, ele escapou assim das modalidades habituais de nomeação e avaliação em vigor no meio científico, um traço que ele compartilha com outros historiadores europeus vistos então como historiadores e peritos oficiais que detinham uma posição de monopólio, como seu homólogo Louis de Jong, que foi por muito tempo diretor do Riod, o instituto neerlandês de história da guerra, e autor de uma monumental história dos Países Baixos em 29 volumes (Hirschfeld, 2005; Lagrou, 2003). É verdade que o balanço do comitê francês fala por si mesmo com a realização de numerosos estudos sobre a Resistência, as primeiras pesquisas sobre

---

[102] Sobre a modernidade histórica de Valéry Giscard d'Estaing, ver Garcia (a ser publicado em 2013).

a opinião dos franceses sob a Ocupação, a situação política e econômica, ou ainda o expurgo e a liberação do país, aquisições sobre as quais a geração posterior, de que eu faço parte, pôde apoiar-se, contrariamente ao clichê tenaz segundo o qual a história do período não começou senão "tardiamente" — foi a história de Vichy que foi profundamente renovada a partir dos anos 1970, pela história da guerra que começa desde 1945, como vimos no capítulo anterior.

É, portanto, no nível da secretaria-geral do governo que se negocia com o CNRS, durante o primeiro semestre de 1977, uma transição que se tornou necessária com a aposentadoria de Henri Michel. Surge então a ideia de que é preciso aproveitar essa situação contingente para favorecer a criação de um "centro de pesquisa sobre a história do mundo contemporâneo", o primeiro do gênero no panorama científico francês. "O dado fundamental", explica a nota de intenção prévia que alimentou as discussões, "é a existência de um vasto campo de conhecimento até aqui insuficientemente coberto e que deveria ser desenvolvido com determinação, método e vigor".[103] A riqueza do período que se estende "da Segunda Guerra Mundial até nossos dias", o fato de que ela se presta melhor do que qualquer outra à abordagem multidisciplinar, assim como o fim do descrédito em relação a essa forma de história, devem incitar o CNRS a manter e a estruturar um novo meio de pesquisa, uma

---

[103] NOTE sur la création d'un Institut du Monde Contemporain. s.l.: s.d. Esse texto de sete páginas foi regidido provavelmente por François Bédarida, o futuro diretor, com a ajuda do economista Edmond Lisle, então diretor científico do departamento das ciências humanas e sociais do CNRS, durante o ano de 1977. Ele serviu de base a duas reuniões feitas no mesmo ano no Hôtel Marignon. Descobri a existência de uma cópia no momento da segunda transferência dos arquivos do IHTP aos Arquivos Nacionais, em 2010, realizada por Anne-Marie Pathé, responsável pela documentação, e por mim mesmo. A primeira foi feita em 1998 por François Bédarida e Marianne Ranson, então secretária-geral, que participou estreitamente da fundação do IHTP e desempenhou nele um papel central até o fim dos anos 1990 (AN — Fontainebleau, Ministère de la Recherche, CNRS, IHTP, cote 20110096). O original se encontra sem dúvida nos arquivos da secretaria-geral do governo. Ver também Lisle (2002).

das razões de ser da época. O papel deste último é tanto mais necessário quanto os obstáculos práticos subsistem, sobretudo a dificuldade de ter acesso aos arquivos públicos, ou, inversamente, a da presença de uma "massa enorme de fontes agora disponíveis", necessitando meios e métodos específicos, em especial a condução de grandes pesquisas coletivas. Mais surpreendente, a nota invoca também uma espécie de patriotismo científico:

> Acrescentemos ainda que, em razão das carências por muito tempo evidentes nesta área, o campo, abandonado pelos franceses, se viu, por assim dizer, "colonizado" pelos pesquisadores estrangeiros, em primeiro lugar pelos pesquisadores americanos. Não é paradoxal que uma proporção considerável dos estudos mais pertinentes sobre a França do século XX seja obra de historiadores anglo-saxões? Se devemos nos alegrar ao ver aumentar o número de historiadores estrangeiros que dedicam sua atividade à história francesa, podemos, contudo, desejar que no futuro a pesquisa francesa chegue a cobrir melhor um campo tão essencial para o conhecimento e a inteligência de nosso próprio porvir.[104]

Os pesquisadores "americanos", sem serem citados, são sem dúvida Eugen Weber, autor de uma primeira história da Action Française, publicada em 1962 nos EUA, mas traduzida em francês somente em 1985, Stanley Hoffmann, o grande politólogo franco-americano, professor de Harvard, autor de inúmeros ensaios influentes sobre a França, assim como seu aluno, Robert O. Paxton, da Universidade Columbia, cuja obra *La France de Vichy* foi traduzida em 1973. A postura da nota é tanto mais notável quanto se situa em 1977, uma década antes que se dissemine a cantilena segundo a qual o estudo dos períodos delicados da história francesa recente não teria sido escrito senão por estrangeiros.

---

[104] NOTE sur la création d'un Institut du Monde Contemporain. p. 2.

A solução finalmente adotada prevê a absorção progressiva do CHGM pelo novo instituto, devendo o comitê cessar de existir ao cabo de alguns anos. Além dos problemas de pessoas que vão complicar singularmente as coisas, põe-se a questão central do destino reservado aos estudos sobre a guerra e, de modo mais geral, a definição mesma das atividades do novo instituto. Três eixos são então definidos. É preciso decifrar a história da França desde 1945, uma história mal conhecida que deve fornecer acessoriamente "um esclarecimento útil para a compreensão do porvir nacional". É preciso empreender um trabalho que "abra janelas enormes para o exterior" e voltadas para o comparatismo para remediar a tendência "hexagonal" demais da historiografia francesa. Por não poder cobrir toda a história do século XX, o novo instituto deve assim privilegiar algumas áreas "geoculturais": a Europa dos Nove, os EUA, o Reino Unido e a Commonwealth, a Ásia do Sudeste, ou ainda alguns temas essenciais: "na medida em que o período considerado é dominado (pelo menos na sua primeira fase) pelo fenômeno da descolonização, pareceria desejável dar uma atenção particular aos antigos territórios coloniais, que se tornaram hoje países independentes". O acento deverá então ser colocado na África francófona. Estamos então duas décadas antes das controvérsias sobre o "impensado colonial" da historiografia e da sociedade francesas, prova de que esse "impensado" mereceria às vezes ser recolocado em perspectiva antes de ser levantado como um *slogan*. Enfim, será necessário conduzir e talvez ampliar as pesquisas sobre a Segunda Guerra Mundial, campo em que a historiografia francesa ocupa um lugar eminente graças, sobretudo, ao Comitê Internacional de História da Segunda Guerra Mundial. Além disso, a nota de intenção situa com precisão o novo organismo que terá o *status* de "unidade própria", portanto dependente exclusivamente do CNRS e não de um estabelecimento de ensino superior em função da clássica divisão própria da França: longe de partir de uma *tabula rasa*, o novo instituto terá como primeira tarefa apoiar-se sobre um conhecimento

A CONTEMPORANEIDADE NO CERNE DA HISTORICIDADE 211

adquirido e por conseguinte manter relações estreitas e amicais com o conjunto das universidades e dos grandes estabelecimentos (Fondation Nationale des Sciences Politiques, École des Hautes Études en Sciences Sociales etc.) em que existem centros de pesquisa que realizam trabalhos sobre a história recente, uma fórmula diplomática destinada a evitar a ideia de um lugar com pretensão hegemônica e mostrar que sua missão será a de uma coordenação e de um ponto de encontro, o que fez que muitos acadêmicos, ciosos de suas prerrogativas — sobretudo a orientação de teses —, observassem com certa desconfiança as negociatas em andamento.[105]

Último problema — e não dos menores: a denominação do novo centro de pesquisa. A questão é evidentemente essencial, pois tem implicações epistemológicas e historiográficas, ainda que a decisão pertença afinal de contas a uma forma de pragmatismo institucional. Vários nomes são evocados: "Instituto de história do mundo contemporâneo", "Instituto de história do presente", "Instituto de história do tempo presente". O redator da nota, que chega a evocar em um momento a noção de "ultracontemporâneo", precisa aliás que sua preferência é pela primeira opção, o "mundo contemporâneo", sem explicar as razões. Ademais, o CNRS visa criar no mesmo momento outra unidade própria — o "Instituto de história moderna e contemporânea" — encarregada de empreender pesquisas sobre os séculos XVII, XVIII e XIX, tendo aqui a palavra "contemporâneo" seu sentido tradicional no universo acadêmico francês, portanto, desde 1789.

Finalmente, é o nome "Instituto de história do tempo presente" que será escolhido. Anos de discussão com François Bédarida não me permitiram elucidar com precisão as razões de tal decisão. Primeiramente, ela foi realizada à revelia. Apesar da vontade reformadora que preside a criação desse instituto, não se toca nas grandes divisões canônicas do

---

[105] Ibid., p. 5.

tempo histórico, e o termo história contemporânea continuará a definir um período agora duas vezes secular. A existência de duas instituições que trabalham com períodos diferentes tendo duas denominações etimologicamente vizinhas — contemporâneo e tempo presente — não fará senão acentuar a indeterminação dessa forma de historiografia, mas terá uma grande vantagem: a de suscitar de maneira duradoura uma reflexão epistemológica sobre a relação entre definições formais, fundamentos teóricos e práticas efetivas em torno da questão da contemporaneidade, que tem sido a marca do IHTP e de pesquisadores que trabalham no seu corpo, e do que este livro é um testemunho direto. Posteriormente, como vimos, o conceito "tempo presente" surgiu no vocabulário dos historiadores há alguns anos. François Dosse explica que essa escolha teria sido de Jacques Le Goff, que preside a seção de História do CNRS, a qual participará da criação da nova unidade, como um eco da direção de estudos da EHESS, para a qual Pierre Nora fora eleito algum tempo antes (Dosse, 2011:282-283). É verdade que o grande medievalista desempenhou um papel essencial na criação do IHTP, prova de que o desenvolvimento da história contemporânea é de interesse para toda a disciplina. Mas, por um lado, ele está longe de ter sido o único. René Rémond também teve um peso considerável, tendo sido um dos primeiros a praticar uma história contemporânea de um novo gênero. Desse modo, ele presidirá de 1979 a 1990 o comitê científico do IHTP, uma das duas instâncias de avaliação, com o conselho de laboratório, próprias de todas as unidades do CNRS às quais virá juntar-se uma instância específica: o conselho de coordenação, proposto por François Bédarida para acomodar membros eminentes do mundo político, elites administrativas e antigos resistentes.[106] Por outro lado, o termo "história

---

[106] Recebendo René Rémond na Academia Francesa, no dia 4 de novembro de 1999, Hélène Carrère d'Encausse evocará este aspecto da carreira do receptor ao declarar: "Você esteve na origem da criação do Instituto de história do tempo presente, o qual você presidiu desde a sua criação, em 1979, a 1990". Rémond (2000:47). A informação

A CONTEMPORANEIDADE NO CERNE DA HISTORICIDADE 213

do presente" possui uma visibilidade há muito tempo na historiografia alemã, e se encarna desde 1949 em uma instituição respeitada, o Institut für Zeitgeschichte de Munique. Ainda que os protagonistas franceses que participaram da criação do IHTP não tenham todos lido os trabalhos de Hans Rothfels e dos seus sucessores, eles conhecem a existência e a missão dessa instituição, próxima do comitê francês em processo de restruturação e que servirá em parte de modelo para o novo IHTP, uma vez que desde 1967 o IfZ representa a Alemanha Federal junto do Comitê Internacional de História da Segunda Guerra Mundial, presidido por Henri Michel.

Enfim, a escolha do termo e sobretudo o fato de que tenha podido impor-se em seguida devem muito à personalidade do novo diretor, conquanto não fosse, certamente, sua primeira escolha. Nascido em 1926, François Bédarida é um especialista da história contemporânea da Grã-Bretanha, onde fez parte de sua carreira. Está familiarizado com a historiografia anglófona, o que lhe dá um perfil atípico no meio acadêmico francês. Professor do Instituto de Estudos Políticos de Paris, foi encarregado de estabelecer uma edição crítica dos processos do Conselho Supremo Interaliado, o órgão de coordenação militar franco-britânico em 1939-40, selecionados por Pierre Renouvin junto dos arquivos de Eduardo Daladier entregues à FNSP em 1972 (Bédarida, 1979). Muito próximo de René Rémond, mais velho que ele e seu amigo, compartilha com ele uma fé católica que o levou, em 1944, a participar com sua mulher Renée da aventura do *Témoignage chrétien*, o jornal clandestino da resistência espiritual. Ele tem, portanto, o perfil adequado. Ora, neste meio próximo do personalismo, a noção de tempo presente se reveste de uma acepção mais profunda do que a simples

---

figura também na nota oficial online no site da Academia: <www.academie-francaise.fr/les-immortels/rene-remond>. O elogio é em grande parte merecido, pois o cargo de "presidente do IHTP" nunca existiu: durante esse período, esse organismo não teve senão um diretor na pessoa de François Bédarida.

designação de uma sequência histórica: ela assinala um engajamento temporal, *hic et nunc*, que não somente assegura o respeito à fé em todas as suas dimensões, mas também lhe dá todo o seu sentido ao trabalhar por um mundo melhor aqui na terra e não simplesmente em uma espera passiva do outro lado. François Bédarida, aliás, mencionou por vezes uma filiação com o nome de duas revistas dos anos 1930, resultantes dessa tendência: *Sept. L'Hebdomadaire du Temps Présent*, criado em 1934 pelos Dominicanos das Éditions du Cerf, que se engajou na causa dos Republicanos espanhóis e do Fronte Popular espanhol, suscitando a ira de Roma e sua dissolução, e seu sucessor, *Temps Présent*, criado por Jacques Maritain e François Mauriac em 1937 (Winock, 1975:141; Sevegrand, 2006). Essa herança indireta influirá de maneira determinante na maneira pela qual François Bédarida conceberá as missões do novo instituto, em particular por uma reflexão contínua sobre o papel social do historiador, sobre sua responsabilidade no debate púbico, sobre os laços entre "ciência e sociedade", como se dizia então.[107] Ele o fará por vias diferentes das trilhadas pelos "intelectuais orgânicos" próximos do Partido Comunista ou seus herdeiros, que não cessaram de denunciar o papel da demanda social no surgimento da história do tempo presente ao mesmo tempo que defendiam a ideia de que o historiador devia pôr-se a serviço da causa do povo.[108] Essa discussão em torno do nome do novo instituto pode parecer secundária. Com efeito, ela o é na época,

---

[107] Bédarida (2003). Podemos nos referir também ao seminário que ele conduziu de 1980 a 1986 sobre "Historiographie passée et temps présent", na École normale supérieure e na Ehess (gravações e transcrições disponíveis na biblioteca do IHPT, SEM 001-0038). Ver também Delacroix (2006:271-282).

[108] Foi no sentido do debate que me opôs a Gérard Noiriel em 1999-2000, na sequência da publicação de seu livro *Les Origines républicaines de Vichy* (1999): L'HISTOIRE du temps présent, hier et aujourd'hui (2000:23-40). É a mesma oposição que sustenta as divergências entre a associação Liberté pour l'Histoire, presidida por René Rémond e depois por Pierre Nora, a que me juntei algum tempo depois de sua criação, em 2005, e o Comité de Vigilance face aux Usages Publics de l'Histoire (CVUH) sobre o tema das leis ditas "memoriais".

uma vez que outras opções poderiam ter-se imposto. A criação do IHTP e, portanto, de um campo "história do tempo presente" na historiografia francesa não resultaram de um trabalho teórico prévio que teria acabado na institucionalização de um conceito mais ou menos bem definido e já posto à prova. Foi antes o inverso que aconteceu. Em função de uma necessidade ainda difusa, criou-se uma instituição *ad hoc*; e uma vez que essa instituição desenvolveu uma prática singular da história sob o estandarte da história do tempo presente, essa noção acabou por ganhar sentido e se enraizar no linguajar historiográfico. Há, portanto, nesse conceito uma dimensão pragmática que eu assumo plenamente, embora eu tenha tentado mostrar desde o início deste livro que se podia identificar na longa duração uma reflexão mais ou menos comparável sobre o lugar do presente no tempo histórico, quaisquer que sejam os termos utilizados segundo os lugares e as épocas. É uma maneira de dizer: falar de história do tempo presente não constitui unicamente uma conjuntura — explicar o século XX —, mas coloca questões muito mais universais sobre o lugar do historiador, sobre a escrita da história, sobre o que está em jogo nas relações entre observadores e atores. Nada disso tudo era explicado claramente em 1978, mas quase todas essas questões serão levantadas nos anos seguintes.

Na decisão que criou o IHTP, o CNRS precisa que esse organismo

> visa a cobrir um campo de pesquisa histórica insuficientemente explorado até aqui pelos historiadores franceses: a história recente da França e dos países estrangeiros desde 1945 [e] ao mesmo tempo que ele integra o Comitê de História da Segunda Guerra Mundial, o Instituto de História do Tempo Presente se empenhará também no estudo do período de 1939-1945.[109]

---

[109] Artigo 2 da decisão de 26 de setembro de 1978, assinada por Robert Chabbal, diretor-geral do CNRS, citada em vários documentos, sobretudo em "Réflexions et perspectives sur l'IHTP", 8 jul. 1985, arquivos pessoais de Henry Rousso.

216 A ÚLTIMA CATÁSTROFE

A sucessão não ocorreu bem: Henri Michel saiu com estrondo e levou consigo, ao Ministério da Defesa, a *Revue d'Histoire de la Deuxième Guerre Mondiale*. Será, com efeito, uma oportunidade para o IHTP, que participará ativamente a contar de 1983-84 da criação da revista *Vingtième Siècle*, primeira revista científica francesa de história contemporânea, uma questão que eu abordo no próximo capítulo. Contudo, o pessoal, a biblioteca (privada da sua fototeca), os arquivos coletados (que serão doados posteriormente aos Arquivos Nacionais), as pesquisas em curso, assim como a Secretaria-Geral do Comitê Internacional de História da Segunda Guerra Mundial, vão para o IHTP. Eu expliquei em um outro livro como essa instituição — à qual me juntei em 1981 —, criada para desenvolver sobretudo uma história do pós-1945, tinha encontrado na sua frente a anamnese dessa guerra na Europa dos anos 1980-90, daí um investimento considerável ao mesmo tempo na história das páginas mal cobertas da guerra e da ocupação: a colaboração, o antissemitismo, o regime de Vichy e sobretudo a história de sua memória, tendo sido o primeiro projeto do IHTP, por exemplo, o estudo sobre a duração da comemoração do 8 de maio (Rousso, 2001:32-33). Desde a origem, e por razões diferentes das desenvolvidas por Pierre Nora e pela EHESS, o IHTP se engajará, entre outros, no campo de uma história da memória coletiva e da história oral com Jean-Pierre Rioux, Danièle Voldman, Denis Peschanski e alguns outros. Do mesmo modo, ele impulsiona desde a origem pesquisas sobre a descolonização e sobre a Guerra da Argélia, graças a Charles-Robert Ageron, que encontra no novo instituto um lugar e meios propícios que a universidade em que ele ensinava não lhe oferecia então, e que permitirá publicar alguns livros importantes sobre esses temas antes da renovação historiográfica dos anos 1990. Enfim, o IHTP acolhe tanto historiadores quanto sociólogos ou economistas.

Nos anos 1980, o panorama historiográfico mudou consideravelmente nesse campo. Existem agora na França vários lugares desenvol-

A CONTEMPORANEIDADE NO CERNE DA HISTORICIDADE 217

vendo a história recente em torno de uma rede de personalidades, na Universidade de Nanterre, dirigida de 1971 a 1976 por René Rémond, no Instituto de Estudos Políticos de Paris, nos meios da história social, da história das relações internacionais, da história econômica ou ainda entre os germanistas.[110] A diversidade das especialidades, das sensibilidades historiográficas e ideológicas, dos lugares acadêmicos mostra que na época essa história está em pleno desenvolvimento. Durante a década de 1980, os "contemporaneístas" — que agrupam, é verdade, os especialistas dos séculos XIX e XX — constituem perto de 30% dos 1.155 historiadores profissionais empregados no ensino superior e no CNRS, para 22% dos especialistas em história antiga, 18% dos medievalistas, 18% dos modernistas e 12% dos historiadores da arte (sem distinção de período) (Langlois e Chartier, 1991:19). Foram eles que tiveram a maior taxa de crescimento nos anos precedentes. E nos anos 1990, a parte dos especialistas do século XX junto dos contemporaneístas se torna majoritária, uma tendência que se estabilizou nos anos seguintes (Rémond, 1995:247-251; Poirrier, 2010:73-91). Mesmo não se considerando imediatamente sua dimensão, isso constituiu uma verdadeira mudança na

---

[110] Podem-se mencionar, em Nanterre, nos anos 1980, os nomes de Jean-Jacques Becker, que em seguida fundará uma verdadeira escola que renovou a história da Primeira Guerra Mundial, e Annie Kriegel, sua irmã, historiadora do comunismo, que também formará uma geração de sociólogos, politólogos, historiadores (Stéphane Courtois, Marc Lazar, Marie-Claire Lavabre, Annette Wieviorka e outros). Na Fundação Nacional das Ciências Políticas e no Instituto de mesmo nome, em que Pierre Nora e François Bédarida fizeram uma parte de sua carreira, pode-se citar: Jean-Pierre Azéma, Serge Berstein, Raoul Girardet, Jean-Noël Jeanneney, Pierre Milza, Michel Winock. Pode-se acrescentar a essa lista não exaustiva dos historiadores economistas em torno de Jean Bouvier (Paris I), de François Caron (Paris IV) e de Maurice Lévy-Leboyer (Paris X Nanterre), historiadores de relações internacionais herdeiros de Pierre Renouvin em Paris I como Jean-Baptiste Duroselle, René Girault, Robert Frank (que sucederá a François Bédarida na direção do IHTP em 1990). Podem-se também mencionar os herdeiros intelectuais de Jean Maitron no Centro de História do Sindicalismo, criado na Sorbonne em meados dos anos 1960, em torno da revista *Le Mouvement Social*, sobretudo Antoine Prost, ou ainda o meio dos germanistas franceses na Universidade de Estrasburgo e em Paris IV (Jacques Bariéty, François-George Dreyfus, Jean-Marie Valentin).

profissão, em sua maneira de conceber a pesquisa e o ensino, em sua relação com a sociedade, na natureza da sua visibilidade. Enfim, se me concentrei aqui na França, poder-se-ia observar a mesma evolução em outros países. A maior parte dos centros de história da guerra na Europa amplia seus centros de interesse, a guerra servindo de ponto de poio para ao mesmo tempo desenvolver estudos sobre a Primeira Guerra Mundial, sobre a descolonização, sobre a Guerra Fria, e para conduzir uma reflexão sobre a epistemologia da história contemporânea, muito presente sobretudo na Alemanha.

Os metódicos do século XIX, seguindo nisso uma tendência surgida na Alemanha, país que "inventou" a história no sentido moderno do termo, logo em seguida à Revolução Francesa, tinham imaginado poder excluir o contemporâneo da história científica para relegá-lo a uma forma de ensino cívico e patriótico. Os partidários da Nova História, adeptos da longa duração, tinham pensado, em nome de uma ideologia igualmente cientificista, manter à parte uma história do tempo presente julgada política demais e presa aos acontecimentos. Mas o acontecimento teve sua revanche, talvez provisória. Hoje, é toda a historiografia que deve transigir com o peso do tempo presente e a dificuldade de classificar as catástrofes do século XX na categoria de um passado encerrado.

CAPÍTULO IV

O nosso tempo

Tempo presente e presentismo

As grandes catástrofes do século XX produziram figuras historiográficas novas, que participaram do enraizamento de uma história do tempo presente no campo científico e no espaço público. A Grande Guerra contribuiu para o declínio ou o fim do paradigma da objetividade desenvolvido no século XIX, em seguida ao engajamento sem reservas dos historiadores e dos acadêmicos em geral de todos os campos na guerra ideológica. Ela viu surgir também a figura do historiador-perito, encarregado de ajudar na redefinição de fronteiras e tornando-se, por esse fato, ator, ainda que menor, de um processo em curso, ou ainda a da testemunha, sobrevivente de uma experiência de violência extrema que fala em nome de seus camaradas desaparecidos e se impõe no espaço público em osmose ou em conflito com os discursos acadêmicos, igualmente impregnados da experiência direta da guerra. Surge de maneira geral uma nova relação com o passado marcada por uma obrigação política e moral, uma "dívida", diria Paul Ricoeur, de reconstruir uma lembrança coletiva. Esta se nutre da multiplicação das narrativas de ex-combatentes, do erguimento em toda a Europa de monumentos aos mortos de um gênero novo, das comemorações de um luto de massa, das primeiras políticas públicas de memória em grande escala. São inúmeros os elementos de historicidade inéditos que entretêm e enraízam o passado próximo no imaginário social sem buscar abolir a distância da emoção original. Após 1945, uma figura de historicidade surge: a do grande processo histórico, com a coleta de uma massa sem precedentes de testemunhos e de documentos, e as primeiras interpretações jurídicas e judiciárias de uma história apenas terminada. Igualmente, as primeiras narrativas da guerra se elaboram no interior de organismos oficiais criados para essa circunstância. A escrita da história do conflito se torna parte de uma cultura de guerra antes de ser um elemento central do pós-guerra, tanto no contexto da Guerra Fria quanto no da construção europeia em que os intercâmbios escolares universitários e o ensino da história recente desempenharam um papel dinamizador.

O surgimento dos grandes crimes de massa, com a primazia do extermínio dos judeus, desempenhou, sem dúvida nenhuma, um papel central na importância concedida à história recente. Vimos no capítulo precedente a que ponto a necessidade de compreender, de guardar rastros e testemunhos da destruição do judaísmo europeu começou no cerne do processo. A formação dessa história e a amplitude da tomada de consciência viram, após 1945, uma evolução singular, com aspectos inéditos como a longevidade do problema, sua transmissão de uma geração à outra, sua acuidade maior à medida que nos *afastávamos* do acontecimento. Ainda quando o "silêncio" sobre o Holocausto tivesse sido um mito forjado *a posteriori*, é nos anos 1960 na Alemanha e em Israel, nos anos 1970 na França, nos anos 1980 nos Estados Unidos, e, portanto, com atrasos variáveis, que a lembrança do Holocausto se torna um problema público nacional e internacional relevante. É de 20 a 30 anos após a guerra que se realizam as grandes comemorações oficiais, que surgem os discursos de desculpas ou de arrependimento (Willy Brandt em 1970, Jacques Chirac em 1995), que essa história é objeto de um investimento considerável no ensino primário e secundário e, sobretudo, que é lançada, não sem grandes dificuldades e resistências, o que chamei de uma "segunda onda de expurgo", sobretudo com os processos franceses por crimes contra a humanidade que conturbam o tempo judiciário tradicional e, portanto, mudam profundamente nossa relação com a história. O regime do imprescritível aplicado de maneira efetiva a crimes de natureza política não pertence somente a uma categoria que sempre existiu em certos sistemas jurídicos (como para os crimes de sangue nos Estados Unidos), mas também de um regime de historicidade singular. Ele abole a distância entre o passado e o presente, ele nos torna, no tempo do processo, artificialmente contemporâneos dos sofrimentos infligidos não a alguns, mas a toda uma coletividade. Ele nos obriga também a apreender de novo o passado pelo ângulo de normas e de categorias morais como nos momentos seguintes ao acontecimento. Ele participa de uma temporalidade em que não é tanto o presente que domina — ainda que se trate de aplicar qualificações forjadas após a catástrofe —, mas da persistência do passado, ou mais exatamente a de um acontecimento insuperável, sem precedente e, portanto, matricial.

A anamnese mais ou menos tardia do Holocausto teve, ademais, outro desenvolvimento ainda mais significativo para minha tese. Percebida como um efeito da singularidade do próprio genocídio, acontecimento sem precedente, essa anamnese se tornou um precedente, quase um modelo a imitar, por vezes invejado, em uma outra conjuntura, a da queda do Muro de Berlim e do fim da Guerra Fria, que implicou não somente o fim das ditaduras comunistas na Europa central e oriental, mas, indiretamente, o fim de outros sistemas autoritários, como na África do Sul ou na América Latina. Se faltam estudos para estabelecer com certeza a existência de um vínculo direto entre os dois fenômenos, pode-se pelo menos observar uma concomitância histórica notável: é no exato momento em que a Europa empreende em grande escala uma nova onda de reparação judicial, moral ou financeira dos crimes cometidos pelos nazistas contra os judeus, que questões semelhantes surgem quase em todo lugar no mundo, colocando dilemas análogos àqueles, mal resolvidos, de 1945. É preciso expurgar em nome da moral e da segurança os funcionários, os policiais, os magistrados dos regimes defuntos, pelo menos aqueles que cometeram erros identificáveis, ou é preciso mantê-los para assegurar a continuidade dos Estados? É preciso anistiar ou é preciso julgar aqueles que se tornaram culpados de crimes perpetrados? Como julgá-los e como respeitar um direito formal diante de crimes frequentemente fora do normal? Com quais textos e quais tribunais? É preciso tornar públicos os arquivos dos crimes cometidos em nome da transparência democrática ou é preciso submetê-los a um prazo de reserva para preservar a paz social? Tais são algumas das questões levantadas nos anos 1990, quando o combate pelo reconhecimento das vítimas do Holocausto e dos crimes cometidos em torno dele — exclusões, espoliações, deportações, extermínios — teve sucesso graças à ação de algumas associações de vítimas e de alguns militantes ferrenhos (Simon Wiesenthal, Beate e Serge Klarsfeld). Ora, sempre permanecendo apenas na observação de uma concomitância e não de uma filiação entre os dois processos, existe um debate, por vezes de enfrentamento aberto, entre os partidários da memória e os do esquecimento, entre os que reclamam a justiça em nome de uma moral dos direitos do homem e os que preconizam a anistia em nome da tradicional razão de Estado, entre os que propõem tomar a palavra e testemunhar contra o silêncio e a vontade de virar a página. Essas questões já tinham sido colocadas em 1945 na saída da guerra e do nazismo, mas elas se colocam após 1990 com uma maior clareza do que estava em jogo, e sobretudo dando um lugar inédito às vozes que reclamam direito à memória, o qual se tornou um verdadeiro direito do homem. No pós-guerra, essas vozes existiam, mas eram minoritárias e não tiveram adesão, como mostra a aprovação de leis de anistia relativamente precoces em muitos países europeus. Se a situação se mostra diferente nos anos 1990, do Cabo a Santiago, é porque inúmeros atores políticos, jurídicos e associativos temem reproduzir o exemplo de uma memória do Holocausto, que levou o tempo de duas gerações para ser plenamente reconhecida. Dessa hipótese, muito geral, decorre *ipso facto* a observação de que em todo lugar, nesses países, a necessidade de escrever uma história do tempo presente, seja por historiadores, testemunhas, tribunais de uma justiça qualificada doravante como "transicional", comissões de verdade e de reconciliação — uma novidade na ordem das narrativas *postbellum* —, museus ou memoriais, constituiu uma evidência e mesmo uma prática social efetiva que teria sido impossível de refrear em nome de uma necessidade inversa, a de esperar que essa história fosse escrita apenas por pesquisadores de gerações futuras. Não somente a catástrofe mudou a maneira de escrever a história contemporânea, mas suas longas sequelas contribuíram para mudar de maneira duradoura a relação com o passado e com o presente.

É preciso por isso reduzir apenas às consequências diretas ou indiretas das guerras e conflitos a mudança bastante radical que se verificou na historiografia desses últimos 30 anos quase em todo mundo e que viu a história contemporânea tornar-se uma preocupação relevante tanto no universo científico quanto na esfera cultural ou política? Certamente não. Tendo-se multiplicado desde o fim da Primeira Guerra Mundial os defensores de uma história contemporânea, eles acabaram por encontrar um eco e um lugar no mundo acadêmico, tanto mais que as objeções que lhes eram feitas perderam pouco a pouco sua pertinência. Outros elementos puderam entrar em jogo, em razão dos progressos dos métodos utilizados, como na história oral com a generalização dos procedimentos de gravação e de salvaguarda dos testemunhos; a novidade de alguns temas, como a história da memória; a interpenetração das disciplinas que serviu a todos os historiadores, mas que sem dúvida deu um pouco mais de credibilidade àqueles que trabalhavam com história política, social ou econômica dos períodos recentes, pois eles podiam apoiar-se em dados e trabalhos de ciência política, de sociologia ou de economia. O apetite do grande público pela história próxima desempenhou seu papel, conforme vimos. Seria preciso acrescentar o papel desempenhado pelo cinema, pela televisão, pelo rádio e pelos suportes online. Certamente, o investimento dessas mídias na história abrange todos os períodos. Contudo, é assaz fácil observar a que ponto a história do século XX domina muito amplamente nas produções audiovisuais de toda natureza. Além de isso se inserir no contexto geral analisado aqui, existem razões particulares que merecem pelo menos uma menção. Sobre a história dos últimos 150 anos, dispomos de imagens animadas, hoje recenseadas, utilizadas em bases acessíveis jurídica e tecnicamente — como a do Instituto Nacional do Audiovisual (INA) na França, que se beneficiou de uma lei precursora sobre o depósito legal das produções audiovisuais, iniciada em 1992 por um historiador, Jean-Noël Jeanneney, ou ainda as das grandes agências de imprensa internacionais que alimentam a indústria dos documentários históricos. Ora, a explosão da oferta e da demanda audiovisual encorajou a exploração sistemática desses arquivos, inexistentes por definição para períodos antigos, com os diretores e autores privilegiando naturalmente os períodos ou os acontecimentos com forte densidade de imagens e sons, e, portanto, as catástrofes históricas, desde a Segunda Guerra Mundial — onipresente nas telas de televisão do mundo todo — até o 11 de Setembro. Tendo pertencido durante alguns anos ao conselho de orientação do canal francês Histoire, posso dar testemunho dos debates sobre a dificuldade relativa de tratar na televisão de temas anteriores ao fim do século XIX, por não poder mostrar imagens animadas, uma tendência amplificada pela ideia de que somente a imagem "fala" verdadeiramente ao telespectador.

Assim, o sucesso da história contemporânea se explica por motivos sem dúvida mais profundos que se ligam à evolução mesma dos regimes de historicidade, sem que seja fácil, aliás, distinguir entre a causa e o efeito: nosso regime atual de historicidade mudou porque o contemporâneo e o presente ocupam aí um lugar maior ou o interesse pelo contemporâneo é consequência da evolução da relação com a história? Entre essas razões, volta com frequência o argumento segundo o qual o declínio das "grandes narrativas" com vocação ideológica teria mudado a maneira de perceber e de escrever a história: o fim da modernidade e a condição pós-moderna que surgem nos anos 1970 nos teriam de algum modo tornado mais sensíveis à contemporaneidade, exacerbando o sentimento de viver em um presente desprovido de sentido, privado da ideia estruturante de um progresso em devir ou ainda de uma finalidade da história.

Cada uma das grandes narrativas de emancipação, a qualquer gênero que tenha dado hegemonia, foi por assim dizer invalidada em seu princípio no curso dos últimos 50 anos. Tudo o que é real é racional, tudo o que é racional é real: "Auschwitz" refuta a doutrina especulativa. Pelo menos esse crime, que é real, não é racional. — Tudo o que é proletário é comunista, tudo o que é comunista é proletário: "Berlim 1953, Budapeste 1956, Tchecoslováquia 1968, Polônia 1980" (e outros) refutam a doutrina materialista histórica: os trabalhadores se levantam contra o Partido. — Tudo o que é democrático é pelo povo e para o povo, e vice-versa: "Maio de 1968" refuta a doutrina do liberalismo parlamentar. O social cotidiano põe em xeque a instituição representativa. — Tudo o que é livre jogo de oferta e de demanda é propício ao enriquecimento geral, e vice-versa: "as crises de 1911, 1929" refutam a doutrina do liberalismo econômico, e a "crise de 1974-79" refuta a organização pós-keynesiana dessa doutrina. Com esses nomes de acontecimentos, o pesquisador relata muitos sinais de uma derrocada da modernidade. As grandes narrativas se tornaram pouco críveis. [Lyotard, 1986:52-53]

Em realidade, é menos o "fim das ideologias" que serviu como condição de surgimento de uma história contemporânea — os engajamentos ideológicos, incluindo-se os mais partidários, suscitaram ao contrário vocações — do que o declínio das interpretações holistas da história. Por isso que cada um dos acontecimentos há pouco analisados segundo um princípio explicativo único e mecânico — "a luta de classes", o "mercado" — se achava como que suspenso no tempo, privado do lugar que lhe era antes atribuído no sistema, era preciso de fato lhe restituir uma consistência histórica, reintroduzi-lo como elemento *sui generis* de uma narração a reconstruir uma vez desconstruída. Ademais, não era possível contentar-se em dizer que Auschwitz era afinal de contas um crime real e não uma categoria abstrata. Era preciso ainda compreender seus mecanismos e sua complexidade intrínseca, e, portanto, retornar à história singular, à medida que os últimos avatares dessas grandes narrativas tomavam no mesmo momento formas degeneradas como o negacionismo. A seguir Jean-François Lyotard, é uma leitura da história recente (1956, 1968, 1974) que soçobra com as "grandes narrativas". Esse desabamento abre, por conseguinte, a via a uma reavaliação dessa história sobre outras bases, sem o ou os fio(s) condutor(es) que tinha(m) prevalecido desde o início da Guerra Fria. Pode-se acrescentar que essa incerteza quanto à leitura do passado, do presente e do futuro retorna de maneira cíclica na história do pensamento da historiografia. As "grandes narrativas" nascidas nos anos 1950 não fizeram senão preencher um vazio deixado pela catástrofe da Primeira Guerra Mundial, compensada por um tempo pelo "grande clarão" de 1917, e depois pelo de 1939-45 que nenhum elemento "positivo" veio atenuar. A situação dos anos 1970 não é, portanto, desse ponto de vista, uma novidade, nem uma explicação por si só.

Do mesmo modo, pode-se supor a existência de uma ligação entre a importante virada epistemológica que constituiu o *"linguistic turn"*, outro aspecto da pós-modernidade nascido nos Estados Unidos, e o surgimento no mesmo momento de uma nova história do tempo presente. Verdadeira arma de guerra voltada contra uma história social então hegemônica e contra interpretações materialistas da história, esse movimento ambiciona revolucionar as ciências sociais propondo outro paradigma: "toda realidade é mediada pela linguagem e pelos textos, portanto toda pesquisa histórica é dependente da reflexão sobre o discurso", uma definição que lhe dá Gérard Noiriel, que contestou a esse movimento a supremacia da narrativa que pretende substituir a dos determinismos sociais (Noiriel, 2005:167). Contudo, esse debate envolveu toda a disciplina, e participou da epistemologia nascente de uma história do tempo presente incidentalmente. Por um lado, a "virada linguística" participa das mutações das ciências sociais e da história em particular nos anos 1980, que criaram um contexto favorável ao questionamento dos paradigmas dominantes — entre aos quais a história social determinista e a longa duração — e, portanto, favoreceram o surgimento de novas maneiras de fazer história, incluindo-se a história contemporânea renovada. Por outro lado, a reavaliação da narrativa no trabalho do historiador encorajou incontestavelmente a elaboração de uma história do acontecimento, da memória, das representações, da opinião, que constituíram aproximações ou objetos que contribuirão para dar à história do tempo presente uma configuração mais problemática do que o simples "retorno", um tempo caricaturado, à história política tradicional. Esses objetos novos ou renovados, que deram uma credibilidade à nova história do tempo presente, devem tanto ao contexto político e cultural quanto a um contexto propriamente científico, o qual evolui também segundo ritmos que lhe são próprios.

Há ainda outro argumento que se apresenta de maneira recorrente para explicar a importância do tempo presente nos estudos historiográficos atuais: o "fim do paradigma nacional". Uma historiografia essencialmente nacional privilegia por definição o tempo vertical, aquele que vai da fundação até os nossos dias — de Hugo Capeto a François

Hollande —, ou ainda a singularidade, ou excepcionalidade, como os conceitos de "exceção francesa" ou de *Sonderweg* alemão. Quanto mais a nação tem raízes antigas, mais ela teria tendência a valorizá-las, e o período mais recente teria relativamente menos peso. Ao contrário, se a dimensão nacional diminui, é o tempo horizontal que será mais facilmente privilegiado, o de um "tempo mundial", menos dependente da obsessão das origens, mais marcado pela transversalidade e, portanto, mais orientado para os períodos recentes. As primeiras defesas da história contemporânea de historiadores como Hugh Seton-Watson, nos anos 1930, já exprimiam a ideia de que a disciplina histórica devia evoluir em uma dupla direção: levar em consideração o tempo presente e levar em conta a globalização, dois fenômenos que eles descreviam como intimamente ligados. A observação guarda uma porção de verdade, mas possui também seus limites. Pode-se contestar primeiramente a ideia de que a "globalização" começa com a segunda revolução industrial e com as revoluções científicas e técnicas do último terço do século XIX, e situá-la bem antes, por exemplo, com os grandes descobrimentos. A globalização nos fatos, senão nas narrativas históricas, seria então anterior ao paradigma nacional, que surgiu com a constituição dos Estados--nações modernos. Em seguida, a experiência mostrou que a escrita de uma história nacional, sobretudo se ela teve uma vocação cívica, quase sempre integrou o período contemporâneo, ainda que ela fosse rejeitada pelo campo científico. Do mesmo modo, a história do tempo presente que surgiu após 1945 levou tempo para sair do quadro apenas nacional, e a presença deste não obedece a uma evolução linear: nos anos 1960, a história da Segunda Guerra Mundial era uma história internacionalizada; nos anos 1980, ela se renacionalizou, focalizando fenômenos de colaboração interna; nos anos 1990, ela se europeizou e se abriu para a comparação com a Primeira Guerra Mundial. Em realidade, a questão mais espinhosa é compreender por que, inclusive acerca de temas que se estendem sobre um espaço transnacional, o prisma nacional permaneceu tão importante e tão atrativo. Enfim, seria arriscado transpor a situação da historiografia americana, alemã ou francesa a outros países sem outra forma de análise: a história nacional tem belos dias à sua frente em Estados que procuram, desde o fim da Guerra Fria, forjar-se ou reconsolidar uma identidade própria, como os países saídos da influência da ex-União Soviética (Países Bálticos, Ucrânia, Bielorrússia). Os usos nacionais e identitários da história recente estão, portanto, longe de terem desaparecido, ainda que se estendam em um contexto em que domina a necessidade de enfrentar as "páginas negras" do passado.

Enfim, último elemento e não dos menores, a história do tempo presente se desenvolveu no contexto de uma crise do futuro, uma crise do porvir, em um regime de historicidade "presentista". Ela teria mesmo contribuído a reforçar essa atenção superdimensionada ao presente.

Historiador me esforçando por estar atento ao meu tempo, observei assim, como muitos outros, a subida rápida da categoria do presente até que se impusesse a evidência de um presente onipresente. É o que eu denomino aqui de "presentismo". Pode-se definir melhor esse fenômeno? Qual é o seu alcance? Que sentido lhe atribuir? Por exemplo, no contexto da história profissional francesa, o aparecimento de uma História que se reivindica, a partir dos anos 1980, como "História do Tempo Presente" acompanhou esse movimento [...] Às múltiplas questões de História Contemporânea ou muito contemporânea, a profissão foi chamada, por vezes intimada, a responder. Presente em várias frentes, esta História se achou, em particular, colocada sob projetores da atualidade judiciária, na ocasião dos processos por crimes contra a humanidade que têm como característica primeira o fato de terem a ver com a temporalidade inédita da imprescritibilidade. [Hartog, 2003:18]

"Crise do futuro?" Sem dúvida nenhuma. Uma parte deste livro se insere mais ou menos nessa perspectiva, uma vez que tento mostrar que o aparecimento, por etapas, e sem lógica linear, de uma nova história do tempo presente no mundo ocidental e, portanto, de uma nova forma de contemporaneidade correspondeu a momentos de grande incerteza, como após 1918 ou 1945, quanto à possibilidade de conservar um laço com o passado encerrado e a possibilidade de vislumbrar um futuro minimamente aberto. Entre os indícios desse presentismo, François Hartog individua, por exemplo, a recusa social do envelhecimento, a necessidade de afastar a morte e os mortos do nosso ambiente, a patrimonialização vista como frenesi de uma conservação generalizada e, portanto, como um medo da alteridade do tempo que passa. Ele inclui o investimento na memória, mais do que na história, ou seja, na vontade de fazer reviver o passado no presente, em vez de observá-lo de longe, mantendo distância. Eu acrescentaria alguns outros, como a vontade de qualificar juridicamente e de reparar os crimes do passado com a medida das normas e valores do presente, esquecendo que estes devem em parte a sua configuração atual às dificuldades de levar em conta, após 1945, a novidade desses crimes. Essa atitude resultou em uma forma de julgamento retrospectivo e constante das gerações passadas, acusadas de não terem "compreendido" a natureza real dos acontecimentos que elas atravessavam, uma vez que não tinham tirado todas as consequências que tiraríamos 30, 40 ou 50 anos depois.

Portanto, a categoria historiográfica do presente data dos anos 1980 e não nasceu na França, mas na Alemanha. Do mesmo modo, a ideia de uma brecha aberta entre o passado e o presente não surgiu no fim do último século, mas após a Revolução Francesa: "se o passado já não aclara o futuro, o espírito marcha nas trevas", escreveu Tocqueville em 1840, passagem comentada por Hannah Arendt em *Between past and future* (Tocqueville, 1840: t. II, cap. VIII, citado em Arendt, 1972:15). Esse sentimento de incerteza parece, portanto, já perceptível no regime de historicidade pós-revolucionário que pôs fim progressivamente ao reino imperioso de uma história marcada pela Providência divina ou pela Razão. Pode-se mesmo sugerir que essa percepção do tempo, essa incerteza é própria da contemporaneidade moderna que não fez senão reforçar-se com as catástrofes, ainda imprevisíveis, do século seguinte ao de Tocqueville. Há, portanto, uma ligação entre a atenção dada ao tempo presente e a mudança de percepção no futuro, mas talvez uma ligação mais estrutural que conjuntural ou própria de nosso tempo.

François Hartog tem razão, sem dúvida, em apontar também a questão espinhosa, mas de uma outra ordem, do papel desempenhado pelo historiador no campo da perícia, jurídica ou não. Contudo, não é tanto a intervenção do historiador — que se pode, evidentemente, criticar — que me parece o elemento explicativo, mas a existência mesma de um campo de perícia prévia em que se precisará dos seus serviços, que me parece ir no sentido do presentismo. Que o historiador aceite ou não o papel que se quis que ele desempenhasse nos processos "históricos", não muda a existência de uma requisição, que se insere na ideia de que os atores do presente, aqui um tribunal constituído 50 anos após os fatos, pretendiam agir retroativamente sobre o passado, repará-lo, pondo em ação todo tipo de técnicas e de conhecimentos, entre os quais os do historiador.[111] Do ponto de vista das suas intenções, para não dizer de suas realizações efetivas, a história do tempo presente tal como se desenvolveu nesses últimos 30 anos me parece, portanto, contrária a uma forma de resistência ao presentismo, uma pretensão a restituir, como todos os historiadores, uma profundidade ao passado próximo ou à atualidade, uma maneira de inseri-lo em uma duração. Que ela tenha tido êxito ou não é outra questão, que ela tenha uma parte de responsabilidade no domínio de certas temáticas na historiografia recente e nos debates públicos, é possível. Mas se, como escreve François Hartog em uma passagem citada na introdução deste livro, o presente, destacado ao mesmo tempo do futuro e do passado, privilegia o imediato, então a história do tempo presente constitui um antídoto e não um sintoma.

---

[111] Desenvolvi algumas dessas questões em Rousso (1997).

Denominações mais ou menos controladas

Tendo em conta as diversas maneiras de abordar a história do passado próximo, não é surpreendente que a mesma prática tenha sido identificada por uma multiplicidade de denominações, seja na mesma língua, seja em línguas diferentes, podendo a tradução de um termo, além do mais, mudar de significado de uma língua a outra. Na maior parte dos casos, sobretudo em inglês, que se tornou a língua dominante nas ciências humanas e sociais, utiliza-se mais frequentemente o termo *contemporary history*, tomado em seu sentido etimológico e pragmático, uma vez que há cerca de 40 anos a legitimidade dessa atitude já não é realmente questionada. O mundo anglófono, em especial na América do Norte, discute com mais facilidade objetos e abordagens concretas da história recente do que se interroga sobre sua epistemologia, sua legitimidade, sua significação política ou moral. Pode-se, contudo, notar um retorno do interesse nesses temas na nova geração de pesquisadores americanos ou canadenses, graças ao surgimento de uma "história popular", escrita para o povo e pelo povo, segundo uma velha fórmula, e que traduz a evolução atual da *public history*. Esse movimento, que nasceu por se levar em conta a demanda social de história no início dos anos 1980, buscou formar profissionais aptos a participar da criação de museus locais, de parques nacionais, a ajudar as empresas a proceder a uma classificação de seus arquivos e de seu patrimônio. Ele estabeleceu assim verdadeiros currículos de "história aplicada" em algumas universidades americanas, que foi de grande interesse para a história do tempo presente nascente na Europa, envolta no paradigma da demanda social (Rousso, 1984:105-121). Há alguns anos, esse movimento acompanha e encoraja os cidadãos ordinários, ou antes as comunidades, a produzir um conhecimento "histórico" sobre sua família, sua escola, sua cidade, sua região, fora dos contextos da história acadêmica tradicional. Vastas pesquisas sobre essas práticas populares mais ou menos espontâneas da história, nos Estados Unidos, na Austrália e no Canadá, suscitam como contrapartida uma reflexão epistemológica renovada e original.[112] Do mesmo modo, existe um novo interesse pelo conceito de "consciência histórica", em parte por causa dos avatares da noção de "memória coletiva", dos quais os historiadores e sociólogos abusaram nesses últimos anos, em parte porque o termo se insere em uma propedêutica da história e em uma história cultural que buscam também compreender a evolução da historicidade, um termo ainda pouco disseminado no mundo anglófono.[113]

A noção de "história do tempo presente" teve uma ampla difusão tanto no mundo germânico, em que nasceu, quanto, posteriormente, no mundo francófono a contar dos anos 1980-90. Ela teve também um desenvolvimento notável na América Latina, sobretudo no Brasil, em que os centros e revistas do "tempo presente" se multiplicaram nos anos 1990-2000.[114] Esse interesse se explica pela atenção que as historiografias francesa e alemã deram às crises do século XX, à violência das guerras e às violências políticas que interessam por definição países que saíam da ditadura e da guerra civil. Daí a presença de noções muito próximas, como a de "*historia actual*", mais próxima da história imediata, de "*historia vivida*", ou de "*pasado vivo*", forjadas também no mundo

---

[112] Rozenberg e Thelen (1998), Aston e Hamilton (2010), Létourneau e Northrup (2011:163-196). Sobre esta questão, ver também a revista online *Histoire engagée*: <histoireengage.ca>.

[113] Ver Seixas (2004), ou ainda o Centre for the Study of Historical Consciousness, da universidade de British Columbia, ou ainda a revista *Narration, Identity, and Historical Consciousness* (Berghahn Books).

[114] Ver Pôrto Jr. (2007); o seminário de História do Tempo Presente da Universidade do Estado de Santa Catarina, que publica a revista *Tempo et Argumento*, sob a direção de Silvia Maria de Fávero Arend; a revista *Cadernos do Tempo Presente*, da Universidade Federal de Sergipe. O Colóquio Internacional organizado pelo IHTP em Paris, de 24 a 26 de março, sobre "Tempo presente e contemporaneidade" fez um panorama da vitalidade da história do tempo presente na Argentina, no Brasil, no Chile e na Guatemala. Esse aspecto deve ser o tema de um dossiê especial da revista online *Conserveries Mémorielles*, a ser publicada em 2013: <http://cm.revues.org/indez.html>.

234 A ÚLTIMA CATÁSTROFE

hispanófono, em que o adjetivo "vivo" remete à presença tanto do passado quanto de atores vivos.[115] Portanto, houve há cerca de 30 anos uma circulação dos conceitos e das noções que exprimem a necessidade de agarrar o legado das catástrofes recentes para as analisar ou compreender seu impacto a médio prazo.

Sendo a história do tempo presente por vezes associada a certa maneira de praticar a história contemporânea que não suscita apenas consenso, nem está, claramente, isenta de defeitos, alguns pesquisadores franceses preferem utilizar a expressão aparentemente mais neutra "*histoire très contemporaine*". Esse uso traduz sobretudo uma reflexão de distinção, por vezes de hostilidade, a respeito dessa escola de pensamento.[116] Mas, por enquanto, não existe nenhum texto que dê a essa expressão um conteúdo conceitual. Desprovida de uma real pertinência, ela introduz ainda mais imprecisão onde precisamente é necessário esclarecer as coisas. Principalmente, reduz de novo a noção de contemporaneidade apenas à proximidade temporal, o que lhe falseia o sentido, pois não se trata somente de medir o tempo histórico, mas de compreender a relação entre o passado estudado e o presente do historiador. Também se utiliza sempre a expressão "história imediata", acerca da qual vimos que não tinha aparecido na França antes da expressão "história do tempo presente". Esta última, ao contrário, suscitou uma reflexão argumentada em particular da parte de Jean-François Soulet, um especialista do comunismo que fundou em 1989 o Grupo de Pesquisa em História Imediata (GRHI) na Universidade de Toulouse-Le Mirail.[117] Apesar das diferenças por muito tempo proclamadas entre história do tempo pre-

---

[115] Ver o notável trabalho de síntese de Pérotin-Dumon (2007). Para o caso espanhol, ver entre outros Cuesta (1993) e Aróstegui Sánchez (2004).

[116] É o caso sobretudo de Pierre Laborie, que utiliza essa expressão em *Les Français des années troubles* (2001:8).

[117] Ver sobretudo os seus artigos nos *Cahiers d'Histoire Immédiate*, e Soulet (1994), ou ainda Soulet (2009).

sente e história imediata, a evolução das práticas reais mostra, com efeito, uma grande proximidade entre as duas tendências. Nenhuma trata de temas mais "recentes" que a outra, e ambas foram alvo da mesma suspeita acadêmica, e depois do mesmo atrativo. Ambas se confrontam com os mesmos obstáculos e conhecem as mesmas interrogações epistemológicas, ainda que as respostas tenham sido diferentes segundo as sensibilidades ou os centros de interesse. Guy Pervillé, sucessor de Jean--François Soulet, escreveu, aliás, que as duas expressões eram sinônimas, uma vez que designam a mesma sequência historiográfica, "aquela para a qual existem ainda testemunhas".[118] O debate está por essa razão acabado? Sim, no fundo, pela ausência de diferenças concretas entre as abordagens. Não, sobre o significado do termo "imediato".

Se as palavras têm um sentido, nem a história contemporânea, nem a história do tempo presente, nem nenhuma espécie de história pode pretender situar-se no imediato, pela boa razão de que, desde a época do Renascimento e do surgimento de um conhecimento... mediado, fazer história é precisamente criar uma mediação, estabelecer uma ponte entre um passado frequentemente ininteligível para as gerações posteriores e um presente que precisa de um enraizamento temporal, de uma profundidade de campo, qualquer que seja sua duração. É tanto mais necessário estar atento às palavras quanto a imediaticidade é uma das grandes ilusões da nossa época. Ver as Torres Gêmeas de Manhattan desabar em tempo real representa uma forma de instantaneidade aparente nascida com os meios modernos de comunicação. É esquecer que essa "instantaneidade" precisou da presença, fortuita ou não, de câmeras, capturando o acontecimento sob ângulos particulares, com olhares condicionados por objetivos. É negligenciar que essas imagens que deram a

---

[118] Pervillé (2006-2007:6). Sobre a discussão em torno das diversas denominações da história contemporânea, ver a mesa-redonda organizada pelo IHTP no dia 2 de abril de 2009, com Philippe Bourdin, Guy Pervillé, Henry Rousso e Jean-François Sirinelli, apresentada por Patrick Garcia: <www.ihtp.cnrs.fr/spip.php%Farticle791.html>.

volta ao mundo em alguns segundos foram, portanto, transmitidas por um olho que "vê" aquilo que está na tela, um lembrete tão banal quanto essencial. Um célebre jornalista e ensaísta americano, conselheiro de Richard Nixon, William Safire (1972:349), comparou assim a história imediata ou a instantaneidade (*instant history*) ao café do mesmo nome. Ele denuncia assim os riscos das perícias precoces demais, daquelas que nos acostumamos a ver disseminar-se em todo lugar, alguns minutos após as primeiras projeções de resultados eleitorais (e agora semanas antes...) ou algumas horas após o início de um conflito no mundo. Nossa época consome até à exaustão esses exercícios de retórica, tanto mais verborrágicos quanto falta informação, em que "politólogos" com o topete impecável se fazem doutamente de adivinhos durante horas, em que ex-oficiais reformados vêm explicar-nos o resultado de uma guerra que vai durar talvez vários anos, em que "especialistas" de relações internacionais nutridos da leitura matinal de alguns artigos da imprensa estrangeira nos explicam a evolução do mundo futuro a contar do acontecimento do dia. Há certamente em nossas sociedades uma grande demanda de imediaticidade, de "análises" tão rapidamente esquecidas quanto enunciadas: elas têm a vocação de ser consumidas no local, sem preparação e sem esforço, como o café solúvel. Nossa época já não suporta nem o vazio, nem a incerteza, nem a espera, nem a lentidão. Por isso, o historiador do tempo presente deve, por definição, posicionar-se fora dessa temporalidade, que pertence a uma lógica diferente da do conhecimento. A objeção de uma precocidade grande demais, formulada pelos historiadores do século XIX hostis à história contemporânea, não deixava, em suma, de ocultar certo bom senso, todos os historiadores sabem disso. Mas sob a condição de considerar que o "recuo necessário" não significa um prazo de espera ou de reserva, mas constitui uma construção, uma disposição de espírito, uma maneira de analisar o presente de outro modo em um universo que parece ter banido precisamente toda distância temporal, espacial ou física. Querer escrever no calor da hora a história de um acontecimento prenhe de consequências possíveis, *a fortiori* a de uma catástrofe que se desenvolve sob nossos olhos, não significa reduzi-las apenas a seus contornos presentes, nem as fixar em uma imediaticidade impossível de compreender e que não tem, aliás, nenhum sentido para o historiador. Fazer a história do tempo presente é, ao contrário, postular que o presente possui uma espessura, uma profundidade, que ele não se reduz a uma soma de instantaneidades que se compreenderá repentinamente. Como toda boa história, trata-se de restituir uma genealogia, de inserir o acontecimento em uma duração, de propor uma ordem de inteligibilidade que tenta escapar à emoção do instante, ou, para usar um vocabulário lacaniano, que tenta instituir um pouco de simbólico onde o imaginário invadiu tudo: é uma das tarefas essenciais da história, e uma das missões mais importantes da história do tempo presente.

O que é ser contemporâneo

Definir o contemporâneo parece uma tarefa mais essencial do que escolher uma boa denominação, ainda que a questão pertença a um domínio mais filosófico do que historiográfico. Pertencer ao "mesmo tempo", como temos visto desde o início deste livro, se reveste de vários significados. "Ser contemporâneo" é ser biologicamente da mesma época, um dado de base necessário para levar em conta, ainda que esteja longe de ser suficiente: como para todas as outras ciências sociais, em particular a Sociologia ou a Antropologia, o contato direto, a troca, o diálogo, a confrontação, a simples presença de testemunhas ou atores, da sua memória, de suas reações possíveis e, portanto, da transferência que pode estabelecer-se entre os protagonistas de uma mesma época, constituem um elemento de singularidade da história contemporânea apesar dos contorcionismos intelectuais para negar essa particularidade em nome de uma ciência histórica una e indivisível, uma questão à qual voltarei adiante neste capítulo. Se toda história é contemporânea, a história do tempo presente é um pouco mais que as outras.

"Ser contemporâneo" é também para atores em diversas posições manter uma relação com uma atualidade, um presente sentido como "comum" em um espaço que variou consideravelmente há meio século. É participar da marcha do mundo, apesar das diferenças de idade, de lugar, de situação e de percepção do tempo vivido.

> O contemporâneo não é uma propriedade, uma qualidade ou um conjunto de qualidades que se poderia esperar fixar em um tipo ideal. Todas as tentativas para definir um arquétipo do nosso contemporâneo participam do erro segundo o qual haveria uma essência histórica comum a todos os atores presentes na cena. O erro não consiste em acreditar que há de fato pontos comuns dos atores históricos, mas em crer que esses pontos comuns poderiam compor a sua modernidade. Mas há de tudo na cena: o tradicional, o moderno, o antiquíssimo, ou até arcaico, o novíssimo e sobretudo o misturado. O contemporâneo é na verdade uma relação entre todos os ingredientes da atualidade. [Descombes, 2000:30-31]

Portanto, a contemporaneidade deve ser pensada como uma relação tanto com o tempo quanto com o espaço, com a questão crucial para um historiador de situar o lugar dos mortos nesse conjunto ou ainda o lugar do encerrado. Uma sociedade que dá uma grande importância à memória, mesmo de maneira superficial, consequentemente concede *ipso facto* uma presença mais marcada aos desaparecidos e ao passado encerrado. Ela reserva-os para um lugar diferente daquele que tradicionalmente lhes pertence, uma vez que lhes dá uma atualidade incessantemente reativada: tal é o princípio em funcionamento em uma época "comemorativa", sobretudo a nossa, que pretende ademais reparar todos os sofrimentos do passado após tê-los reintroduzido em um presente por um modo de esquecimento impossível. Em um universo em que a fronteira entre o passado e o presente se atenua precisamente por causa dessa vontade de trazer e conservar na atualidade os sofrimentos ou os crimes do passado, próximo ou distante, o historiador do tempo presente se acha no dilema de ter que ou ser "do seu tempo" e, portanto, acompanhar essa ilusão segundo a qual se pode reparar a história, participando da emoção coletiva e colocando, por exemplo, sua arte a serviço das causas "memoriais", ou, ao contrário, se distanciar, se defasar correndo o risco de não ser compreendido, para criar precisamente uma distância, contrária ao princípio da emoção que quer fazer reviver o sofrimento dos mortos em uma forma de empatia. "Presentista", o historiador do tempo presente? Não estaria ele mais próximo do "metacomtemporâneo" de que fala Alain Finkielkraut acerca de Charles Péguy, ou ainda do "extemporâneo" nietzschiano?

> Aquele que pertence de fato ao seu tempo, o verdadeiro contemporâneo, é aquele que não coincide perfeitamente com ele nem adere às suas pretensões, e se define, nesse sentido, como extemporâneo; mas precisamente por esta razão, precisamente por este afastamento e este anacronismo, ele é mais apto que os outros a perceber e a compreender o seu tempo.[119]

Essa postura oculta sem dúvida nenhuma uma parcela de estetismo. Contudo, essa abordagem da contemporaneidade vai ao encontro exatamente da postura que os historiadores do tempo presente procuraram adotar nesses últimos anos, criando distância com a proximidade, para evitar soçobrar na ilusão de uma compreensão do mesmo pelo mesmo sob o pretexto de respirar o mesmo ar do tempo que os atores estudados. Paradoxalmente, trabalhar com a história próxima é tomar permanentemente a medida da distância constantemente variável em relação

---

[119] Agamben (2008:9-10), comentando a *Seconde considération inactuelle* de Nietzsche.

ao objeto e ao sujeito estudado. Há proximidade porque se estuda um processo em curso, inacabado por definição, ou porque se trata de um ator vivo, acessível e, portanto, sujeito a reações diante das afirmações do historiador. Há distância relativa porque o processo é apesar de tudo datado ou o tema mais velho que o observador: encontra-se essa ideia central de que o tempo presente define uma duração significativa e não um instante fugaz. Há enfim um grau maior ou menor de alteridade porque a experiência descrita é frequentemente estranha ao historiador, sobretudo se se trata de uma experiência de violência extrema. Os historiadores do tempo presente têm, portanto, como todos os outros historiadores, a experiência de uma tensão estrutural entre proximidade, distância e alteridade, mas eles a têm com uma polaridade diferente: *é-lhes mais difícil estar longe*. A questão da prática não consiste em se aproximar daquilo de que eles estariam *a priori* distantes, como o antropólogo diante de um índio cadiuéu ou o historiador diante de uma camponesa medieval, mas, ao contrário, em se afastar daquilo de que parecem estar próximos, como um resistente ou um sobrevivente que tem a idade do seu pai ou do seu avô, fala a mesma língua, mora talvez no mesmo bairro e, com frequência, frequenta ou frequentava assiduamente os seminários que eles organizam.

Insisto nessa questão porque ela explica as confusões que por vezes existem em torno do projeto da história do tempo presente. Esta pertence ao campo disciplinar da história e não tem nenhuma intenção de fugir da sua família de origem. Ainda que pretenda algumas especificidades e mesmo singularidades, ela não procura nem se impor como disciplina autônoma, nem se confundir com a sociologia ou ainda com uma "antropologia do presente", que lhe é aparentemente próxima, uma vez que ela também se interessa pelo mundo contemporâneo, que é o do próprio observador e coloca, também, a questão do distanciamento voluntário. Esta última, surgida no início dos anos 1990, constitui, aliás, um indício suplementar do peso crescente das preocupações em relação ao presente ou ao contemporâneo no fim do século XX. Tendo consciência do surgimento recente de uma história do tempo presente, essa forma de antropologia não pretendeu colocar-se em seu lugar, nem reacender a velha querela sobre história e estrutura:

> se a história da História, que é, por um lado, a da relação entre História e Antropologia, consegue, no fim deste século, definir as condições de uma 'história do presente', a Antropologia não deve interpretar esta evolução como o sinal imperialista de uma concorrência desleal, mas como um sintoma tanto mais significativo quanto ele tem a sua fonte na reflexão de historiadores por definição especialistas do tempo,

escreve Marc Augé em 1994.[120] Tanto a evolução da história quanto da antropologia para interrogações que dizem respeito ao presente constituem, nesse sentido, um princípio de resposta à evolução das sociedades contemporâneas no seio das quais a "imediatidade", a experiência vivida e o testemunho "direto" ganharam cada vez mais importância em um espaço público dominado pela emoção do instante. A análise mediada, distante, indireta tem, por isso, cada vez mais dificuldades para se impor, daí o risco que haveria de manter essa ilusão no interior das disciplinas mais interessadas. Em um texto brilhante em que ele imagina um diálogo entre um antropólogo e um historiador em batalha pelos méritos comparados da observação direta e indireta, o antropólogo Gérard Lenclud lembra que sua disciplina não pode, por definição, abolir toda distância:

> [O antropólogo] faz questão de lembrar ao historiador que se o etnógrafo "está lá", ou seja, compartilha da experiência dos homens que ele estuda, ele

---

[120] Citação da p. 11 da edição Champs/Flammarion (1997). Ver também Althabe, Fabre e Lanclud (1992) e os trabalhos de Marc Abelès.

não "é um deles". Ele não é um dos seus. Seu olhar é distante, sua participação distanciada. Seu ponto de vista não é, portanto, uma caverna, uma vez que já está aberto ao do outro, já confrontado com um outro ponto de vista, já questionado, já longe de casa. O historiador agradece ao antropólogo esse lembrete, mas isto para afirmar, incontinente, que o "eu estava lá" perde então uma parte da sua força. O etnógrafo não saberia atuar em todos os quadros. [Lenclud, 2012]

Portanto, não é tanto a presença do observador *in loco* no momento do desenrolar de tal ou qual fato que cria as condições de um melhor conhecimento, mas a capacidade de distanciamento em relação aos fatos ou às pessoas observadas, a qualidade de enunciação e de narração, a possibilidade de pôr em relação um conhecimento prévio, um questionamento anterior diante das observações feitas em campo. Assim como o historiador não pode prevalecer-se hoje de ter, um dia, a última palavra, uma vez que ele não pode predizer em nada como o que ele próprio observou *hic et nunc* do passado será percebido por seus pares dentro de duas ou três gerações, o antropólogo não pode prevalecer-se, também, de um privilégio de posição, de "contemporaneidade", uma vez que esta, entendida em seu sentido primeiro — do mesmo tempo —, não abole em nada a alteridade e, portanto, a necessidade para ele de colocar as bases de um olhar a boa distância.

Por outro lado, tanto para o antropólogo quanto para o historiador do tempo presente, a cena contemporânea é um lugar em que seus escritos podem ter efeitos quase imediatos, uma vez que eles se inserem em um processo em curso, do mesmo modo que um jornalista, e essa é uma singularidade muito marcante. A ideia não é nova. "Todo 'imediatista' [...] é ao mesmo tempo coletor de fatos e produtor de efeitos, efeitos imediatos" (Lacouture, 1978:282). Não se trata tanto de consequências que tal ou qual interpretação histórica pode produzir na atualidade:

uma discussão sobre sítios arqueológicos na Terra Santa ou sobre manuscritos religiosos da Idade Média pode revelar-se tão viva quanto uma controvérsia sobre o 11 de Setembro. Trata-se antes das consequências que a análise histórica, colocada voluntariamente ou não em situação de perícia, pode ter sobre um processo em curso. É em geral onde a história do tempo presente se verifica a mais difícil e a mais arriscada.

Por exemplo, o relatório feito pelo Nederlands Instituut voor Oorlogsdocumentatie (Niod), o Instituto Neerlandês sobre a História da Guerra, acerca dos massacres de Srebrenica de 1995, fez cair o governo em 2002 ao apontar as responsabilidades dos capacetes azuis neerlandeses. Contudo, mesmo levando a uma pesquisa aprofundada, o relatório por vezes errou o alvo, aplicando para a situação da guerra na ex-Iugoslávia paradigmas utilizados para a história do nazismo. Ele o fez somente por reflexo — era seu campo de perícia e mesmo a razão pela qual fora solicitado, de acordo com o princípio de uma possível analogia entre as duas situações históricas —, mas para escapar ao ascendente das categorias jurídicas ao tentar "deslocar" o problema tal como fora posto no Tribunal Penal Internacional para a ex-Iugoslávia de Haia. Ora, essa analogia, apesar do seu caráter inadequado, decuplou os efeitos políticos do relatório, que não podia senão ter efeitos devastadores, uma vez que se tratava do nazismo (Lagrou, 2007:63-79).

Do mesmo modo, sempre no registro da perícia, o relatório feito por Christian Bachelier, em 1998, no IHTP, sobre o papel da SNCF durante a guerra, não foi somente uma leitura acadêmica ou perita de uma questão debatida no espaço público. Ele modificou profundamente a natureza do problema em curso.[121] Em um primeiro momento, esse relatório procurou tomar distância não do próprio período histórico, o que era óbvio, mas da maneira pela qual o problema era colocado no início dos

---

[121] Bachelier ([1998]). Uma parte deste relatório (sem os anexos), pelo qual fiquei responsável, está disponível no site da Association pour l'Histoire des Chemins de Fer en France: <www.ahicf.com/une-entreprise-publique-dans-la-guerre-la-snfc-1939-1945,52>.

anos 1990. Solicitado pela SNCF para realizar uma perícia apenas sobre a questão dos trens de deportação (em torno de uma centena), o IHTP tinha proposto aumentar a questão e conduzir uma pesquisa sobre a estratégia global do empreendimento, assim como sobre suas ligações com a tutela governamental e a das autoridades alemãs da ocupação a fim de medir sua eventual margem de autonomia. A situação no início da pesquisa, em 1992, era a de uma possível culpabilização do empreendimento por crimes contra a humanidade, donde a necessidade para os historiadores de sair de uma lógica exclusivamente jurídica e judicial, igualmente inserida na temporalidade das querelas de memória. O IHTP propôs assim algo diferente de uma simples história factual que buscasse determinar a culpabilidade ou a responsabilidade de tal ou qual indivíduo ou de tal ou qual setor para se concentrar em uma análise política e econômica da estratégia do empreendimento, e recolocar assim a questão dos comboios de deportação em um contexto mais amplo. Uma vez entregue o relatório em 1998, as associações que processavam o empreendimento público e que não tinham podido continuar pela via dos processos penais decidiram apresentar o processo à justiça administrativa, que não julgava indivíduos, mas devia determinar qual tinha sido a responsabilidade do empreendimento público a fim de decidir se os prejuízos e interesses eram justificados. A única peça ou quase única dessas novas queixas, das quais uma teve êxito, foi o Relatório Bachelier, o que não impediu alguns protagonistas de acusar os historiadores de terem querido "esconder a verdade", uma pura mentira tanto tática quanto política. Em outras palavras, solicitado para alimentar uma eventual defesa judicial, o Relatório Bachelier serviu de peça de acusação em um processo administrativo, sem que os historiadores, apesar de alertados e tendo tomado distância de um eventual uso que seria feito do seu trabalho, pudessem de fato antecipar esses efeitos. Pode-se certamente encontrar exemplos similares em trabalhos de história medieval ou moderna, mas a experiência mostrou que levar em conta os efeitos possíveis desse tipo de perícia no processo estudado, à medida que não estava "acabado", era de fato um dado estrutural da história do tempo presente. Não adianta o historiador deslocar-se para escapar da sua própria contemporaneidade, esta o pega sem que ele saiba exatamente onde e quando.

Uma definição por critérios constantes

Além da questão das denominações e da multiplicidade das definições da contemporaneidade, existem na prática efetiva dos historiadores duas maneiras de identificar a história contemporânea, não exclusivas uma da outra. De um lado, podem-se procurar os critérios constantes que permitam distinguir essa parte do tempo histórico dos outros períodos, sem que esses critérios dependam de um contexto historiográfico particular ou de uma conjuntura dada. Essa maneira de proceder tem a vantagem de permitir comparações no tempo e no espaço sobre as diversas práticas que reclamam para si uma mesma preocupação com a história recente, daí o interesse por uma perspectiva longa. Por outro lado, pode-se definir o "tempo presente" ou o "contemporâneo" pela periodização, a operação historiográfica por excelência, que convida a identificar uma data inaugural e isolar um segmento histórico característico próprio. Ao contrário da precedente, essa definição pertence ao registro da interpretação do segmento considerado e depende, portanto, de critérios variáveis: autores, escolas de pensamento, contextos científicos ou culturais.

À primeira vista, é difícil distinguir grandes sequências históricas de outro modo que não por fronteiras notáveis, uma tradição que remonta, como vimos, ao Renascimento e também às primeiras narrativas históricas. Essas fronteiras lembram em geral acontecimentos memoráveis, significativos para os contemporâneos ou seus descendentes: guerras, revoluções, crises, mudanças dinásticas ou constitucionais, um hábito solidamente ancorado na percepção do tempo através das idades, pelo menos no universo ocidental. Da mesma maneira, a escolha de uma periodização histórica consiste sempre em uma leitura ou em uma releitura do passado a partir de uma dada época, quer ela seja o fato dos historiadores, do poder político ou do senso comum. Somente a história contemporânea escapa em parte a essas características, uma vez que é possível defini-la por meio de critérios constantes não dependentes de uma dada conjuntura e, portanto, de uma leitura datada e situada.

Um período móvel

Vários historiadores, entre os quais eu me contava, tinham avançado a ideia nos anos 1980 de que, sendo o limite final do território da história do tempo presente uma fronteira constantemente móvel, o processo devia ter consequências sobre as pesquisas a realizar, em particular uma espécie de vigilância permanente da atualidade. Se o historiador do tempo presente permanece atento ao seu próprio tempo, sobretudo por razões evocadas anteriormente, essa ideia de mobilidade constante do tempo fracassou e teve apenas um impacto muito limitado no trabalho efetivo. O historiador do tempo presente não é um historiador do instante e não tem a vocação de correr atrás da atualidade. Ademais, que os estudos históricos devam dar conta de um alongamento permanente do devir das sociedades humanas é um truísmo, ainda que a questão não deixe de ter efeito na organização dos programas escolares. Em inúmeros países europeus, sobretudo se os horários de ensino da história são reduzidos, esses últimos se acham diante de um dilema: ou tratar da história do tempo presente e reduzir em todos os anos a parte de outros episódios do passado; ou recusar realizar uma seleção para evitar as controvérsias em torno da ideia de que já não se ensina tal ou qual período, sob o risco de tornar os programas ilegíveis. Essas dificuldades foram de certo modo pungentes nos anos 1980, em especial na França, uma vez que as políticas escolares em matéria de ensino da história desenvolveram a ideia de que os alunos do primeiro e último ano deviam ser sensibilizados tanto para a história próxima quanto para temas ditos de "atualidade", uma evolução ligada ao surgimento mesmo de uma nova sensibilidade para o contemporâneo. Trata-se, contudo, de um problema particular que não pesou sobre o desenvolvimento de uma história do tempo presente. Por outro lado, a instabilidade de toda periodização em história contemporânea, que acaba com maior frequência "em nossos dias", não pode ser facilmente eliminada, e continua um primeiro traço constante de toda história contemporânea.

Uma duração significativa

Se fazer a história de um tempo presente é sempre abordar uma duração significativa, um "período" no sentido mais clássico do termo — "de 1945 até nossos dias", "de 1989 até nossos dias" —, a experiência mostra que este será frequentemente mais reduzido do que na história medieval ou moderna. Quanto mais nos aproximamos do presente, mais os recortes são cerrados, fato facilmente observável nos títulos de concursos ou de exames, nos temas de teses, nos trabalhos de pesquisa. Por exemplo, entre 2009 e 2012, surgiu uma nova História Geral da França em 13 volumes, retomando um recorte mais tradicional: quatro volumes que recobrem a Idade Média, do advento de Clóvis (481) ao fim da Guerra dos Cem Anos (1453); quatro recobrem a Idade Moderna, do Renascimento às vésperas da Revolução Francesa; cinco cobrem a Idade Contemporânea no sentido institucional do termo, de 1789 a 2005.[122] Um simples

---

[122] Coleção "Histoire de France", sob a direção de Joël Cornette, Jean-Louis Biget e Henry Rousso, pelas Éditions Belin (2009-2012): Geneviève Bührer-Thierry e Charles Mériaux, *La France avant la France (481-888)*; Florian Mazel, *Féodalité (888-1180)*; Jean-Christophe Cassard, *L'âge d'or capétien (1180-1328)*; Boris Bove, *Le temps de la Guerre*

cálculo aritmético mostra que cada volume de história medieval cobre em média 250 anos, cada volume de história moderna, 80 anos, cada volume de história contemporânea, cerca de 45 anos, por vezes menos, como o sobre 1914-45. Foi preciso, portanto, mais volumes para cobrir os pouco mais de dois séculos que nos separam da Revolução Francesa, do que para cobrir um milênio de história medieval ou três séculos de história moderna. Pode-se comparar essa situação a uma recente história da Alemanha, em 24 volumes, uma série publicada entre 2004 e 2010. Além de um volume de cunho geral, oito volumes são dedicados à Idade Média (do século IV ao fim do século XV); quatro à Idade Moderna (1495-1806); cinco ao século XIX (até 1914); e sete apenas para o "curto século XX" (1914-1990), dos quais três volumes são especificamente dedicados ao Terceiro Reich, ao Holocausto e à Segunda Guerra Mundial, e um meio volume à história da RDA.[123] Se há claras diferenças em relação à série francesa posterior quanto ao lugar relativamente mais importante da história medieval e ao peso sempre considerável dos anos 1933-45, encontram-se disparidades sequenciais análogas: se é preciso oito volumes para cobrir 10 séculos de história medieval, é preciso quase da mesma quantidade para cobrir menos de um século de história do tempo presente. Esses dois exemplos ilustram um fenômeno muito conhecido dos pesquisadores, professores ou editores de manuais escolares: quanto mais nos aproximamos do presente, mais o sequenciamento do tempo se encurta, e mais a densidade da matéria aumenta.

---

de Cent ans (1328-1453); Philippe Hamon, *Les renaissances (1453-1559)*; Nicolas Le Roux, *Les guerres de religion (1559-1629)*; Hervé Drévillon, *Les rois absolus (1630-1715)*; Pierre-Yves Beaurepaire, *La France des lumières (1715-1870)*; Vincent Duclert, *La république imaginée (1870-1914)*; Nicolas Beaupré, *Les grandes guerres (1914-1945)*; Michelle Zacarini e Christian Delacroix, *La France du temps présent (1945-2005)*. Usou-se como critério o número de volumes para cada período, que constitui uma escolha assumida e determinada pelos responsáveis pela série, em vez do número de páginas, que varia em função dos autores, do seu estilo e das suas escolhas intrínsecas.

[123] Benz, Haverkamp e Reinhard (2004-2012: 24 v.). Essa coleção recebeu o nome de um historiador alemão autor de manuais do fim do século XIX.

Poder-se-ia dissertar longamente sobre as razões de tal situação, observada aqui de maneira empírica. A soma dos nossos conhecimentos decresce evidentemente à medida que nos afastamos no tempo, uma regra que não é certo, aliás, que se aplique aos historiadores do futuro, observando nossa época, tão preocupada em conservar rastros de todo tipo — ainda que a fraca confiabilidade de conservação corra o risco de suscitar problemas encontrados desde sempre pelos historiadores. Por necessidade, os acontecimentos mais recentes pesam mais na memória histórica e, portanto, nas escolhas historiográficas. Ademais, as histórias da França ou da Alemanha mencionadas são concebidas no contexto cultural do fim do século XX e início do XXI, período que dá muita atenção à história do tempo presente. Enfim, a densidade da história contemporânea sobre períodos mais curtos se liga à própria "aceleração" da história, consequência do crescimento da velocidade de comunicação, do desaparecimento progressivo dos limites espaciais que podiam limitar há ainda algumas décadas a percepção do tempo presente, das formas múltiplas de globalização — processos esses que nos tornam testemunhas e contemporâneos do que se passa a todo instante no mundo: eis aí um grande desafio para os historiadores do tempo presente de hoje e de amanhã. Objetar-se-á que eu apresento aqui elementos contextuais para explicar um critério supostamente constante. Mas uma rápida olhadela em alguns precedentes mostra que não se trata de um traço próprio do fim do século XX. Ernest Lavisse, conforme citamos no primeiro capítulo, e seus colaboradores dedicaram 17 volumes (mais um volume para o índice) à edição original da *Histoire de France, depuis les origines jusqu'à la Révolution*, publicada entre 1903 e 1911, que cobre 15 séculos, e nove volumes (dos quais um para o índice) à *Histoire de France contemporaine depuis la Révolution jusqu'à la paix de 1919*, para um tempo presente que cobre apenas 130 anos.

250 A ÚLTIMA CATÁSTROFE

Um prazo político de reserva

Que a história contemporânea remonte no tempo em "cinquenta anos, um mês ou um minuto", para retomar a expressão de Benedetto Croce, quaisquer que sejam, portanto, a periodização ou o recorte adotados, põe-se a questão de um prazo de reserva que não existe, por definição, para as outras sequências da história. Certamente, acaba-se de mostrar que o obstáculo foi levantado na historiografia ao longo de todas essas últimas décadas. Nem por isso ele desapareceu inteiramente, como mostram as discussões recorrentes sobre os prazos para o acesso aos arquivos públicos que delimitam um tempo de latência no qual o acesso à informação será controlado, ou mesmo proibido por certo tempo.[124] Na França, esse tempo de latência, intensamente discutido pelos deputados e senadores na ocasião da votação das diferentes leis sobre os arquivos, foi sensivelmente modificado nas três últimas décadas, passando de 50 anos (situação que prevalecia nos anos 1960), a 30 anos (lei de 1979), depois a 25 anos (lei de 2008) para os documentos de interesse geral, mas com prazos de fechamento muito variáveis para alguns tipos de documentos, considerados "delicados" pelos parlamentares ou pelo poder político.[125] Acontece o mesmo na maior parte dos países europeus que concordam hoje sobre um prazo de reserva de 25 a 30 anos, com variações no gerenciamento de alguns documentos. Nos Estados Unidos prevalece o sistema de "desclassificação" dos diferentes tipos de arquivos públicos, que tem a vantagem de permitir um acesso progressivo a inúmeros documentos públicos sem esperar o fim de um prazo de reserva

---

[124] Sobre os prazos para acesso estabelecidos para os arquivos vistos em um plano diferente do simplesmente político ou administrativo, ver Menne-Haritz (1999:4-10), versão inglesa online: Thoughts on the latency of time in administrative work and the role archives play to make it visible. Disponível em: <www.staff.uni-marburg.de/~mennehar/publikationen/latency.pdf>.

[125] Em uma literatura abundante, ver o levantamento claríssimo, que aborda a questão de um ponto de vista comparativo, de Coeuré e Duclert (2001).

geral. Mas em todos os casos, e conquanto o obstáculo dos arquivos provisoriamente inacessíveis seja contornado, isso significa que existe pelo menos uma definição política e normativa da história contemporânea, uma singularidade bastante manifesta em relação a outros períodos da história que não deixa de ter implicações, especialmente nas relações que os historiadores mantêm com o Estado e o poder político. Acrescentemos, contudo, que a observação vale apenas para os arquivos públicos: rastros escritos, imagens ou sons produzidos pelos Estados e pelos poderes constituídos de todo tipo. Ela vale parcialmente para os arquivos privados, cujo acesso pode ser também objeto de leis. Ela não poderia cobrir o conjunto das fontes acessíveis à história contemporânea, cuja diversidade e abundância constituem ao mesmo tempo um obstáculo e um trunfo da disciplina.

O ritmo secular

Na prática dos historiadores, como aliás em outras disciplinas, é frequente desde o século XIX recortar o tempo histórico em tantos segmentos quanto existem "séculos". Isto permite definir mais facilmente territórios a compartilhar, temas de exames e de ensino. Existem assim mui naturalmente especialistas do século XX, como existem do século XVI, recortes visíveis tanto nos títulos dos manuais (por exemplo a série dos manuais de história literária de "Lagarde et Michard"), de centros de pesquisas, quanto nos títulos de revistas científicas. Por exemplo, é publicado em 1984 o primeiro número da revista *Vingtième Siècle*, criada por historiadores vindos entre outros do Instituto de Estudos Políticos de Paris (René Rémond, Michel Winock, Jean-Pierre Azéma, Jean-Noël Jeanneney...), da Universidade de Paris X Nanterre (Jean-Jacques Becker, Jean-François Sirinelli), do novo Instituto de História do Tempo Presente (François Bédarida, Jean Pierre Rioux, Danièle Voldman e eu), em que foi estabelecida em um primeiro momento a sede da redação. Nos meses que precederam seu lançamento, os mais jovens dos redatores levantaram a questão de saber se não era preciso antecipar um sucesso possível dessa nova revista e, portanto, se interrogar sobre a pertinência do seu nome. Estávamos então a apenas 17 anos do fim do século, e por menos que a revista se enraizasse no meio científico, seu nome poderia tornar-se muito rapidamente obsoleto. O argumento foi logo descartado pelos notáveis. Uma vez que era, por outro lado, impossível utilizar um nome já usado por outra revista — a *Revue d'Histoire Moderne et Contemporaine*, sua irmã mais velha —, e já que estava fora de questão chamar o neonato de *"Revue d'Histoire du Temps Présent"*, para não dar o sentimento de que a criança tivesse apenas um pai quando tinha vários — problema que ia suscitar depois algumas vãs querelas sobre a paternidade legítima, cujo segredo é guardado pela Universidade —, o nome foi mantido como estava. Dezessete anos depois, com sucesso de fato granjeado, a revista teve de enfrentar um dilema: mudar de nome e perturbar assim uma imagem bem instalada no meio acadêmico, ou mantê-lo e perder um pouco da substância da sua mensagem original, que era tanto o estudo do século XX enquanto tal quanto o estudo do tempo presente, que iria transbordar para o século XXI. Conservou-se o nome original.

A nossa revista devia assinalar a passagem do século XX para o XXI. Ela o faz aqui do seu modo, sem orgulho nem arrependimentos, e inicialmente fugindo a qualquer ideia de balanço organizado que chancelaria como verdade estabelecida às pressas e a machadadas, como acontece há já alguns meses em tantas publicações. A única verdade que este número especial deseja sugerir é esta: o tempo, o nosso tempo, não é fechado, os encadeamentos causais mais pesados e os acontecimentos mais "marcantes" (1989 em primeiro lugar, para alguns) não foram suficientes para nos desligar deste século XX cronologicamente fluido, cujas fontes remontam até 1914, e cujo fluxo segue, e tanto, "até os nossos dias", sob nossos olhos arregalados, sem fatalismo trágico nem "sentido" eufórico da História. Em resumo, a problemática crepuscular, em preto e branco, em rosa ou sangue, não nos convence e as diversas manifestações que marcaram no ano passado a entrada no terceiro milênio não nos fizeram mudar de opinião. A história do presente, a história do tempo presente, a história da presença do tempo, a história de um passado não encerrado, a história, portanto, contemporânea no sentido mais exato do adjetivo não deve ter senão obrigações de calendário e rememorações artificiais, uma vez que recusa por definição as fronteiras e os fechamentos.[126]

Se deixamos de lado a última asserção, assaz estranha no contexto, uma vez que o nome da revista remete precisamente a fronteiras seculares, o que é interessante no argumento é a constatação de que os historiadores do tempo presente são primeiramente historiadores, trabalhando, portanto, com durações significativas e não querendo estar sujeitos à tirania ou às modas do imediato e da atualidade. Por isso que a revista não tinha escolhido um nome mais conceitual ou mais geral. Chamar-se "*Vingt-et-unième Siècle*" desde o primeiro número de 2001 teria sido uma escolha arriscada. Assim, uma escolha mais "estrutural" e mais ambiciosa na origem teria evitado de saída esse inconveniente.

No recorte em "séculos", os historiadores do contemporâneo são aqueles que trabalham com o século mais recente: tal é o critério constante. Contudo, por detrás dessa repartição do tempo um tanto mecânica se dissimula uma visão implícita: o século constituiria o horizonte temporal do senso comum e se trataria de uma categoria pertinente para a análise científica. Cem anos é hoje pouco mais que uma vida humana, é uma duração simbólica, pelo menos nas civilizações que ado-

---

[126] Rioux (2001:3-5). A última frase remete em nota a René Rémond (2000) e Laïdi (2000).

taram o calendário gregoriano e para as quais a passagem dos séculos e dos milênios constitui momentos delicados do imaginário social. É uma sequência ao alcance das lembranças individuais ou coletivas diretas ou transmitidas de primeira ou segunda geração. Não obstante, ao admitir por hipótese que o senso comum perceba o século como um horizonte histórico natural, o papel dos historiadores não seria, senão de recusá--lo, pelo menos de realizar um deslocamento de perspectiva? Pode-se aliás notar que os especialistas de um dado século raramente levantam a questão de saber se o século constitui em si uma escolha pertinente e, em caso afirmativo, por quais razões. É verdade especialmente em relação aos "vintistas", para não falar daqueles que já se posicionam como os especialistas de um século XXI que apenas começou (Almeida, 2007). A maior parte, aliás, tem consciência de quão pouca pertinência têm esses recortes e mostra ter imaginação para fazer coincidir o ritmo secular com a interpretação subjetiva da história, situando-se portanto no registro interpretativo, que é a outra maneira de definir o tempo presente. Às vezes trapaceando um pouco com a aritmética: os historiadores europeus se habituaram assim a começar o século XIX com a queda do Império Napoleônico, em 1815, e a terminá-lo com a eclosão da Primeira Guerra Mundial, em 1914; Geoffrey Barraclough, um dos pioneiros da história contemporânea, mencionado no capítulo precedente, faz começar o século XX e a modernidade em torno do 1890, com as revoluções tecnológicas; o grande historiador Eric Hobsbawm definiu um "curto" século XX, que teria começado em 1914 e terminado em 1991, com a queda do sistema soviético (Hobsbawm, 1999). Quanto aos terroristas do 11 de Setembro, eles tiveram o bom gosto de realizar seus ataques bem no início do novo século, oferecendo assim aos historiadores uma fronteira inaugural muito original.

O ator e a testemunha

Enfim, a presença de atores vivos suscetíveis de testemunhar sobre sua experiência vivida constitui o critério constante que mais recorrentemente vem à baila. Os historiadores do tempo presente delimitam com frequência seu território ao se referirem à "duração de uma vida humana", ou seja, um cálculo retroativo de 70 a 80 anos, a levar em consideração as evoluções biológicas recentes.[127] Diferentemente do século, que é uma fronteira fixa, encontra-se aqui a ideia de uma fronteira móvel, ou pelo menos de uma temporalidade deslizante e relativa, verdadeiramente muito difícil de dominar. Na ocasião de sua criação, em 1978-80, o IHTP tinha adotado em um primeiro momento esse tipo de critério, o tempo contemporâneo remontava, portanto, às imediações de 1900. Com o acaso mais uma vez fazendo muitas coisas, seus historiadores puderam assim dialogar diretamente com seus colegas "vintistas" sem que nem sempre se compreendessem suas diferenças, uma vez que o tempo presente se confundia então com o século em curso. Assim, sobre o que podia "testemunhar", em 1980, uma pessoa nascida na França ou na Europa em torno de 1900? Sobre sua infância antes da Primeira Guerra Mundial? Sobre sua atividade de adulto, a contar dos anos 1920? Sobre os momentos notáveis da sua existência, por exemplo, a travessia da Segunda Guerra Mundial, a contar de 1939? Sobre o início de um relativo período de paz e de prosperidade após 1945 — se ela tinha nascido do lado bom da Cortina de Ferro ou não vivia em um território colonial? Eis aí uma visão ingênua das coisas, pois o próprio processo da fala sobre o passado obedece a critérios infinitamente mais complexos do que a simples restituição da memória histórica, no sentido em que entende Maurice Halbwachs, ou seja, a de um passado coletivo mais ou menos

---

[127] Ver sobretudo os escritos do IHTP, em particular os de Bédarida (2003), assim como o trabalho editado por Voldman (1992).

interiorizado pela experiência do indivíduo e dos contextos sociais primeiros no qual ele se insere: a família, o lugar de vida etc. Entram em jogo aqui a capacidade própria dos indivíduos de se lembrarem e de se esquecerem, sua vontade de se exprimirem ou não sobre o passado, sua reatividade diante de eventuais questões dos historiadores com o intuito de interrogá-los, as diferentes experiências por que passaram segundo os lugares, o gênero, os acasos da existência, seu temperamento e sua posição social. A isso se soma um elemento essencial: a diferença de geração entre o historiador e sua testemunha potencial. Interrogar alguém mais velho, que passou por uma experiência inacessível ao historiador, como alguém que fora deportado, apresentará certamente dificuldades inerentes a qualquer entrevista em ciências sociais, mas oferecerá pelo menos a vantagem de uma situação de alteridade evidente. Por outro lado, interrogar alguém mais próximo em idade necessitará de uma vigilância maior, em virtude deste princípio várias vezes enunciado neste livro: o desafio de um historiador do tempo presente consiste em criar distância com a proximidade.

Consequentemente, a presença de testemunhas vivas não se confunde com a possibilidade para o historiador de interrogá-las e de fabricar assim fontes orais para a história, como se disse com muita frequência. Não há homotetia entre a história oral e a história do tempo presente, ainda que haja relações historiográficas evidentes. Por um lado, inúmeras fontes históricas do passado mais longínquo são muito frequentemente fontes orais recolhidas, e em seguida colocadas em um suporte que pôde atravessar o tempo e subsistir sob forma de rastro: é o caso, bem conhecido, dos arquivos judiciais ou policiais utilizados para compreender o imaginário popular, não sem alguns riscos bem conhecidos de reproduzir o olhar não do interrogado, mas do interrogador (Farge, 1989). Por outro lado, o historiador pode trabalhar com um acontecimento recente sem ser por isso capaz de recolher testemunhos suficientes para serem significativos: todos aqueles que trabalham com a história dos genocídios e dos massacres massivos do período recente conhecem essa dificuldade, seja porque quase todos os autores desapareceram, seja porque eles não têm o desejo de testemunhar por medo ou por razões ligadas à sua economia psíquica pessoal. Foi o que aconteceu algumas vezes em alguns tribunais penais internacionais uma vez que se julgavam crimes recentes cometidos por vizinhos, semelhantes e às vezes por membros da família (como em Ruanda), e não por elementos estranhos.[128]

Como justificar, então, o estabelecimento de tal critério para definir a história do tempo presente e o que significa fazer a história de um período para o qual existem "testemunhas vivas"? Primeiramente, ainda quando não há equivalência perfeita entre a história do tempo presente e a possibilidade de recurso a testemunhas orais, ela é uma realidade importante, para não dizer decisiva na prática concreta. As narrativas mais precoces, embora menos numerosas, sobre um acontecimento dramático — guerra, revolução... —, são quase sempre testemunhos diretos que os historiadores utilizam posteriormente, inclusive com um olhar crítico. As informações disponíveis sobre os sistemas autoritários ou totalitários, dos quais o período recente não foi avaro, provêm com muita frequência em primeiro lugar de testemunhos clandestinos, mais confiáveis do que qualquer documento oficial. Em seguida, qualquer que seja a unicidade proclamada do método histórico, não há comparação possível entre uma situação em que a testemunha e o historiador estão face a face, em uma relação interpessoal direta, em uma confrontação amistosa ou tensa entre duas consciências, dois inconscientes, dois imaginários, em que as palavras de um se moldam em virtude do ouvido do outro, de sua capacidade de escuta ou, ao contrário, da sua "resistência" à alteridade, e uma situação em que o histo-

---

[128] Um filme recente ilustra muito bem este fenômeno, mostrando todas as posturas da testemunha diante do Tribunal Penal para a ex-Iugoslávia de Haia: *La révélation*, de Hans-Christian Schmid (2010).

riador se confronta com a palavra de um morto, mesmo que sua missão consista em fazê-lo reviver por um instante graças aos rastros que ele pôde deixar, inclusive as palavras passadas a um documento de arquivo. Com todo respeito aos críticos da história do tempo presente, existem entre as duas situações diferenças essenciais, a começar pela natureza dos fenômenos de transferência. Trabalhar com um passado longínquo não impede o historiador de realizar uma transferência a um personagem desaparecido há séculos, e o morto de ser substituído pelo vivo. Mas essa transferência não pode realizar-se senão em um só sentido, enquanto na confrontação direta, de viva voz, entre um historiador e uma testemunha, as questões de transferência desempenham um papel determinante, *a fortiori* se um quiser fazer o outro falar sobre seu passado. A ignorância desses mecanismos psíquicos, porém elementares, sobretudo da parte dos historiadores, explica frequentemente os mal--entendidos, e até mesmo os conflitos severos que podem existir na matéria, assim como o fato de as expectativas inconscientes da testemunha serem levadas em consideração por um observador esclarecido pode, ao contrário, explicar os laços muito fortes que se criam entre eles e produzir uma grande inteligibilidade. Esses outros produtores de saber histórico, a saber, os cineastas ou documentaristas, compreenderam excelentemente essa relação específica, direta, intersubjetiva em face de interlocutores de carne e osso, frequentemente incapazes de falar sem serem pressionados, por vezes sem delicadeza, à imagem de um Marcel Ophuls ou de um Claude Lanzmann, cujo talento e sucesso repousaram em grande parte sobre sua capacidade "de fazer falar" os mais reticentes, inclusive manipulando-os sem a menor vergonha e valendo-se de uma agressividade a respeito das suas testemunhas sem medida comum com aquilo que se censura às vezes aos historiadores. É surpreendente a esse respeito ver que são os acadêmicos que são acusados frequentemente de "despossuir" as testemunhas da sua palavra ao passo que se sacralizam os métodos de um Lanzmann, que quase substituiu física e moralmente aqueles cujo testemunho ele devia portar.[129] Haveria, ao contrário, muito a dizer sobre a ética ortodoxa e pusilânime da entrevista em ciências sociais, que privilegia quase sempre o "não diretivo", o questionamento aberto, oferecendo aparentemente mais liberdade à testemunha requisitada. Em realidade, esse método acaba frequentemente em um apagamento da subjetividade do pesquisador e em resultados com frequência sem relevo, quando muito em informações coletadas, enquanto seria preciso, ao contrário, ensiná-lo a dominar sua subjetividade ao mesmo tempo que ele aceita deixá-la afirmar-se, uma das únicas maneiras de criar o desejo na testemunha interrogada, de incitá-la a baixar a guarda, de criar mais uma vez um pouco de transferência, a única portadora de surpresas, o único acesso possível a uma verdade que ultrapassaria o que estava no acordo. Ainda que a prática dos documentaristas não possa ser adotada pelos mesmos cientistas que devem respeitar um roteiro prévio, e ainda que a imagem tenha sempre, no caso, mais força para o grande público que a escrita, há contudo algumas lições a tirar do impacto desses testemunhos filmados em vista dos coletados pelos pesquisadores, historiadores ou sociólogos, armados de um arsenal teórico às vezes tanto verborrágico quanto vazio, pois refreiam sua capacidade de se considerarem sujeitos que escutam outros sujeitos, aceitando, portanto, deixar-se atravessar pela palavra dos outros.

Definitivamente, a história do tempo presente se singulariza menos pela questão da testemunha do que pela própria presença dos atores, quer eles sejam ou não interrogados e requisitados. É a sua presença física, carnal, que obriga o historiador de um modo completamente diferente daqueles que trabalham com rastros. Nem sempre é preciso uma longa demonstração para se convencer disso. Os historiadores do tempo presente estão mais que os outros submetidos à atenção dos seus objetos

---

[129] Sobre esse filme *Shoah*, em uma literatura abundante, ver o trabalho de desconstrução realizado por Rémy Besson em sua tese *La mise en récit de* Shoah, defendida na EHESS em março de 2012, e que analisa em detalhe a montagem do filme.

de estudo, à sua "vigilância" amistosa, por vezes mesmo à sua punição se acaso eles forem levados a tribunais por difamação: pode-se, com direito, dizer o que se quiser sobre os mortos (ainda que a tendência pareça ir em direção de uma maior restrição), não se pode fazer isso com os vivos, e daí o risco maior de autocensura. Trata-se, contudo, de casos limites, e a singularidade se situa aqui em outro lugar. Há o caso frequente de atores que se transformam em historiadores dos acontecimentos dos quais eles participaram, fazendo concorrência com os pesquisadores nascidos após, opondo-lhes não somente um saber adquirido, comparável ao seu, mas também uma experiência que eles não têm por definição: se o distanciamento se torna para eles mais difícil, por outro lado a justeza da afirmação, a precisão factual e a penetração psicológica podem achar-se por isso reforçadas. Os escritos de um Jean--Louis Crémieux-Brilhac, veterano da França Livre que se tornou um historiador, ou de um Daniel Cordier, antigo secretário de Jean Moulin, que se tornou seu biógrafo, valem por sua lucidez e seu espírito crítico por muitos escritos acadêmicos sobre a Resistência, em que a estreiteza de visão se conjuga com a facilidade hagiográfica. Acrescentemos que na historiografia do fascismo, do nazismo, do Holocausto, muitos grandes livros escritos até os anos 1990, antes que surgisse uma nova geração, foram redigidos por historiadores que atravessaram eles próprios o período (Saul Friedländer, Walter Laqueur, George Mosse, Léon Poliakov, Zeev Sternhell, ou ainda Martin Broszat), com experiências muito diferentes que desempenharam um papel essencial em sua vocação e em sua maneira de escrever a história.

Às vezes acontece também que os próprios atores se transformam em observadores... dos historiadores. Isto é mostrado por um livro de lembranças surpreendente, publicado em 2008 por Renée David, uma ex-resistente, prima de Raymond Aubrac (David, 2008). Em 1943, com a idade de 22 anos, ela foi internada no Forte de Montluc, em Lyon, e depois em Drancy. Engenheira pesquisadora na Sorbonne, ela participou, desde sua criação até o início dos anos 2000, de todos os seminários e colóquios do IHTP consagrados à história da Ocupação. Ela fala desse assunto em quase um terço do livro, avaliando as posições de uns e de outros, buscando compreender a dialética em jogo entre memória e verdade, reproduzindo um diálogo que ela teve de viva voz durante mais de 20 anos com historiadores de várias gerações, entre os quais eu me contava. Ela mostra as contribuições de uma historiografia que se constituiu sob seus olhos, alegrando-se pelos laços calorosos mantidos durante anos entre atores e historiadores tomados em sua singularidade própria, sem que fossem reduzidos ao seu simples *status*. Ela mostra também os impasses ou conflitos que essa historiografia atravessou, como após o "caso Aubrac", em 1997, em que uma reunião organizada e publicada pelo jornal *Libérationi* sobre Raymond e Lucie Aubrac, para discutir calúnias proferidas a seu respeito, se transformou em um enfrentamento entre atores, entre pesquisadores, entre atores e pesquisadores, entre gerações.[130] A crise foi dolorosa, mas sem dúvida necessária para marcar o corte que existe afinal de contas nesses temas entre os que pensam que o historiador deve servir a uma causa, política, moral ou outra, e que reivindicam essa servidão apesar dos riscos de uma escrita apologética, e os que pensam que a tarefa do historiador consiste em lançar um olhar crítico, autônomo e subjetivo sobre todo objeto ou todo tema que lhe pareça digno de interesse, quem nela engaja sua responsabilidade, o preço alto dessa liberdade. Apesar dos conflitos, Renée David pensa que esse diálogo foi frutífero, pois os historiadores "terão incitado, 'forçado' as próprias testemunhas a uma retrospecção difícil" (David, 2008:13). Ela toca com o dedo um elemento essencial, para não dizer original, do ponto de vista da epistemologia: não somente o historiador do tempo presente pode criar suas próprias fontes, produzindo, por exemplo, re-

---

[130] Exprimi-me longamente sobre este caso (Rousso, 1997). Para uma análise um pouco imparcial, ver Suleiman (2006: cap. II).

positórios de testemunhos, mas ele pode ainda agir sobre elas, inclusive quando se trata de atores vivos cuja visão da história, inclusive a sua, pode ver-se mudada por isso.

Uma história inacabada

"Os fatos realizados se apresentam a nós com uma clareza bem diferente daquela dos fatos em vias de realização", escrevia Fustel de Coulanges (1893: primeiro capítulo). Uma visão retomada por Raymond Aron em uma fórmula ainda mais incisiva: "O objeto da História é uma realidade que cessou de ser" (Aron, 1964:100-101). Nessa visão teleológica assumida, as ações humanas não tomam seu significado senão no momento posterior. E acabamos de ver que essa postura pode conservar certa legitimidade, por exemplo em termos de periodização. Assim, a prática dos historiadores do tempo presente consiste exatamente em uma postura inversa: eles correm o risco de lançar um olhar fluido sobre fatos em vias de realização e sobre uma realidade que continua a viver em seu presente. Eles interpretam uma história inacabada e assumem o caráter provisório das suas análises.

> É próprio de uma história do tempo presente, e de uma história indissociavelmente social e cultural do tempo presente, mais ainda que de uma história política ou econômica, ou de uma história das produções culturais (teatro, cinema, revistas etc.), ser uma história manca, coxa, incompleta, inacabada. A maneira correta de fazer esta História não é tentar remediar este inacabamento, ou mascará-lo restabelecendo, por algum artifício, continuidades demasiado sedutoras que fariam o presente sair logicamente do passado. É assumir este próprio inacabamento, de trabalhar para por em relevo, da inadequação das representações às realidades sociais que elas pretendem dizer, a sua própria novidade. [Prost, 1993:359]

Faço minha, palavra por palavra, a conclusão desse texto de Antoine Prost, publicado em 1993 em um livro em homenagem a François Bédarida. Não somente ele aceita no livro a ideia de uma singularidade dessa forma de história — embora vá negá-la posteriormente —, mas aponta para sua mais evidente singularidade. Sobre esse ponto, a história do tempo presente se insere em um movimento geral da historiografia contemporânea de todos os períodos. Tendo-se esta desviado do paradigma objetivista, ela admite quase naturalmente hoje que uma época histórica possa conhecer múltiplas vidas pelos diferentes historiadores e os diferentes observadores que vão debruçar-se sobre ela no futuro. Isso não significa defender assim uma posição relativista em que todo postulado sobre o passado "que efetivamente existiu" teria desaparecido, e em que todo conhecimento adquirido em um dado momento deveria ser revisto inteiramente 20 ou 30 anos mais tarde. Aceitar o inacabamento de uma proposição histórica não significa negar à disciplina sua dimensão de processo cumulativo de conhecimentos. Assim, se toda história pode ser hoje considerada inacabada, a história do tempo presente o é um pouco mais que as outras. Sua dificuldade se liga precisamente a esta maior incerteza quanto às proposições que ela emite que a aproximam das outras ciências sociais, pelo menos das disciplinas que não pretendem explicar o real por leis, mas se esforçam por compreender indivíduos ou fatos sociais em movimento, com todos os riscos que isso pressupõe.

Acrescentemos finalmente que o historiador do tempo presente se precipitou em uma contradição do objetivismo raramente levantada. "Ao historiador que quer reviver uma época, Fustel de Coulanges recomenda esquecer tudo o que ele sabe sobre o curso posterior da história. Não se poderia descrever melhor o método com o qual o materialismo histórico rompeu", escreve Walter Benjamin, que desprezava concepções positivistas (Benjamin, 2001:54-55). Essa postura do historiador que ignora a palavra final da história permanece grandemente um cânone da profissão, inclusive entre historiadores que não são nem positivistas, nem materialistas. Ela chega a constituir o antídoto habitual para o pecado de anacronismo, aquele que consiste em explicar as ações de uma época com categorias que pertencem ao presente do historiador. Ora, há uma contradição flagrante entre o princípio de uma história que não pode ser escrita senão quando "acabada" e o princípio de empatia, dois postulados de métodos do positivismo. De um lado, ordena-se aos historiadores não escrever nada enquanto os fatos não sejam cumpridos, enquanto a história não tenha terminado, pois eles estariam na incapacidade de compreender o sentido último de uma época estudada cedo demais. Mas, de outro lado, pede-se-lhes que observem esse mesmo passado, e, portanto, acabado, com um olhar que abstrairia o conhecimento que eles têm da sequência das coisas para ter melhor empatia com os homens do passado e compreender suas ações "como se eles estivessem lá". Os historiadores devem, portanto, realizar um recuo, mas com o mesmo movimento esquecer o que esse recuo lhes permite ver. Ora, os historiadores do tempo presente não têm esse problema. Melhor ainda, eles superaram facilmente essa contradição uma vez que não conhecem efetivamente o fim da história e, portanto, estão em uma situação ideal para ter empatia com seus contemporâneos sem precisarem forçar sua imaginação. É verdade que é-lhes mais difícil — mas também necessário — "escovar a história a contrapelo", como os convida Walter Benjamin.

Uma definição por critérios variáveis

Via de regra, as grandes periodizações históricas consagradas pelo uso se articulam em torno de momentos fundadores: a queda do Império Romano do Ocidente (476), a Tomada de Constantinopla (1453) e a Revolução Francesa (1789). Apesar da crítica em relação à história política e à história dos acontecimentos, e a despeito das evoluções científicas ou das relações estreitas que a história mantém com as outras ciências, são menos as mudanças profundas, econômicas, sociais ou culturais que ainda estruturam o tempo histórico "oficial" — aquele dos programas escolares e universitários — do que acontecimentos no sentido mais tradicional do termo. Não foi a primeira revolução industrial que inaugurou a Idade Contemporânea em uma tradição francesa, e sim a Revolução Francesa, ainda que a historiografia seja hoje menos rígida que outrora sobre a cronologia. A fronteira entre a história moderna (fim do século XV — fim do século XVIII) e a história contemporânea suscitou assim numerosos desacordos. Para ser mais preciso, é o nascimento da segunda que causa problema, mais que o fim da primeira: há pouca contestação sobre o corte que representa a queda do Antigo Regime na França. Se sempre houve divergências para fixar os limites entre a Antiguidade, a Idade Média e os Tempos Modernos, conforme se privilegie tal ou qual acontecimento, os que dizem respeito ao início da história contemporânea apresentam entre si amplitudes que podem atingir 150 anos entre as diversas escolas e, portanto, podem modificar profundamente o sentido da palavra "contemporâneo". Dou alguns exemplos, entre os mais significativos, seguindo a ordem na qual os limites inaugurais ainda em uso apareceram sucessivamente há cerca de um século e meio para definir a época contemporânea.

1789

A data mais recuada no tempo pertence também, logicamente, à tradição mais antiga de todas as que perduram ainda no início do século XXI. O ano de 1789 e o acontecimento revolucionário em sentido amplo constituem um limite inaugural da época contemporânea desde o fim do século XIX. Na época, essa maneira de recortar o tempo correspondia a uma realidade intelectual e política em numerosos países europeus. A sobrevivência, hoje, dessa tradição é, aliás, uma singularidade antes francesa, a despeito das evoluções históricas posteriores, das profundas mutações da historiografia no século XX, ou ainda da releitura do próprio acontecimento revolucionário. Ainda que os historiadores franceses tenham desempenhado um papel de primeiro plano em todas essas transformações, esse corte obsoleto não foi realmente questionado, pelo menos até o surgimento, nos anos 1980, da noção de história do tempo presente, em ruptura precisamente com essa tradição. Se os pais fundadores da República tinham todas as razões para inserir sua ação na linhagem da Revolução — com as contradições assinaladas no capítulo II — e se a França de hoje, como uma boa parte da Europa, permanece tributária dos efeitos de longo prazo dessa ruptura importantíssima na história, o que significa hoje uma tal definição extensiva da contemporaneidade? Que um acontecimento recuado no tempo continue a viver ou a reviver no imaginário presente, na memória nacional ou mundial, nas tradições, heranças políticas ou culturais, é uma evidência antropológica. Isso não basta para continuar a afirmar que um acontecimento velho de mais ou menos um século e meio permaneça a virada decisiva do "nosso tempo", ainda menos a mantê-lo artificialmente como fato contemporâneo, sobretudo nos recortes em vigor no ensino superior, enquanto no mesmo momento os recortes historiográficos do ensino secundário se mostram mais racionais ao limitar de fato a época contemporânea ao século XX, recorrendo assim a um critério mais aceitável.

Pode-se notar, aliás, que a distinção em uso pelos historiadores entre os adjetivos "moderno" e "contemporâneo" já não faz muito sentido. Os dois termos pertencem a registros diferentes e não deveriam, pela lógica, designar sequências históricas sucessivas: um designa o advento de uma nova ordem em relação a uma ordem velha, o outro designa em seu sentido primeiro o pertencimento a uma mesma época. A modernidade pertence tanto ao nosso tempo quanto ele foi desde o Renascimento uma maneira de marcar uma mudança. A contemporaneidade carrega tanto o moderno quanto o antigo. Melhor ou pior ainda, uma parte da reflexão epistemológica contemporânea faz do século XVIII e do momento revolucionário o começo — e não o fim — de uma modernidade que confere à historicidade, isto é, à consciência de que a condição humana se insere em um devir, um lugar determinante. E essa modernidade se teria enfraquecido no último terço do século XX com a crise do porvir. Ademais, não somente é absurdo considerar que a Revolução Francesa pertence ao "mesmo tempo" que o início do século XXI, mas sobretudo esse recorte negligencia o fato de que outros acontecimentos posteriores igualmente importantes tiveram efeitos notáveis e duradouros tanto sobre a "modernidade", quanto sobre a maneira de conceber a "contemporaneidade".

1917

Uma revolução expulsa a outra. Entre as datas que constituíram outro limite inaugural do mundo contemporâneo e que às vezes continua sendo utilizada, figura o ano de 1917, ou antes a sequência 1917-18. Esse recorte se manifestou sobretudo na historiografia alemã logo depois da Segunda Guerra Mundial e da queda do Terceiro Reich, como vimos no capítulo II, com os escritos de Hans Rothfels e a criação do Institut für Zeitgeschichte. Esse recorte associa em um mesmo movimento a Revolução Russa, a entrada na guerra dos Estados Unidos, grande potência nascente, e a saída da Primeira Guerra Mundial — e não seu ponto de partida —, que constitui uma derrota relevante, cheia de consequências para a história da Alemanha e da Europa. Ele valoriza o surgimento de uma primeira forma de globalização, não sem reais argumentos, mas constitui também um modo de diminuir a importância do critério nacional em uma época em que a historiografia alemã, assim como o resto da sociedade, deve dar conta do balanço terrível do nazismo. Esse recorte foi abandonado, aliás, pelas gerações seguintes em proveito de uma periodização mais fluida, que focaliza a história e a pré-história do nazismo, com um outro inconveniente, objeto de ferozes debates nos anos 1980: o de isolar, de singularizar ao extremo a sequência 1933-45 a ponto de lhe atribuir uma espécie de *status* de extraterritorialidade histórica.

1945

Se 1789 e 1917 remetem a tradições historiográficas específicas, ambas marcadas por um forte sentimento de excepcionalidade nacional, como no caso da "exceção francesa" ou do *Sonderweg* alemão, foram outros limites inaugurais do mundo contemporâneo que se impuseram mais simplesmente ou mais "naturalmente", pelo menos em aparência. É o caso do ano de 1945, que se encontra em grande parte da historiografia inglesa dos anos 1980, sobretudo com a criação do Centre for Contemporary British History (CCBH), em 1986, e cujo campo de investigação se inicia com o fim da Segunda Guerra Mundial. Encontram-se sem surpresa divisões similares na historiografia americana, o corte entre "história moderna" e "história contemporânea" estando aliás quase ausente no universo anglófono, por razões quase evidentes no caso americano, cuja história nacional tem pouco mais de dois séculos, e por razões pragmáticas no caso britânico: "O ano de 1945 e a definição em termos de memória viva são de bom grado admitidos não como tentativas de delimitar uma nova era, mas para fornecer uma descrição cômoda do contemporâneo" (Catterrall, 1997:441-442). O mesmo corte figura, por exemplo, nos programas da parte final do ensino fundamental na França, editados em 1957 e modificados em 1959. Inspirados grandemente nas concepções de Fernand Braudel, esses programas preveem que o período de 1914-45 seja tratado no segundo ano do ensino médio, ao passo que no terceiro ano os alunos serão convidados a estudar a história das "civilizações": os mundos ocidental, soviético, muçulmano, extremo-oriental, da Ásia do Sudeste e da África negra.[131] Por um lado, o ensino secundário mostra (assim como o primário) certo avanço sobre a pesquisa quanto ao lugar concedido à história recente, mas, por outro, ele cria uma estranha separação entre o essencial da história abordada de maneira tradicional, pelos fatos, os acontecimentos, a cronologia e, por outro lado, um "mundo contemporâneo" que surge em 1945 e em relação ao qual se privilegia o espaço, a cultura, o tempo longo. Permanece-se assim implicitamente na ideia de que o recuo não é suficiente para estudar, por exemplo, a Revolução chinesa como se estuda a Primeira Guerra Mundial.[132] Esse programa suscita aliás numerosas controvérsias, menos sobre o corte de 1945 do que sobre a questão das civilizações. Será preciso, contudo, aguardar as reformas de 1981-82 para que esse conceito seja definitivamente abandonado em proveito de um recorte que reate a cronologia e coloque a Segunda Guerra Mundial no lugar certo, uma vez que, a contar dessa data, o programa do terceiro

---

[131] Programa de 19 de julho de 1957. Ver Garcia e Leduc (2003:200-205).

[132] Braudel (1963), reeditado na parte relativa às civilizações em 1987 sob o título de *Grammaire des civilisations*. Ver também Bouillon, Sorlin e Rudel (1968). Este último título é o que eu tive no último ano do ensino médio, em 1971-72, no Liceu Florent-Schmitt de Saint-Cloud. Ele tinha-me deixado uma lembrança bastante fraca. Por outro lado, não esqueci o jovem professor, M. Wagner, que teve a presença de espírito de esquecer o manual e o programa, para nos ensinar a matéria viva da história do século XX. Ele me aconselhou a perseverar nessa disciplina, e eu queria, a pretexto desta nota, prestar-lhe homenagem. Um detalhe: o Liceu Floren-Schmitt recebeu o nome, desde 2005, de Liceu Alexandre-Dumas. Com efeito, ele foi desbatizado após vários anos de polêmicas quando se (re)descobriu que o músico, por um tempo morador de Saint-Cloud, tinha sido pró-nazista, presidente de honra da seção musical do Grupo Colaboração sob a Ocupação. A publicação de 2001, pelo Instituto de História do Tempo Presente (que eu dirigia então) e pelas Éditions Complexe de *La vie musicale sous Vichy*, um trabalho dirigido pela musicóloga e historiadora Myriam Chimènes, parece ter acelerado as coisas.

ano cobre o período de "1939 até nossos dias", resultado ao mesmo tempo do surgimento de um debate público sobre a memória dessa guerra e dos primeiros resultados de uma história do tempo presente renascente.

À primeira vista, assim como para outros recortes, o ano de 1945 inaugura, ao que tudo indica, o nascimento de um mundo novo, marcado sobretudo no plano internacional pelo fim da dominação europeia, o desaparecimento progressivo dos últimos impérios coloniais, o surgimento de novas grandes potências, o nascimento de uma tecnologia nuclear com implicações militares e civis consideráveis. Ele constitui, portanto, um limite "natural" para os historiadores como ele o foi para numerosos contemporâneos. Contudo, fazer iniciar o mundo contemporâneo logo depois da Segunda Guerra Mundial constitui tanto uma escolha quanto um ponto de vista em relação ao sentido desse acontecimento. Isso pressupõe, pelo menos na ordem das representações, virar a página da guerra mais mortífera da história da humanidade. Isso necessita remeter a um passado que considera encerrado o "primeiro" século XX, aquele do fascismo, do nazismo e dos crimes de massa soviéticos. Enfatizar esse recorte é sublinhar o triunfo — pelo menos parcial — da ideia democrática com o advento no espaço do pós-guerra da construção europeia, do crescimento econômico — que também é ocidental —, de um Estado-Providência que se impõe por um tempo como um modelo universal. Trata-se aqui de uma visão otimista da história do século XX, que pressupõe que as gerações do pós-1945 teriam superado bem, física e moralmente, os efeitos deletérios das décadas precedentes, marcadas por uma violência bélica e política extrema.

Toda uma historiografia se desenvolveu, aliás, após 1989, contra essa visão por vezes lenitiva, propondo um olhar mais "pessimista", e sem dúvida mais próximo do vivido pelos europeus, sobre a história do pós-1945. Em 2005, data do sexagésimo aniversário do fim da Segunda Guerra Mundial, o historiador britânico Tony Judt publicou uma história da Europa que ele identifica não como o triunfo progressivo do modelo ocidental, mas como uma interminável saída de guerra que não teve fim senão depois da queda do Muro de Berlim (Judt, 2007). Como outros historiadores ciosos de adotar um ponto de vista cujo centro de gravidade já não é a Europa ou o Ocidente, ele sublinha a que ponto, para milhões de europeus do Leste, o ano de 1945 foi primeiramente, e antes de tudo, uma nova catástrofe coletiva e individual, o ponto de partida de uma servidão sobre a qual nada permitia pressagiar que teria fim no horizonte de duas gerações. Em 2010, algum tempo antes da sua morte, advogando uma nova história europeia, Tony Judt chega a fazer esta espantosa constatação:

> Com que, precisamente, se parecerá esta nova história não é claro. Nem podemos dizer com certeza em que consistirá a sua periodização. As questões que nos ocupam hoje não estarão sempre no centro de nossa atenção. A história europeia, mesmo em nossa época, não se reduz à colaboração, à resistência, ao crime de massa, ao castigo, à justiça política e à memória de tudo isso. Mas até que tenhamos integrado com sucesso essas questões e aquelas que lhes são ligadas em nossa compreensão do passado recente da Europa, não seremos capazes de avançar. A história da Europa de 1945 até nossos dias começa com a necessidade de repensar a guerra e suas consequências, e não estamos senão no seu início. [Judt, 2010:4]

1940

Esta visão das coisas prevaleceu até os anos 1970-80, momento em que começa, no seio das sociedades europeias, uma ampla interrogação retrospectiva sobre a amplitude e a significação dos crimes de massa perpetrados pelo fascismo e pelo nazismo — mas não ainda do stalinismo —, o que Tony Judt considera, com certo pessimismo que eu não compartilho, inacabado em 2010. Toda uma geração percebe então que essa página da história do século XX talvez tenha sido virada depressa demais, ou talvez não tenha sequer sido escrita, pelo menos não de maneira satisfatória em vista das novas questões que surgem, em particular em torno da história do genocídio dos judeus. É nesse contexto que alguns avançam a ideia de que "o nosso tempo" não começa nem em 1789, nem em 1945 e na saída da última guerra mundial, mas em 1940, com a derrota da França.[133] Assim como os historiadores alemães fizeram das premissas do nazismo um ponto de partida da história do tempo presente, os historiadores franceses fazem, depois deles, da eclosão da Segunda Guerra Mundial uma fronteira inaugural. A ideia mais relevante consiste então em reintroduzir no tempo presente alguns aspectos do acontecimento insuficientemente estudados, quando não foram pura e simplesmente afastados do olhar historiográfico, como a história interna do regime de Vichy. Afirmar em 1980 que o ano de 1940 constituía a "matriz de nosso tempo" era ao mesmo tempo recolocar em perspectiva as consequências duradouras do colapso de 1940 e recolocar a questão da participação de certo modo superestimada da França na vitória aliada em 1945. Essa escolha conservava apenas em aparência um caráter estreitamente hexagonal, ao focalizar com exclusividade a derrota francesa de maio-junho de 1940 e não a eclosão da guerra em seguida à agressão alemã contra a Polônia, em setembro de 1939 — data que se recua às vezes a julho de 1937 com o início da guerra sino-japonesa. Com efeito, o deslocamento do cursor para o início da guerra constitui uma evolução mais geral da historiografia ocidental que enseja nesses anos uma reavaliação para cima da importância da colaboração na França, na Bélgica, nos Países Baixos e nos países escandinavos, do impacto do fascismo no seio das raras democracias subsistentes nos anos 1930 no continente europeu, da profundidade de um antissemitismo endógeno que explica em parte a facilidade com a qual a Solução Final pôde ser

---

[133] Ver sobretudo Bédarida (1990:115-138), retomado em Bédarida (2003), Azéma (1993:147-152).

colocada em prática pelos nazistas. Esse deslocamento de alguns anos no interesse tido pelo passado próximo ultrapassa amplamente o âmbito da pesquisa histórica, como vimos, uma vez que ele participa de uma ampla revisão cultural e política do sentido mesmo do mundo contemporâneo, que vê as mitologias construídas no imediato pós-guerra, primeiramente na Europa ocidental, depois, após 1989-91, na Europa central e oriental, se desagregarem uma após a outra: longe de ter sido uma aberração ou um parêntese na evolução inexorável em direção de um mundo de progresso e de bem-estar, a Segunda Guerra Mundial, o nazismo, o Holocausto aparecem assim como tantos outros pontos de referência de uma concepção da humanidade que deve doravante viver com a possibilidade de dar conta da sua própria destruição parcial ou total, como foi o caso após 1939. A matriz do tempo presente já não é, portanto, o ano de 1945, ano certamente terrível, mas portador, apesar de tudo, da esperança de um mundo melhor, mas os anos 1939-40, que soam como as últimas badaladas de uma concepção otimista da história. A historiografia do tempo presente nascente se insere em um pessimismo fundamental, que é um de seus traços distintivos.

Pode-se acrescentar que essa visão das coisas estava sem dúvida mais próxima dos sentimentos dos contemporâneos do que o otimismo retroativo que a valorização do ano de 1945 acarreta. Por exemplo, pode-se citar um texto surpreendente escrito em 1938 pelo historiador suíço conservador Gonzague de Reynolds, que faz uma reflexão sobre o fim do século XIX, que ele situa... às vésperas da Segunda Guerra Mundial:

> Guerra mundial, revolução russa, fascismo, nacional-socialismo, crise econômica, guerra civil da Espanha: tais são os acontecimentos que dominam o contemporâneo, que lhe dão um sentido. Qual? [...] A primeira evidência é que já não estamos no século XIX. Todo mundo sabe que o século XIX acabou cronologicamente, mas bem poucos compreenderam finalmente que ele terminou historicamente. [...] Segunda evidência: o século XIX pertence

agora ao passado, ele representa agora uma civilização expirada: a "civilização burguesa". Em uma palavra, é para nós o antigo regime. Há mais: o século XIX se liga ele próprio a um mundo antigo, a um mundo que morre. O século XX, por outro lado, inaugura um mundo novo, o mundo que nasce. Terceira evidência. Donde uma quarta evidência: não assistimos à evolução de um conflito que acaba, e após o qual as coisas retornarão pouco a pouco ao estado anterior, à prosperidade do século XIX! Não atravessamos tampouco uma dessas crises que marcam geralmente a passagem de um século ao outro, após o que o progresso interrompido reinicia. Não: não mudamos de época. Tais mudanças, a Europa não as conheceu senão duas desde a era cristã: o fim do Império Romano e do mundo antigo e o fim da Idade Média. Vivemos hoje o fim da época moderna, da época inaugurada pela Reforma e pelo Renascimento. Entramos em uma outra época. [...] Com efeito, quinta evidência, será que uma série de acontecimentos como a guerra mundial, a revolução russa, o fascismo, o nacional-socialismo, a crise econômica, basta para destruir uma sociedade, pôr fim a uma época? A guerra já basta para isso, e a crise econômica teria bastado por si só a isso. Certamente, o passado conheceu transtornos cujos rastros ainda são visíveis ou dos quais ainda sofremos as consequências. Nenhum, entretanto, teve esse caráter universal, nem coincidiu com uma anarquia intelectual e moral tão profunda quanto a nossa. Não, nem mesmo a queda do Império Romano e as invasões bárbaras. Eis por que, sexta evidência, entre o século XIX e o século XX, entre o fim da época moderna e o início da nova época, assistimos, nós, as testemunhas e as vítimas, a uma brusca, a uma violenta ruptura de continuidade. Tão brusca, tão violenta, que, no passado, não encontramos nenhuma semelhante. Aliás, sétima evidência, estamos em guerra, em plena guerra. Nunca deixamos de estar em guerra desde 1914. Uma guerra de vinte e dois anos, que será amanhã uma guerra de trinta anos, que será talvez uma guerra de cem anos.[134]

---

[134] Reynolds (1938). Agradeço a Fabien Théofilakis ter-me feito descobrir esse texto.

1914

A ideia do ano 1940 como matriz era sedutora e intuitiva do advento de uma nova ordem de representações do passado próximo, em particular, do peso da memória e da memória particular desse acontecimento. Mas os historiadores do tempo presente têm mais que os outros a experiência de que os paradigmas na sua área têm vida curta. Apenas uma década depois, essa concepção é implicitamente recolocada em questão, não sobre a visão pessimista da história, mas sobre a escolha da data inaugural. O século das trevas não começou nem em 1939-40, nem mesmo em 1933 com a chegada de Hitler ao poder, nem em 1917-18, nem ainda talvez um pouco antes, com as Guerras Balcânicas de 1912-13, que formam como um prelúdio à catástrofe de 1914. O mesmo raciocínio que o utilizado para a Primeira Guerra Mundial prevalece aqui. Nunca até então tantas pessoas (cerca de 10 milhões) morreram em tão pouco tempo em um conflito. Nunca ou quase nunca uma guerra ultrapassara tal limiar de violência em campo de batalha, e nunca as sociedades beligerantes foram implicadas em tal grau de totalização da guerra. O fato é massivo, insuportável uma vez enunciado. Mas não adiantou que a primeira grande guerra tenha ensejado no passado livros importantes, ou tenha constituído um campo de estudos precoce da história contemporânea na Europa, pois a lembrança dela se viu relegada a último plano pelo impacto da segunda, como mostra, por exemplo, a ignorância recíproca que por muito tempo prevaleceu entre os respectivos especialistas das duas guerras mundiais, como se os dois acontecimentos não estivessem ligados (Audoin-Rouzeau et al., 2002). Nos anos 1990, realiza-se uma mudança crucial na historiografia. Não somente a Primeira Guerra Mundial suscita uma nova onda de estudos dedicados às sociedades em guerra, à condição material e psicológica dos soldados, ao estudo das formas específicas e diferenciadas de violência, mas o lugar do acontecimento na

276 A ÚLTIMA CATÁSTROFE

história do século muda de natureza.[135] Pertencendo desde a eclosão da Segunda Guerra Mundial a um passado de certo modo longínquo, vem a Primeira Guerra Mundial reintegrar de chofre o passado mais próximo, no plano historiográfico e no plano comemorativo: basta observar o espetacular investimento das políticas públicas de memória desde 1998 e o septuagésimo aniversário do armistício, sobretudo na França, na Alemanha, na Grã-Bretanha e na Áustria, na manutenção da lembrança da Primeira Guerra, ou ainda o interesse renovado que lhe consagram há duas décadas numerosos escritores e cineastas europeus ou americanos — ainda que esse interesse não iguale em intensidade ao que se tem pela Segunda Guerra Mundial, que permanece fora de categorias. Encontra-se aqui mais uma vez a ilustração de que a presença de um acontecimento histórico não depende da sua proximidade temporal.

Numerosas razões podem explicar essa evolução. Primeiro, a queda do Muro de Berlim fez ressurgir problemas nacionais, étnicos ou de fronteiras não inteiramente extintos em 1918, após a dissolução dos impérios centrais, e fixados após 1945 pela Guerra Fria e pela dominação comunista, como o ilustra o caso limite da fragmentação violenta da ex--Iugoslávia. O colapso de algum modo inesperado, pelo menos em suas modalidades, do sistema soviético precisou de uma releitura da história do século XX, presa até então à ideia de que o comunismo europeu era chamado a durar, e que o mundo seria por muito tempo dividido em dois blocos. O fim brusco da URSS obrigou os historiadores a repensar a natureza mesma do sistema soviético e, portanto, a remontar à fonte de uma revolução que explodiu no coração da Primeira Guerra Mundial, questão já mencionada. Em seguida, em um outro registro, o foco por vezes excessivo dos historiadores do mundo contemporâneo no nazismo suscitou legítimas críticas sobre as origens da violência ex-

---

[135] Sobre esse aspecto, ver os trabalhos pioneiros de Jean-Jacques Becker e os trabalhos publicados pela equipe do Historial de Péronne, inaugurado em 1992, em particular Audoin-Rouzeau e Becker (2000).

trema que se dissemina na Europa nos anos 1930-40. A nova historiografia da Primeira Guerra Mundial recoloca em questão indiretamente o dogma de uma unicidade do Holocausto, sem por isso contestar seu caráter sem precedentes. Ela o faz pela insistência sobre o fato de que um primeiro limiar de violência, uma violência de uma outra natureza, foi ultrapassado em 1914-18. Ela o faz mostrando implicitamente que a violência inaudita, na qual toda a Europa está mergulhada durante quatro anos, de uma longuíssima guerra, pode ter influído diretamente na natureza da violência da outra guerra, 30 anos depois, inclusive no desenvolvimento da Solução Final. Se os historiadores da Segunda Guerra Mundial já tinham aberto caminho para uma leitura pessimista da história recente, os historiadores da Primeira Guerra Mundial acusam a tendência, mostrando a que ponto a guerra constituiu o horizonte do continente europeu durante uma grande parte do século XX. O sucesso tardio e póstumo do historiador George Mosse, inventor do conceito controverso, mas estimulante de "brutalização", é um indício disso: graças a ele, os historiadores compreenderam melhor que o impacto de uma guerra não se limita aos balanços humanos, às destruições materiais, às dificuldades da reconstrução, e que a gente não se "desembaraça" de uma guerra, ideia que eu tomo de empréstimo a Stéphane Audoin-Rouzeau, com a assinatura de um armistício ou de um tratado de paz. Bem ao contrário, a violência da guerra, quer ela seja violência sofrida, infligida, observada ou evitada, pode marcar por muito tempo os espíritos.[136] Ora, os efeitos posteriores da violência da Primeira Guerra Mundial apareceram como apagados pelo fato de que em 1939 a humanidade ultrapassava outro limiar apocalíptico. E essa violência é redescoberta nos anos 1990-2000.

Além da queda do Muro de Berlim e dos progressos da historiografia, é possível que o renascimento progressivo do pacifismo na Europa

---

[136] Ver sobretudo Mosse (1990).

ou na América do Norte tenha suscitado um interesse renovado por esse conflito quando no mesmo momento a sequência 1933-45 absorve de novo toda a atenção das sociedades ocidentais e mobiliza as políticas de memória, sobretudo na luta contra o "esquecimento" dos crimes nazistas. De maneira quase universal, a guerra total feita contra as potências do Eixo foi constantemente percebida, desde 1945 — não sem razões evidentes —, como uma guerra necessária, uma guerra vital para a sobrevivência da humanidade, uma "boa guerra" (Terkel, 1984). Ela foi o exemplo paradigmático da "guerra justa", um precedente frequentemente invocado para justificar posteriormente uma intervenção militar das potências ocidentais, seja a de Suez, em 1956, ou a contra a Sérvia, em 1999, Nasser e Milosevic tendo como ponto em comum o fato de ambos terem sido comparados, não sem alguma precipitação, a Hitler. Esse precedente é implicitamente aceito por todos os movimentos que se ligam à tradição do antifascismo, inclusive os movimentos da extrema-esquerda europeia dos anos 1970, hostis à guerra do Vietnã e que se apresentavam como herdeiros da resistência europeia ao nazismo, uma vez que do mesmo modo o "fascismo" não pôde ser derrubado senão pelo uso da força bélica mais brutal e mais extrema. Em 1990-2000, o reaparecimento do espectro da guerra no horizonte ocidental, em um contexto totalmente diferente do da Guerra Fria, com a primeira Guerra do Golfo, a guerra na ex-Iugoslávia, os atentados de 11 de setembro, as intervenções consecutivas no Afeganistão e no Iraque, suscitaram formas de oposição e o renascimento de movimentos e de sentimentos pacifistas. Por isso que se tratou de denunciar de novo a guerra, seus horrores, suas vítimas civis, a referência à Segunda Guerra Mundial e à sua memória se tornava menos operante, e até mesmo contraproducente. Daí a atenção renovada que muitos atores sociais (políticos, militantes, escritores) deram faz cerca de 15 anos à Primeira Guerra Mundial, da qual se redescobre no mesmo momento, graças à historiografia, até que ponto ela foi uma "má guerra", e portanto uma "boa" referência histórica utilizável para as lutas pacifistas de hoje. Nessa lógica, não surpreende que no plano ideológico — e sem entrar aqui no fundo da querela franco-francesa dita "do consentimento" — as teses avançadas por uma parte dessa nova historiografia europeia, que traz o consentimento massivo dos combatentes engajados no fronte como argumento principal para explicar sua resistência e seu costume a limiares de violência inéditos, tenham suscitado reações indignadas diante do que foi percebido como um questionamento da figura do soldado-vítima e, incidentemente, da perda de substância de um argumento histórico tanto mais cômodo quanto há hoje consenso da direita à esquerda, em toda a Europa, para denunciar a inanidade desta guerra.

1989, 2001?

A queda do Muro de Berlim ou os atentados de 11 de setembro podem por sua vez constituir fronteiras para um novo período contemporâneo? É... cedo demais para dizê-lo — e essa nota não tem nada de contraditório com a demonstração feita aqui. Se os atentados em solo americano inauguram uma sequência na história da violência de guerra e produziram importantes consequências internacionais, não é certo que eles constituam uma catástrofe de tipo inaugural. Por outro lado, a sequência 1989-91 tem todos os atributos de um acontecimento de sentido forte do tempo, que consagra o desaparecimento de um mundo antigo, nascido em 1917 com a revolução leninista e cristalizado em 1945 com a dominação do stalinismo na metade da Europa. Mas se nada nos impede de fazer uma história do tempo presente desses 20 últimos anos tendo em conta o impacto desse corte, nada obriga tampouco o historiador a transtornar as cronologias estabelecidas a cada ruptura de importância na história da humanidade. Por exemplo, o Zentrum für zeithistorische Forschung (ZZF) de Potsdam, criado em 1996 para enfrentar a questão de uma história do tempo presente cujo centro de gravidade já não é o do nazismo, realizou trabalhos em especial sobre a história comparada das duas Alemanhas no contexto das ditaduras comunistas da Europa central e oriental, suscitando importantes pesquisas sobre a Guerra Fria e, portanto, sobre o período precedente de 1945 a 1989.[137] Ele não postula, por isso, a necessidade de formalizar um novo período que seria difícil de definir por falta de recuo suficiente: a possibilidade de escrever sobre o passado próximo não significa ter a última palavra sobre a questão, mas na melhor das hipóteses a segunda ou a terceira, após os jornalistas e as testemunhas. Além disso, sob o risco de me repetir, é preciso ter em mente que a história do tempo presente, quaisquer que sejam, por outro lado, suas singularidades, aborda como qualquer outra forma de história durações históricas suficientemente significativas para merecer uma atenção particular. Nem o período "de 1989 até nossos dias", nem *a fortiori* o que cobre "de 2001 até nossos dias" podem, por enquanto, ser qualificados, com pouco que seja de pertinência, além do conceito cômodo de "pós-comunismo" ou de "pós-Guerra Fria". De resto, ainda quando a história contemporânea possa ter começado em 1914, 1940, 1945 ou 1989, imagina-se mal fazer, inversamente, cair os respectivos períodos anteriores na história dita moderna. Se, portanto, se conserva o termo "história moderna" para o período que termina com a Revolução Francesa, incluindo-se as guerras napoleônicas, e se reserva o termo "tempo presente" ou "contemporâneo" a uma sequência que começaria em 1945 ou 1989, como se qualificará o período que se estende de 1815 a essas respectivas datas?

---

[137] Ver a sua apresentação no site: <www.zzf-pdm.de>. Acesso em: 2 abr. 2012. Nas páginas em francês, o ZZF se denomina "Centre de recherche sur l'histoire du temps présent".

CONCLUSÃO

Diante do trágico

> Quem pode dizer onde a memória começa
> Quem pode dizer onde o tempo presente acaba
> Onde o passado se unirá à romança
> Onde a desdita não é senão um papel amarelecido
>
> Aragon (1968)

Neste livro procurei uma espécie de ponto de equilíbrio entre permanências e uma conjuntura, entre uma definição a-histórica da contemporaneidade e sua inserção em um contexto. Resultam vários temas de reflexão que deixo à guisa de conclusão.

1. Do sobrevoo histórico de longa duração resulta sem surpresa que a ideia de contemporaneidade sofreu uma profunda evolução. Podemos, por isso, contentar-nos com o clichê segundo o qual "toda história é contemporânea". Até o Renascimento, o surgimento de um conhecimento mediado, e sem dúvida mesmo até o século XVIII, a própria ideia de uma história próxima distinta do resto da história apenas teve uma frágil consistência, uma vez que não há separação clara entre passado e presente. Isso não significa, contudo, que existe uma concepção contínua e imutável através de vários milênios na maneira de escrever sobre seu próprio tempo: as modalidades, os métodos, as finalidades da escrita da história mudaram consideravelmente de uma civilização a outra. Conceber o tempo de maneira cíclica ou linear, fazer do presente o fim

de toda coisa ou uma modalidade eterna, colocar a Cidade, o Senhor, o Soberano ou a Providência no centro da narrativa constituem regimes de historicidade profundamente dessemelhantes. Mais que lembrar simplesmente uma frase ritual que a prática da história contemporânea faz remontar aos tempos mais recuados, o desvio por uma história longa permitiu balizar, ainda que de maneira fugaz e impertinente, alguns traços permanentes na definição de uma história de seu próprio tempo.

A testemunha que vê, a testemunha que fala, a testemunha que escreve, seja o próprio historiador, desempenha claramente um papel essencial, uma vez que é um mediador primário, para não dizer único. Disso deriva, ou antes é associada a essa constatação, a ideia segundo a qual a memória desempenha igualmente um papel primeiro, pois existe uma anterioridade do "eu me lembro" sobre a narrativa histórica, o "era uma vez". Situo-me aqui na tradição de Paul Ricoeur, para quem "não temos outro recurso, no que diz respeito à referência do passado, que não a própria memória, [...] não temos nada melhor que a memória para significar que alguma coisa teve lugar, aconteceu, se passou *antes* que declarássemos lembrarmo-nos dela"; nessa visão das relações entre o passado e o presente, "o testemunho constitui a estrutura fundamental de transição entre a memória e a história" (Ricoeur, 2000:26). Mas no tempo presente essa testemunha não está fora de alcance, ela não existe somente por seus rastros, ela não é somente passado ressuscitado. Contrariamente à testemunha do passado que não reviverá senão por rastros que o historiador ou a posteridade explorarão, essa testemunha existe fora e previamente a qualquer operação historiográfica.

Outro traço quase constante: o historiador do tempo presente mantém relações conflituosas com o poder, seja religioso, seja político. Sua arte e depois sua profissão o destinam a antecipar o julgamento da posteridade, e até mesmo a orientá-lo, em presença dos principais interessados que agem no horizonte de uma imortalidade escriturária por não poder ser biológica. Por isso, permanece inelutavelmente submetido a uma tensão entre uma liberdade de escrita à qual ele aspira quase naturalmente e a necessidade de se submeter ao Príncipe, uma vez que, até o século XVIII, a história é antes de tudo a história dos poderosos ou da vontade divina.

Após a Revolução Francesa, novas categorias do tempo histórico aparecem. A "história enquanto tal" é percebida agora como uma força autônoma destacada tanto da providência divina quanto da ação do soberano. Do passado em geral, distingue-se o "passado encerrado", que assinala um corte, um "antes" e um "depois" do traumatismo de 1789. Por isso, uma nova sequência do tempo histórico aparece no pensamento que se difundirá segundo os lugares sob o nome de *Zeitgeschichte* ou de "história contemporânea", pois se experimenta agora a necessidade de identificar um novo período após os "tempos modernos". Antes da Revolução, o emprego da palavra contemporâneo era relativamente limitado e podia ter múltiplos sentidos, inclusive o que lhe dá Pascal: uma presença do passado imemorial que atravessou o tempo sem alteração, tornando os leitores do século XVII do Antigo Testamento contemporâneos dos judeus que receberam as tábuas da lei. Após a Revolução, a palavra se generaliza com um outro significado. A história deixa de ser inteiramente contemporânea, uma vez que já não há continuidade entre o passado e o presente. O período contemporâneo designa agora uma sequência mais limitada, mais visível, marcada por singularidades. No mesmo momento, ainda na posteridade revolucionária, a história se constitui progressivamente em profissão, e chega a aspirar a ser uma ciência, inventa a distância e a objetividade e, com um mesmo movimento ou quase, lança um olhar desconfiado sobre a possibilidade de escrever sobre esse passado recente sem recuo e no fogo da paixão, aquilo que se trata precisamente de destacar. O que constituía antes um elemento não discutido da reflexão histórica — levar em consideração o presente, um presente não destacado do passado — é agora problematizado, e daí a exclusão, desde o início do século XIX, da história do tempo presente como campo que pode pretender à cientificidade, mas não como categoria da reflexão, do ensino e da literatura.

2. A maneira de pensar seu próprio tempo muda com o aparecimento dessa tensão entre, de um lado, a necessidade de escrever uma história no calor do acontecimento, de dar sentido a um acontecimento que acaba de transtornar a ordem antiga das coisas, de compreender seus móveis e, de outro, a impossibilidade de empreender uma tal narração por falta de fontes, de recuo e de serenidade. Esse dilema entre necessidade e impossibilidade, essa oposição entre os que pretendem pôr-se à obra no dia seguinte ao acontecimento e aqueles que lhes negam qualquer credibilidade, pois o tempo ainda não fez seu trabalho, é concomitante com o aparecimento da história contemporânea, como mostra a atitude paradoxal da escola metódica, que rejeita a dimensão científica de uma possível história do tempo presente, mas a pratica de fato no ensino e na publicação de manuais e de livros para o grande público. Ela surge toda vez no dia seguinte, e por vezes no cerne de todas as catástrofes do século XX. É verdade após 1918, assim como após 1945, momentos decisivos na constituição, e depois na institucionalização, de uma história do tempo presente perene, reconhecida e, portanto, sempre discutida, para não dizer contestada. Essa tensão remete a duas maneiras de enfrentar os traumatismos históricos, entendidos aqui como os efeitos retardados de um acontecimento que fez ruptura, transtornou os valores, modificou o cotidiano, deixando rastros duráveis, às vezes feridas psíquicas ou físicas tanto nos indivíduos quanto no seio das coletividades. De um lado, há aqueles que preconizam a espera, o prazo de reserva a fim de responder da melhor maneira possível aos critérios de imparcialidade: esses recusam a ideia mesma de uma história do tempo presente que lhes parece presunçosa, arriscada, poluída pela contingência e pelo ruído do acessório. Pode-se dizer que eles se situam do lado do recalque benfazejo, de uma espécie de encorajamento do esquecimento, uma fic-

ção de silêncio, às vezes um reflexo de negação. A história, aqui, deve ser uma matéria fria, ou pelo menos resfriada, como as cinzas. De outro lado, há aqueles que querem, ao contrário, escavar os rastros fumegantes do acontecimento, interpretar as primeiras palavras das testemunhas buscando dizer a catástrofe quando se trata de experiências extremas, que querem, portanto, responder às expectativas que reclamam sentido no caos deixado por uma guerra, um genocídio ou uma destruição em massa: para eles, a história do tempo presente é uma necessidade intelectual, moral e psicológica, que assume mais ou menos o risco de manter a ferida aberta e não admite nenhum prazo de reserva para compreender, colocar palavras sobre os acontecimentos percebidos e vividos como inauditos.

Desde a Revolução, parece, portanto, existir uma relação estrutural entre a escrita de uma história do tempo presente e a existência de um traumatismo que necessita de uma adaptação mais ou menos longa, mais ou menos profunda das sociedades envolvidas com a crise advinda. A necessidade de recobrir uma continuidade temporal após a ruptura, a necessidade de forjar narrativas, mesmo antagônicas, que podem dar sentido à ruptura sofrida ou provocada, e a recomposição das identidades individuais ou coletivas que as grandes catástrofes históricas implicam são processos inerentes à posteridade de todos os "acontecimentos-monstros". E é geralmente nesse contexto que se inserem as interrogações sobre a história contemporânea. Ela pertence não somente a um "depois" — posição anacrônica que é a de todos os historiadores —, mas a um pós-trauma, mais próximo temporalmente da catástrofe, em todo caso muito mais presente na consciência ou no inconsciente dos atores, obrigados a lidar com um passado que demora a passar, que corre o risco por vezes de simplesmente não passar. Sua proposta não é somente tomar distância do acontecimento traumático a fim de poder interpretá--lo, mas mais ainda de captar os efeitos a curto e médio prazo, de forjar ferramentas para ler o que se pode chamar de instante seguinte, de vida depois, de *afterlife* em inglês, ou seja, o prolongamento do choque inicial e a maneira de adaptar-se a ele. Nessa perspectiva, o historiador do tempo presente não se define, ou não somente, pela proximidade temporal "objetiva" que o separa do acontecimento estudado, mas antes por sua capacidade própria de criar ele mesmo uma boa distância, visual e ética, necessária à observação de um tempo que é apenas em parte o seu.

3. Se existe, então, desde a Revolução Francesa uma história contemporânea identificada como tal, sua prática efetiva nos anos recentes foi profundamente marcada por uma configuração cujos componentes não são novos, mas cuja combinação é um tanto inédita. Essa configuração põe em relação uma série de elementos que pertencem tanto a uma realidade social, cultural, política, tangível e concreta quanto a conceitos ou noções elaborados pelas ciências sociais, não sendo a história a única disciplina envolvida: o acontecimento, o testemunho, a memória, a demanda social e a judicialização, não sendo a ordem desses elementos indiferente. Alguns entre eles pertencem a qualquer escrita histórica, como o acontecimento, e outros são constitutivos de qualquer escrita de uma história propriamente contemporânea, como o testemunho direto, e outros ainda são fruto da conjuntura recente, como a intervenção crescente da lei, do direito e da justiça nas interpretações históricas.

A ligação entre acontecimento e história do tempo presente não é nem nova, nem original. Mas foi preciso, em um primeiro momento, lutar contra a excomunhão que recaiu sobre o primeiro antes de enfrentar as sequelas dos grandes traumatismos do século XX. Evidentemente, o historiador não podia deixar fora do campo da historiografia acadêmica o século das guerras, dos genocídios, dos totalitarismos. Além disso, o acontecimento tal como foi estudado pelos historiadores do tempo presente desses 30 últimos anos já não tem muito que ver com o de uma história dos acontecimentos denunciada não faz muito tempo pela escola dos *Annales*, e aliás grandemente construído como figura imaginária do inimigo a abater. Por um lado, ele tomou com maior frequência a forma de catástrofes sem precedentes, que se sucederam uma à outra, tendo a cada vez a mesma necessidade de compreender como a humanidade tinha podido ultrapassar um novo limiar de violência ou de destruição, como após 1918, após 1945 e talvez após 2001. Por outro lado, esse acontecimento foi estudado com interesse de maneira privilegiada não somente em seu desenvolvimento próprio, mas também na sua posteridade, em seus efeitos duradouros, em sua memória. A atenção voltada sobretudo ao pós-trauma dessas catástrofes mostra acontecimentos que possuem uma vida quase autônoma no imaginário social muito tempo após seu aparente desfecho, com uma relação por vezes cada vez mais tensa com os fatos originais. Desse ponto de vista, o interminável e impossível acabamento da Revolução Francesa ao longo de todo o século XIX, a anamnese da Segunda Guerra Mundial no último terço do século XX, ou a da Primeira no início do século XXI são casos para estudo.

Não mais que o acontecimento, a questão do testemunho não é específica da história contemporânea, sendo a história por definição um diálogo permanente entre os vivos e os mortos, e uma maneira entre outras de conservar a lembrança desses últimos. Ademais, antes de ser uma "testemunha", um ator da história permanece fundamentalmente um indivíduo que as circunstâncias ou a requisição por parte do historiador, do sociólogo, do antropólogo ou simplesmente de um editor vão transformar em testemunha expressiva. Por outro lado, não somente o diálogo com um morto ou com um vivo não é da mesma ordem, nem usa os mesmos métodos ou a mesma ética, mas a história do século XX viu o aumento de poder de uma nova figura de testemunha e um novo gênero de testemunho ligados precisamente às catástrofes evocadas ao longo desta obra. A reflexão evoluiu em seguida para uma reflexão sobre a vítima e a vitimização, figura central da relação contemporânea com o passado, não somente porque a história recente foi duradouramente marcada pelo sofrimento, porque ela é o século traumático por excelência, mas porque também as nossas sociedades responderam a isso com políticas de reconhecimento, de reparações, sobretudo materiais, que concederam às diferentes categorias de vítimas verdadeiros *status* políticos, jurídicos e sociais: pessoas deslocadas, deportados políticos, "deportados raciais", vítimas das leis antissemitas, espoliados, internados, resistentes reconhecidos, "Justos", vítimas de trabalho forçado etc. A elaboração infinitamente complexa dessas categorias, tanto no plano dos princípios gerais quanto em sua aplicação *intuitu personae*, precisou na maior parte dos casos de uma perícia histórica para definir o direito de acesso a esse *status*. Do mesmo modo, a multiplicação dos procedimentos civis ou penais de reparações de acontecimentos históricos por vezes com décadas de existência levou ao emprego de perícias de todo tipo, inclusive de historiadores, versando sobre fatos passados. Por isso, a relação entre atores da história e historiadores mudou de natureza. Ficou tensa, despertada pela velha oposição entre experiência e conhecimento. De um lado, os atores erigidos a testemunhas pretenderam, frequentemente por inocência, falar em nome de toda uma época, esquecendo que sua experiência, mesmo a mais terrível e indelével, foi limitada no tempo e no espaço: ter sido deportado para Buchenwald não permite dar conta da experiência de Auschwitz. De outro, os historiadores esqueceram às vezes a que ponto o discurso histórico é constituído por proposições gerais, frequentemente difíceis de aplicar a casos particulares, donde a dificuldade de fazer entrar um acusado de carne e osso nas categorias filosóficas e históricas, como na ocasião dos processos de Eichmann ou de Papon. A oposição aliás não foi simples, uma vez que testemunhas, como na França Daniel Cordier, o ex-secretário de Jean Moulin que se tornou seu biógrafo, se colocaram sem ambiguidade entre os historiadores mais desconfiados em relação aos testemunhos, enquanto o mundo acadêmico se dividiu, com uma parte desenvolvendo uma verdadeira ideologia do testemunho que amplia a testemunha

CONCLUSÃO 289

e a vítima, sacraliza sua palavra, mostra uma falsa humildade a seu respeito, que mascara, em minha opinião, um populismo científico cujo objetivo não é, como em todo populismo, o desejo de defender a causa dos "esquecidos da História", mas a vontade mais ou menos consciente de falar — alto — em seu lugar. Testemunhando, aliás, a violência das afirmações feitas na ocasião de algumas polêmicas historiográficas recentes, sobretudo na França sobre a atitude dos combatentes da Primeira Guerra Mundial, sobre a heroização da Resistência, sobre a amplitude do impensado colonial e sua ligação com a questão da imigração. Não somente eu recuso essa ideologia do testemunho que, por um lado, se apresenta como a encarnação de uma radicalidade ideológica que perdeu suas referências históricas tradicionais e busca novos condenados na terra, mas penso que o verdadeiro respeito que o historiador deve à testemunha, ou antes ao ator da história, é considerá-la em um face a face, em um diálogo, amistoso ou polêmico, que não impede em nada de ter respeito pelo que ela foi no passado ao mesmo tempo que deixa a inteira liberdade para criticar suas interpretações sobre a história, inclusive a sua própria.

Da testemunha e da vítima passamos quase naturalmente à memória, a palavra fetiche do fim do século XX. Aqui mais uma vez toda história contemporânea é claramente confrontada com as lembranças dos atores, com uma memória viva que pode ou não se exprimir publicamente e entrar em competição com o discurso acadêmico. Mas a memória de que se trata aqui, como vimos, foi de outra natureza, a ponto que se pôde falar em relação ao último terço do século XX de uma "idade da memória", consequência inevitável do século dos grandes traumatismos. O historiador do tempo presente foi confrontado um pouco mais que os outros com o desenvolvimento descontrolado dessa noção, que acabou por subsumir todas as outras formas habituais de relação com o passado — a história, a tradição, a herança, o mito e a lenda. Ele deu importância particularmente a uma história das práticas e à presença do passado recente, exemplo muito esclarecedor da maneira de tomar distância de uma questão do presente. Contudo, é necessário insistir no fato de que os trabalhos dos historiadores sobre a memória, sendo mais ou menos tributários de um ar do tempo, de uma preocupação com seus contemporâneos, tomaram várias direções diferentes, que não tinham as mesmas implicações. Se deixo de lado a mais antiga, a que redescobre a noção de memória em favor da história oral e, portanto, do testemunho requisitado, e que teve um desenvolvimento, como vimos, após 1945 com as grandes campanhas de entrevistas com veteranos americanos da Segunda Guerra Mundial, ou nos anos 1970 com os repositórios dedicados à memória operária inglesa (Paul Thompson), à memória das mulheres (Luisa Passerini), ou ainda à memória protestante francesa (Philippe Joutard), e sobretudo o filão dos "lugares de memória", de um lado, e o das "memórias traumáticas", do outro, que tiveram mais sucesso nas três últimas décadas. O primeiro, inspirado no empreendimento editorial que Pierre Nora dedicou à França, e que teve versões alemã, italiana, russa, holandesa e luxemburguesa, constitui uma reescrita em segundo grau da história nacional. Ele lançou um olhar analítico ao patrimônio material e imaterial de cada um dos países cujo inventário foi consideravelmente estendido a tudo o que pode, em um momento ou outro, constituir o suporte ao mesmo tempo de um imaginário e de um caráter nacional próprios. Essa maneira de ver a história da memória se insere essencialmente no registro da positividade, ou seja, no registro que considera o passado antes sob a forma de uma permanência de comportamentos, de tradições, de hábitos de pensamento que fundam uma identidade nacional na qual os cidadãos de um país considerado podem reconhecer-se e buscar aí recursos. Ela não diz respeito, longe disso, à única história recente, mas se situa, à imagem do modelo original de Pierre Nora, na longa duração que corresponde mais ou menos ao aparecimento do sentimento nacional. O segundo filão versa essencialmente sobre o estudo dos episódios traumáticos do passado recente, frequentemente ausentes da problemática dos lugares de memória, com exceção dos que dizem respeito à Alemanha — aliás, com frequência se notou que as duas principais polêmicas memoriais francesas, a saber, a sobre Vichy e a sobre a Argélia, estavam ausentes dos sete volumes sob a direção de Pierre Nora e publicados entre 1984 e 1992, no exato momento em que essas polêmicas surgem no espaço público.[138] Quaisquer que sejam as razões, essa ausência enfatiza a diferença em relação à corrente que privilegiou, às vezes com excesso, a história das "barbaridades humanas" do século: as duas guerras mundiais, os genocídios, o colonialismo, os sistemas totalitários e suas sequelas, o pós-trauma, os efeitos retardados se impuseram como temas de estudos importantes no momento em que uma nova história do tempo presente se impunha. Esse segundo filão acompanhou, ou estruturou esse novo campo historiográfico que se desenvolveu quase em todo lugar no mundo e que se inseriu, desde a origem, no registro da negatividade: é uma história que foi essencialmente confrontada com o luto, com a perda, com o ressentimento, com a impossibilidade de reparação, com as exigências às quais os historiadores, sociólogos ou outros comprometidos no campo não podiam realmente responder, que se viu envolvida e suscitou em contrapartida conflitos, e até uma forma de violência que mostra a que ponto os observadores distantes foram confrontados provável ou certamente com os efeitos retardados da violência original dos acontecimentos que eles estavam estudando. Se o empreendimento de Pierre Nora e dos seus êmulos pendeu mais para o lado das terapias comportamentalistas que ordenam ao paciente "positivar" sua história, a outra postura, por outro lado, se situou no horizonte da terapia analítica — mas eu não saberia de fato dizer se no lugar do analista ou do analisado —, aquela que tenta historicizar o traumatismo ao retraçar sua evolução após o choque, colocando palavras sobre as chagas, fazen-

---

[138] Para um princípio de explicação, ao menos circunstancial, ver Dosse (2011).

do do discurso histórico não um recurso identitário mas uma instância simbólica suscetível de contrabalançar o imaginário invasivo de uma identidade fundada na vitimização.

A demanda social deriva do que precede, e os historiadores foram confrontados com expectativas de um novo gênero vindas de uma sociedade presa de profundas interrogações sobre o passado recente. Em si, o termo designa um problema que todas as ciências sociais encontram, a saber, expectativas mais ou menos explícitas suscetíveis de serem traduzidas em pesquisas cuja iniciativa surge fora do meio acadêmico. A demanda social não é a perícia, outra novidade que envolveu os historiadores em geral, e os do tempo presente em particular. Ela designa uma parte da demanda social que emprega conhecimentos a serviço de uma ação, pública ou privada, e que tem assim por finalidade não a compreensão somente do real, mas a vontade de mudar. Não há, portanto, "perícia" se não há previamente um campo de ação bem definido e cujos autores exprimem clara e explicitamente uma expectativa, como no caso de um processo judicial, enquanto a demanda social pode pertencer só à imaginação do pesquisador, que interpreta o contexto que o circunda. As noções fazem parte da epistemologia das ciências sociais e mesmo das ciências em geral há muito tempo. O intenso debate em torno da questão da perícia histórica indica uma redefinição em curso das relações entre poder, saber e sociedade. Ele se encontra em uma transição que viu realizar-se uma transferência de influência dos "intelectuais" tradicionais, os legisladores, como designa Zygmunt Bauman, os que buscam guiar o mundo, para os "intérpretes", os "intelectuais específicos", para empregar uma terminologia foucaultiana, e, portanto, aos peritos, que buscam antes compreender, às vezes sob o risco de uma perda de autonomia.[139] Se o historiador se tornou também um "perito", é justamente porque a própria história e singularmente a história recente

---

[139] Michel Foucault (1976), retomado em Foucault (1994:109-114). Bauman (2007).

se tornou um campo de perícia, um campo de ação no interior do qual alguns atores sociais pretendiam agir retroativamente sobre o passado.

O último elemento dessa configuração pertence à mesma conjuntura. Trata-se da tendência, recente e relativamente inédita, de fazer do passado um objeto de direito, uma área de intervenção tanto do legislador quanto do juiz. Essa "juridicização" (de jurídico) ou "judicialização" (de judicial) da história pertence certamente a um movimento geral das sociedades contemporâneas que demandam ao direito e à justiça que intervenham cada vez mais nos campos em que sua ação era antes excepcional. No caso da história, ela se revestiu de uma importância particular: pela multiplicação das decisões que dizem respeito ao trabalho dos historiadores, em especial, a questão da difamação em relação a atores vivos do passado; pelo papel que os estudos acadêmicos e os pesquisadores desempenharam na definição da implementação de novas incriminações, tais como o crime contra a humanidade; na parte ativa que eles tomaram na pesquisa de responsabilidades penais, administrativas ou civis dos grandes crimes de massa, até intervir como peritos ou testemunhas nos grandes processos criminais de guerra na Alemanha, em Israel ou na França; e, finalmente, pelo surgimento de uma forma inédita de interpretação do passado utilizando a lei como ferramenta normativa para definir retroativamente acontecimentos do passado, como os dispositivos que reprimem o negacionismo ou ainda, na França, o que se chamou de "leis memoriais", tomadas de posição do legislador sobre episódios históricos mais ou menos recentes (a Guerra da Argélia, o colonialismo, o genocídio dos armênios e o comércio de escravos ocidental). Essa tendência constitui uma das traduções políticas e sociais mais notáveis do que foi descrito ao longo desta obra: o peso do passado trágico em nossas sociedades, a vontade de repará-lo em nome de uma concepção virtuosa da memória, da testemunha e da vítima, a mudança do *status* social do historiador, a particularidade da história do tempo presente, esta última tendo sido particularmente afetada por esta intromissão do direito e da justiça na leitura do passado.

4. Questão incidental e censura por vezes ouvida: a história do tempo presente contribuiu para acentuar o corte atual entre passado e presente? Ela encorajou o presentismo ambiente por uma focalização exacerbada no presente desconhecendo as ligações dialéticas que existem entre os dois *a todo momento* na história? Tentei mostrar ao longo deste trabalho que, em suas premissas epistemológicas, assim como em suas realizações efetivas, a história do tempo presente tinha contribuído, ao contrário, para atenuar esse corte tal como ele pode desenhar-se no espaço público e nas representações do senso comum. De um lado, essa historiografia forjou suas ferramentas teóricas nos anos 1920-30, precisamente no momento em que este corte, nascido com a Revolução e formalizado pelos positivistas alemães, e depois franceses, é atacado de frente seja pela escola dos *Annales*, seja pelos defensores de uma nova história contemporânea. As próprias definições dessa forma historiográfica, ainda que levem a singularidades de método ou de posição, repousam na ideia de que o contemporâneo pertence à história do mesmo modo que qualquer outro período e, portanto, que ele entra diretamente no campo da observação do historiador do mesmo modo em que está no campo das ciências sociais. A ausência de corte é, portanto, aqui um pré-requisito. Por outro lado, por razões conjunturais, a história do tempo presente dessas últimas décadas foi um pouco mais do que as outras, sensível às questões de memória, ou seja, a uma das formas da presença do passado em nosso tempo. Ora, estudar a memória, suas relações com outras formas de representação ou de narração do passado, entre as quais se conta a história acadêmica, é por definição considerar o laço forte que existe entre o presente e o passado, e não somente recente.

CONCLUSÃO 295

5. Tanto por causa da conjuntura particular do fim do século XX quanto dos traços constantes de toda contemporaneidade, o historiador do tempo presente teve a tarefa de se encarregar de um duplo movimento contrário, em ação sob seus olhos: de um lado, a colocação no passado do presente e, do outro, a colocação no presente do passado. Não se trata aqui de um jogo retórico, mas de uma questão essencial que se põe a todos os historiadores do contemporâneo sem que eles tenham por isso a exclusividade.[140]

A colocação no passado do presente é simplesmente o momento em que um acontecimento, um processo, um ator do presente recai em um outro registro temporal. Essa passagem pode constituir um acontecimento brusco e notável, como no cumprimento de uma ação memorável ou na ocasião do desaparecimento de uma figura de primeiro plano. Dir-se-á que a ação ou o personagem pertencem agora à história, termo que significa aqui uma forma de imortalidade, uma presença eterna nas narrativas coletivas do presente e do futuro. Nessa acepção corrente, "entrar para a História" significa escapar ao esquecimento, passar a um presente eterno, inserir-se na memória. Trata-se, contudo, de um fenômeno antes excepcional, que diz respeito a alguns acontecimentos ou algumas figuras que puderam revestir-se de um caráter exemplar. Na maior parte dos casos, a passagem do presente ao passado se faz de maneira mais fluida, por deslizes frequentemente pouco perceptíveis. Com exceção do caso de transições violentas, uma guerra ou uma revolução, passa-se de uma época a outra sem tomar imediatamente sua medida, sem ter compreendido que uma geração se extinguiu pouco a pouco e que outra a substituiu. Essa passagem não é, aliás, em grande medida, senão uma representação do tempo, constituindo-se menos em um elemento objetivo. Entrar para a história pode então significar uma

---

[140] Retomo aqui uma hipótese formulada há alguns anos no contexto de uma reflexão sobre o patrimônio: "Introduction", in Rousso (2003). Esse texto foi retomado em Auzas e Jewsiewicki (2008:13-21).

forma de esquecimento relativo ou definitivo, uma maneira de deixar o mundo, à imagem da expressão americana "*I'm history*", "Eu parti" ou "o meu tempo passou", que indica uma forma de obsolescência. Longe de ser banal, essa passagem do presente ao passado se reveste para o historiador de uma importância crucial, pois não somente ele a atravessa como todos os outros, mas é parte da sua missão repeti-la, analisá-la e desenhar suas questões: é a característica de uma história que se quer do seu tempo, a qual deve levar em conta o tempo que passa sob seus olhos. E se acaso ele tiver a tentação de desviar o olhar, alguns estarão lá para chamá-lo à ordem.

Nós, os últimos sobreviventes do Holocausto, desaparecemos uns após os outros. Em breve a História se colocará a falar, na melhor das hipóteses, com a voz impessoal dos pesquisadores e dos romancistas. Na pior, com a dos negacionistas, dos falsificadores e dos demagogos. O Dia Internacional da Comemoração para as Vítimas é um liame vital na transmissão de nossa trágica herança. Se falharmos a lhe dar coletivamente e com discernimento o lugar que lhe compete na memória e na educação, no cerne dos valores fundamentais de todas as crenças, espirituais ou seculares, as forças das trevas poderão de novo voltar a nos assombrar.[141]

Assim se exprimia recentemente Samuel Pisar, um sobrevivente de Auschwitz, que foi notadamente testemunha do processo Barbie, em 1987. Essa posição tem de admirável o fato de que ela opõe, de um lado, a experiência da testemunha e a comemoração, entendida aqui como uma comunhão emocional em torno da lembrança do acontecimento, e, do outro, toda uma forma de representação do passado, histórico ou romanesco, quase sugerindo que essas últimas não estão

---

[141] Pisar (2012), na ocasião do Dia Internacional pela Memória das Vítimas do Holocausto.

CONCLUSÃO 297

muito afastadas do negacionismo. Nessa visão das coisas, a transferência de ator a pesquisador é vivida como uma perda, quase como uma injustiça. Se a afirmação é aqui radical, ela não exprime menos um sentimento muito disseminado entre os antigos deportados, os antigos resistentes e todos aqueles que sobreviveram a experiências extremas. Ora, a ideia de que o desaparecimento dos últimos sobreviventes muda a percepção de um acontecimento, que ele deixa todo o lugar aos historiadores para exercer um monopólio ao qual eles aspiram tanto, não data do momento em que os sobreviventes se fizeram cada vez mais raros em razão da idade. Ela é muito antiga: fui pessoalmente interpelado sobre esse registro praticamente desde os primeiros escritos sobre o período, no fim dos anos 1970, uma experiência que todos os historiadores que trabalham com acontecimentos delicados puderam ter. Ela não exprime, portanto, um problema conjuntural, ligado a uma situação biológica, mas uma percepção do tempo ligada tanto à experiência extrema, à deportação, à tortura e, portanto, ao passado vivido quanto à maneira pela qual nossas sociedades veem a relação entre o presente e o passado. No pós-trauma do Holocausto, a passagem do presente ao passado tomou uma dimensão particularmente problemática, situando os historiadores diante de dilemas de uma intensidade inédita. Escrever essa história constituía mais uma vez, por um lado, uma necessidade imperiosa, por outro, uma impossibilidade absoluta. A necessidade foi assumida desde o fim da guerra tanto por sobreviventes quanto por profissionais, um não excluindo o outro, permitindo mesmo a eclosão de uma nova história do tempo presente. Por outro lado, a impossibilidade, desta vez, não era objeção metódica de uma falta de recuo e, portanto, uma impossibilidade relativa, mas uma impossibilidade radical: escrever a história do Holocausto era de algum modo matar-lhe a lembrança, posição esta de um Samuel Pisar, mas também, por outras razões sem dúvida menos desprovidas de considerações narcísicas, de um Claude Lanzmann.

298 A ÚLTIMA CATÁSTROFE

Esses posicionamentos não impediram de modo nenhum a eclosão de uma historiografia do Holocausto, sem dúvida uma das mais diversificadas e das mais sofisticadas no campo da história contemporânea. Mas essas questões e esses temores desempenharam um papel essencial na maneira de escrever esta história do tempo presente confrontada com o trágico. Elas são emblemáticas da dificuldade de impor uma distância histórica enquanto os atores ainda estão vivos, e *a fortiori* enquanto ainda são sobreviventes. Ela mostra a que ponto a passagem entre o presente e o passado, entre a memória e a história, entre a verdade de uma experiência vivida e a de um conhecimento elaborado, pode ser intimamente sentida como um luto, como se fosse uma morte por antecipação. Contudo, a ideia mesma de uma passagem tão nítida entre presente e passado não é mais que uma ilusão. Muitos antigos deportados viveram suficientemente bastante para ver desaparecer prematuramente numerosos historiadores do Holocausto, tendo a sucessão das gerações um valor geral que não se aplica sempre, infelizmente, às situações particulares. Do mesmo modo, muitos historiadores se sentem bem mais envolvidos por acontecimentos históricos por razões pessoais do que antigos sobreviventes ou atores que decidiram por razões que lhes dizem respeito virar a página. Opor os "historiadores" às "testemunhas" é, portanto, uma construção sumária. Por outro lado, a expressão pública e repetida dessa oposição ilustra a dificuldade de pensar essa passagem, como se fosse preciso parar o tempo, prevenir a alteridade do esquecimento, tentar manter vivo por tanto tempo quanto possível um presente que não é senão lembrança de um passado que hoje tem 70 anos.

Essa passagem do presente ao passado pode também, em alguns casos, ratificar o fracasso em fazer surgir na ação uma verdade necessária e remeter a um futuro próximo esperando que o historiador possa cumprir uma missão de que o contemporâneo não pode se desincumbir. Recentemente, o senador italiano de esquerda Luciano Violante, ex-presidente da Comissão Antimáfia e ex-presidente da Câmara dos Depu-

CONCLUSÃO 299

tados, comentando com amargura a absolvição definitiva, no dia 14 de abril de 2012, de todos os acusados no processo do atentado de Brescia de 28 de maio de 1974, atribuído à extrema-direita e que tinha feito oito mortos e uma centena de feridos, considerou que a palavra devia agora "passar aos historiadores". Desprovidos da necessidade de trazer provas formais e individuais, eles poderão em um futuro mais ou menos próximo, ler de outro modo os documentos e dizer o que a justiça italiana não pôde dizer. O historiador se vê, portanto, antecipadamente convocado aqui por uma transferência e por dizer uma verdade que a justiça não pôde formular — apesar de várias décadas de processo —, na mais perfeita tradição do "tribunal íntegro e terrível" de que fala D'Alembert.[142]

Por trás da sua aparente banalidade, a passagem do presente ao passado constitui em realidade um dos problemas mais espinhosos da história do tempo presente dessas últimas décadas. Ela ensejou numerosas controvérsias, como a que opôs nos anos 1980 o historiador alemão Martin Broszat, diretor do Institut für Zeitgeschichte de Munique, provindo da "geração das juventudes hitlerianas", cabeça da escola dita "funcionalista" da interpretação do nazismo, e o historiador israelense Saul Friedländer, um sobrevivente que se tornou uma das sumidades mundiais sobre o tema. Sem reabrir um dossiê que fez correr muita tinta, lembremos simplesmente que a controvérsia nasceu quando Martin Broszat publicou um artigo intitulado "Apologia de uma historização do nacional-socialismo", pedindo que o nazismo fosse tratado como um objeto de história entre outros, advogando um distanciamento não moralizante e sobretudo menos rígido e propondo paradigmas diferentes da abordagem apenas ideológica.[143] Aparentemente neutro, o termo

---

[142] Ver *Le Monde*, 18 abr. 2012. Agradeço a Anne Pérotin-Dumon por ter chamado a minha atenção para esse artigo em um seminário que eu organizei no IHTP em 2011-12 sobre as relações entre história e justiça.

[143] Ver Broszat (1985:373-385) e a resposta de Friendländer (1987:43-54). Ver também a correspondência publicada entre os dois historiadores: Broszat e Friedländer (1988:85-

300 A ÚLTIMA CATÁSTROFE

"historização" ocultava muitas ambiguidades, como destacou seu contraditor. Apontando para os riscos de tal postura, Saul Friedländer se interrogava sobre a noção de distância no tratamento de tal tema, e, portanto, sobre os limites mesmos de uma história do tempo presente:

> De minha parte, estimo que este passado está ainda presente demais para que os historiadores contemporâneos possam ser capazes de tomar consciência facilmente dos pressupostos e dos *a priori* que estão em jogo aqui — sobretudo os historiadores alemães ou judeus que viveram sob o nazismo, e talvez também os que pertencem à segunda ou terceira geração. Pode-se supor que, muito frequentemente, o historiador que aborda a era nazista não tenha inteiramente ideia nem sobre que base específica, nem a partir de quais móbiles específicos, nem no interior de qual contexto específico ele deseja trabalhar sobre este período. Toda análise histórica deve, portanto, imperativamente apoiar-se em um processo de reflexão sobre si mesma, pois não é senão a este preço que o historiador pode permanecer consciente — a despeito do sentimento de objetividade que ele pode sentir — que é exatamente ele e ele apenas que escolhe a abordagem, determina o método e organiza o material em função de tal ou qual programa. O que é verdadeiro para toda escrita histórica é decisivo para o estudo deste período. Escrever sobre o nazismo não é escrever sobre a França do século XVI: a ideia de historização, tal como a analisamos aqui, repousa na hipótese, a meu ver errônea, segundo a qual quarenta anos após o fim do Terceiro Reich, o nazismo poderia ser tratado mais ou menos da mesma maneira que a França do século XVI. [Friedländer, 1987:52]

Essa controvérsia teve de notável o fato de que foi quase impossível decidir-se inteiramente em favor de um ou de outro protagonista.

---

126). O artigo de Martin Broszat e sua correspondência com Saul Friedländer estão disponíveis em francês: *Bulletin trimestral de la Fondation Auschwitz* (Bruxelles), n. 24, p. 27-86, abr./set. 1990.

A posição de Martin Broszat e de sua escola de pensamento se revelou de uma grande riqueza, pois ela "desbloqueou" não somente a história do nazismo, mas permitiu pensar sobre o modo de tratar a história de todos os sistemas criminosos dos quais a lembrança ainda é próxima. Na França, ela foi utilizada, por exemplo, para a história da Ocupação em uma perspectiva menos determinada pelas explicações políticas e ideológicas (Bédarida e Azéma, 1992). A posição de Saul Friedländer permitiu perceber os riscos que havia apesar de tudo em "passar" rápido demais do presente ao passado, em resfriar os objetos, em desconhecer as questões morais e éticas em jogo na construção de uma problemática histórica. Em face de uma possível deriva cientificista, à qual os historiadores podem facilmente sucumbir, ele lembrou que uma subjetividade controlada, nutrida de reflexividade, de trabalho sobre si e sobre a sua profissão, era a única garantia de uma escrita da história que pudesse conciliar espírito crítico e responsabilidade. Ambos, à sua maneira, mostraram o papel decisivo dos discursos e escritos acadêmicos sobre a passagem do presente ao passado, da qual os historiadores não são as testemunhas passivas, mas atores de primeiro plano — donde os temores que eles suscitam e os ataques dos quais podem por vezes ser objeto. Poder-se-ia acrescentar que eles estão longe de ser os únicos: os sobreviventes, os escritores, os artistas, todo leitor apaixonado pela história ou todo espectador de uma comemoração participam também desta "historização" da qual se temem ou se denunciam antecipadamente os efeitos. A historização, por vezes identificada como "memorialização", é em si um fenômeno social de natureza geral, e cada coletividade possui sua maneira de inscrever o tempo presente em uma narração perene.

Resta enfim uma interrogação sobre "este passado presente demais". Permaneceu ele tão presente de 1945 a 1987? Expliquei em outros trabalhos que a memória desse período tinha, ao contrário, conhecido fases diferentes de presença e de ausência. Ora, no momento em que se tem esta controvérsia, a lembrança do Holocausto atingiu uma constante, sobretudo com a estreia do filme *Shoah* e com o quadragésimo aniversário da queda do Terceiro Reich, ou ainda com a sessão do processo Barbie na França em 1987. Esta anamnese constitui literalmente uma *colocação no presente do passado*, um processo de rememoração inverso ao da historização. A era nazista era nesse momento, ao contrário, um passado que retornou ao presente? Poder-se-ia fazer o mesmo raciocínio com outros exemplos históricos. O importante aqui é a existência de um choque entre duas tendências contrárias no meio do qual se acha o historiador do tempo presente. Já não se trata de captar um movimento linear, de compreender uma história em processo, mas de combater em duas frentes: a da história e a da memória, a de um presente que não se quer ver passar, a de um passado que volta para assombrar o presente, sendo a distinção entre as duas por vezes inalcançável. A história do tempo presente contemporânea nasceu e se desenvolveu nessa incerteza e nessa instabilidade. Observando meu tempo presente hoje, não vejo nenhuma razão para que ela não prossiga nesse caminho.

AGRADECIMENTOS

Este livro amadureceu durante um longo período, e daí a impossibilidade de citar aqui todos os que puderam em um momento ou em outro alimentar minha reflexão. O IHTP foi meu meio intelectual e profissional desde sempre e meu primeiro pensamento remete a François Bédarida, seu fundador, falecido prematuramente, ao qual eu associo a memória de Michael Pollak, Michel Trebitsch e Karel Bartosek, mortos também cedo demais. Gostaria também de mencionar Marianne Ranson, que esteve presente desde o início, assim como Robert Frank, Denis Peschanski, Jean-Pierre Rioux e DanièleVoldman, em lembrança do tempo da fundação, juntamente com Jean Astruc, Gabrielle Muc, Anne-Marie Pathé e Éléonore Testa. Na fase de redação, nesses últimos anos, fui beneficiado por trocas cotidianas com Christian Ingrao, o atual diretor, Fabrice d'Aleida, Vincent Auzas, Alain Bancaud, Rémy Besson, Anne Boigeol, Olivier Büttner, Juliette Denis, Catherine Hass, Anne Kerlan, Anne Pérotin-Dumon, Malika Rahal, Fabien Théofilakis. Agradeço por sua ajuda a Caroline Chanteloup, Valérie Hugonnard, Morgane Jouve, Nicolas Schmidt e Boris Videmann. Pelas numerosas discussões sobre a prática da história, tenho uma dívida particular para com Christian Delage e Peter Schöttler, assim como Christian Delacroix, François Dosse e Patrick Garcia — quem me fez a gentileza de ler o manuscrito —, cujo seminário de historiografia foi um lugar decisivo de amadurecimento deste livro.

Também aproveitei muito os laços estreitos e regulares com meus amigos do Grupo de Pesquisa Europeia de História do Tempo Presente (The Network for Contemporary History — EURHISTXX) que eu coordeno no CHRS: Peter Apor, Paolo Capuzzo, Martin Conway, Norbert Frei, John Horne, Constantin Iordachi, Michael Kopecek, Konrad Jarausch, Pieter Lagrou, Marie-Claire Lavabre, Thomas Lindenberger, Guillaume Mauralis, Peter Romijn, Mariuccia Salvati, Dariusz Stola.

Gostaria também de citar alguns dos que alimentaram diretamente ou não este trabalho: em primeiro lugar, Stéphane Audoin-Rouzeau — que me fez a gentileza de ser um dos primeiros leitores — e Annette Becker, com a qual (e Nicole Edelman) organizei por muito tempo um seminário na Universidade de Nanterre, assim como Marc Abelès, Ora Avni, Jean-Pierre Azéma, François Azouvi, Omer Bartov, Leora Coicaud, Éric Conan, Olivier Dumoulin, Marc Ferro, Étienne François, Valeria Galimi, Antoine Garapon, Richard J. Golsan, François Hartog, Gerhard Hirschfeld, Bogumil Jewsiewicki, Alice Kaplan, Gerd Krumeich, Gérard Lenclud, Jocelyn Létouneau, Michael R. Marrus, Bertrand Muller, Pierre Nora, Peter Novick — um amigo próximo e grande historiador recentemente falecido —, Michel Offerlé, Pascal Ory, Robert O. Paxton, Philippe Petit, Krzystof Pomian, Renée Poznanski, Philippe Roussim, Jean-François Sirinelli, Zeev Sternhell, Benjamin Stora, Susan Suleiman, Nicolas Werth e Eli Zareski.

Faço questão também de expressar minha gratidão a François Hofstein, com quem pude encontrar algumas palavras para falar das incertezas diante do peso de tal passado.

Um pensamento, finalmente, para Hélène, que suportou estoicamente as provas de uma obra incessantemente inacabada, e para Linda, porque o futuro não é somente uma ilusão do tempo passado.

REFERÊNCIAS

Esta bibliografia lista as referências citadas no texto, assim como uma escolha de leituras que reflete o ambiente intelectual no qual este livro foi concebido. Ela almeja também ser uma ferramenta de trabalho e foi dividida em três partes, para simplificar sua apresentação: 1) estudos históricos, historiográficos ou epistemológicos gerais, assim como textos que pertencem à filosofia da história ou sobre a história; 2) referências sobre a questão específica da contemporaneidade, da definição e da prática de uma história do tempo presente, assim como títulos sobre a história dos séculos XX e XXI, que permitiram situar o contexto do surgimento ou que desempenharam um papel particular em seu desenvolvimento, independentemente do seu interesse intrínseco; 3) finalmente, uma seleção limitada de textos — em uma bibliografia internacional hoje considerável — sobre a questão do testemunho, da memória, do traumatismo e dos usos do passado. Ela foi atualizada para a presente edição.

1. Pensar a história

AGAMBEN, Giorgio. *Qu'est-ce que le contemporain?* Tradução de Maxime Rovere. Paris: Rivages Poches/Petite bibliothèque, 2008.

AÏT-TOUATI, Frédérique. *Contes de la Lune.* Essai sur la fiction et les sciences modernes. Paris: Gallimard, 2011.

APPLEBY, Joyce; HUNT, Lynn; JACOB, Margaret. *Telling the truth about history.* Nova York: Norton, 1994.

ARENDT, Hannah. *La crise de la culture.* Huit exercices de pensée politique. Tradução de Patrick Lévy. Paris: Gallimard, 1972 [1. ed.: 1961].

_____. *La Nature du totalitarisme.* Tradução e prefácio de Michelle-Irène Brudny de Launay. Paris: Payot, 1990.

_____. *Penser l'événement.* Tradução de Claude Habib. Paris: Belin, 1989.

ARON, Raymond. *Dimensions de la conscience historique.* Plon, 1964.

_____. *Leçons sur l'histoire.* Cours du Collège de France, texte établi, présenté et annoté par Sylvie Mesure. Paris: Fallois, 1989.

BARRET-KRIEGEL, Blandine. *Les historiens et la monarchie.* Paris: Presses Universitaires de France, 1988. 4 v.

BAUMANN, Zygmunt. *La Décadence des intellectuels.* Des législateurs aux interprètes. Tradução de Manuel Tricoteaux. Chambon: Actes Sud, 2007.

BENJAMIN, Walter. *Sur le concept d'histoire* [1940] [ver LÖWY, Michael].

BENZ, Wolfgang; HAVERKAMP, Alfred; KOCKA REINHARD, Wolfgang (Dir.). *Gebhardt*: Handbuch der deutschen Geschichte. Stuttgart: Klett-Cotta, 2004-2012. 24 v.

BERGER, Stefan (Dir.). *Writing the nation*: a global perspective. Nova York: Palgrave Macmillan, 2007.

_____; DONOVAN, Mark; PASSMORE, Kevin (Dir.). *Writing national histories.* Western Europe since 1800. Nova York: Routledge, 1999.

BLOCH, Marc. *Apologie pour l'histoire.* Paris: Armand Colin, 1997 [1. ed.: 1949].

_____. *Histoire et historiens.* Textes réunis par Etienne Bloch. Armand Colin, 1995.

BONNAUD, Robert. *Y a-t-il des tournants historiques mondiaux?* Paris: Kimé, 1992.

BOURDÉ, Guy; MARTIN, Hervé. *Les écoles historiques.* Paris: Seuil, 1990 [1. ed.: 1983].

BOUTON, Christophe; BEGOUT, Bruce (Dir.). *Penser l'histoire.* De Karl Marx aux siècles des catastrophes. Paris: Éditions de l'Éclat, 2011.

BRAUDEL, Fernand. *Écrits sur l'histoire.* Paris: Arthaud, 1990.

_____. *Les ambitions de l'histoire.* Edição estabelecida por Roselyne de Ayala e Paule Braudel; prefácio de Maurice Aymard. Paris: Éd. de Fallois, 1997.

BURGUIÉRE, André (Dir.). *Dictionnaire des sciences historiques.* Paris: Presses Universitaires de France, 1986.

_____. *L'École des Annales.* Une histoire intellectuelle. Paris: Odile Jacob, 2006.

CARBONELL, Charles-Olivier. *Histoire et historiens.* Une mutation idéologique des historiens français 1865-1885. Toulouse: Privat, 1976.

_____; WALCH, Jean (Dir.). *Les sciences historiques de l'Antiquité à nos jours,* assistés de Roland Marx et de Laurent Cesari. Paris: Larousse, 1994.

CARR, Edward H. *Qu'est-ce que l'histoire?* Conférences prononcées dans le cadre des "Georges Macaulay Trevelyan Lectures" à l'université de Cambridge, janvier-mars 1961. Tradução de Maud Sissung. Paris: La Découverte, 1988.

CERTEAU, Michel de. *L'écriture de l'histoire.* Paris: Gallimard, 1975.

CHATEAUBRIAND, François-René de. *Mémoires d'outre-tombe.* Prefácio de Julien Gracq, introdução, notas e comentários de Pierre Clarac, edição revista e corrigida por Gérard Gengembre. Paris: Le Livre de Poche, 1999 [1. ed.: Liège, 1849].

CHESNEAUX, Jean. *Habiter le temps.* Passé, présent, futur: esquisse d'un dialogue politique. Paris: Bayard, 1996.

COLLINGWOOD, Robin G. *Essays in the philosophy of history.* Edição e apresentação de William Debbins. McGraw-Hill, 1966.

CORNETTE, Joël; BIGET, Jean-Louis; ROUSSO, Henry (Dir.). *Histoire de France.* Paris: Belin, 2009-2012.

[Geneviève Bührer-Thierry et Charles Mériaux, *La France avant la France (481-888)*; Florian Mazel, *Féodalité (888-1180)*; Jean-Christophe Cassard, *L'âge d'or capétien (1180-1328)*; Boris Bove, *Le temps de la Guerre de Cent ans (1328-1453)*; Philippe Hamon, *Les Renaissances (1453-1559)*; Nicolas Le Roux, *Les guerres de religion (1559-1629)*; Hervé Drévillon, *Les rois absolus (1630-1715)*; Pierre-Yves Beaurepaire, *La France des Lumières (1715-1789)*; Michel Biard, Philippe Bourdin, Silvia Marzagalli, *Révolution, consulat, empire (1789- 1815)*; Sylvie Aprile, *La révolution inachevée (1815-1870)*; Vincent Duclert, *La république imaginée (1870-1914)*; Nicolas Beaupré, *Les Grandes Guerres (1914-1945)*; Michelle Zancarini, Christian Delacroix, *La France du temps présent (1945-2005)*.]

CROCE, Benedetto. *Théorie et histoire de l'historiographie*. Tradução de Alain Dufour. Paris: Droz, 1968 (para a tradução francesa), (1. ed.: 1912-1913).

D'ALEMBERT. Réflexions sur l'histoire, lues à l'Académie Française dans la séance publique du 19 janvier 1761. In: ____. *Œuvres complètes de...* Paris: A. Belin, 1821-22, 4 v., t. 2, 1. parte, p. 1-10. Disponível em: <www.eliohs.unifi.it/testi/700/alemb/reflect.html>. Edição digital por Guido Abbattista, *Cyber Review of Modern Historiography*, jan. 1997.

DARBO-PESCHANSKI, Catherine. *L'historia*. Commencements grecs. Paris: Gallimard, 2007.

DELACROIX, Christian; DOSSE, François; GARCIA, Patrick (Dir.). *Historicités*. Paris: La Découverte, 2009.

____; ____; ____ (Dir.). *Historiographies*: concepts et débats. Paris: Gallimard, 2010. 2 v.

____; ____; ____. *Les courants historiques en France XIXᵉ-XXᵉ siècle*. ed. rev. e aum. Paris: Gallimard; Folio Histoire, 2007 [1. ed.: 1999].

____; ____; ____; TREBITSCH, Michel (Dir.). *Michel de Certeau*. Les Chemins d'histoire. Bruxelles; Paris: Complexe; Institut d'Histoire du Temps Présent, 2002.

DESPOIX, Philippe; SCHÖTTLER, Peter (Dir.). *Kracauer, penseur de l'histoire*. Québec; Paris: Presses de l'Université Laval; Presses de la Maison des Sciences de l'Homme, 2006.

DOSSE, François, *L'histoire en miettes*. Des "Annales" à la "nouvelle histoire". Paris: La Découverte/Agora Pocket, 1997.

_____. *Paul Ricœur, Michel de Certeau*. L'histoire entre le dire et le faire. Paris: L'Herne, 2006.

_____. *Pierre Nora*. Homo historicus. Paris: Perrin, 2011.

_____. *Renaissance de l'événement*. Un défi pour l'historien: entre sphinx et phénix. Paris: Presses universitaires de France, 2010.

DROYSEN, Johan Gustav. *Précis de théorie de l'histoire*. Tradução, apresentação e notas por Alexandre Escudier. Paris: Cerf, 2002 [1. ed.: Iéna, 1858].

DUMOULIN, Olivier. Histoire et historiens de droite. In: SIRINELLI, Jean-François (Dir.). *Histoire des droites*, tome 2: *Cultures*. Gallimard, 1992.

_____. *Le rôle social de l'historien*. De la chaire au prétoire. Paris: Albin Michel, 2003.

DUPUY, Jean-Pierre. *Pour un catastrophisme éclairé*. Quand l'impossible est certain. Paris: Seuil, 2002.

EVANS, Richard J. *Defence of history*. Londres: Granta Books, 1997.

FARGE, Arlette. *Le goût de l'archive*. Seuil, 1989.

FEBVRE, Lucien. *Combats pour l'histoire*. Paris: Armand Colin, 1992 [1. ed.: 1952].

_____. L'histoire dans le monde en ruines. *Revue de Synthèse Historique*, n. 30, Tome IV, p. 1-15, fev./jun. 1920.

FORCE, Pierre. *L'herméneutique chez Pascal*. Paris: Vrin, 1989.

FOUCAULT, Michel. *Dits et écrits 1954-1988*, vol. III: 1976-1979. Edição de Daniel Defert e François Ewald, com a colaboração de Jacques Lagrange. Paris: Gallimard, 1994.

_____. *Les mots et les choses*. Une archéologie des sciences humaines. Paris: Gallimard, 1966.

FUSTEL DE COULANGES, Numa-Denys. *Questions d'histoire*. Paris: Hachette, 1893.

GAUCHET, Marcel. *La condition historique*: entretiens avec François Azouvi et Sylvain Piro. Paris: Gallimard, 2005.

_____ (Dir.). *Philosophie des sciences historiques*. Le moment romantique. Textos reunidos e apresentados por Marcel Gauchet. Paris: Seuil, 2002.

GOETZ, Hanz-Werner. Historical consciousness and institutional concern in European medieval historiography (11th and 12th centuries). In: CONGRES INTERNATIONAL DES SCIENCES HISTORIQUES, 19e, 6-13 août 2000, Oslo, thème 3:"Les usages de l'histoire et la responsabilité de l'historien dans l'histoire". Disponível em: <www.oslo2000.uio.no/program/papers/m3a/m3a-goetz.pdf>. Acesso em: mar. 2011.

GOODY, Jack. *Le vol de l'histoire*. Comment l'Europe a imposé le récit de son passé au reste du monde. Traduzido do inglês por Fabienne Durand-Bogaert. Paris : Gallimard, 2010 [1 ed.: 2007].

GOULEMOT, Jean-Marie. *Le règne de l'histoire*. Discours historiques et révolutions XVIIe-XVIIIe siècles. Paris: Albin Michel, 1996.

GUENÉE, Bernard. *Histoire et culture historique dans l'Occident médiéval*. Paris : Aubier Montaigne, 1980.

HALPHEN, Louis. *L'Histoire en France depuis cent ans*. Paris: Armand Colin, 1914.

HARTOG, François. *Évidence de l'histoire*. Ce que voient les historiens. Paris: Gallimard, 2005.

_____. *Le XIXème siècle et l'histoire*. Le cas Fustel de Coulanges. Paris: Presses Universitaires de France, 1988.

_____. *Le miroir d'Hérodote*. Paris: Gallimard; Folio, 2001.

_____. *Régimes d'historicité*. Présentisme et expériences du temps. Paris: Seuil, 2003.

_____ (Dir.). *L'Histoire d'Homère à Augustin*. Préfaces des historiens et textes sur l'histoire. Reunidos e comentados por F. Hartog, traduzidos por Michel Casevitz. Paris: Seuil, 1999.

_____; LENCLUD, Gérard. Régimes d'historicité. In: DUTU, Alexandru; DODILLE, Norbert (Dir.). *L'état des lieux en sciences sociales*. Paris: Institut Français de Bucarest; L'Harmattan, 1993. p. 18-38.

HÉRODOTE. *L'enquête*. Edição de André Barguet. Paris: Gallimard; Folio, 1964 e 1985. 2 v.

HORACE. *Odes*. Texto estabelecido por François Villeneuve, introdução e notas de Odile Ricoux. Paris : Les Belles Lettres, 2002.

HUMBOLDT, Wilhelm von. On the Historian's task [Über die Aufgabe des Geschichtschreibers (1821)]. *History and Theory*, v. 6, n. 1.

KOSELLECK, Reinhart. Le concept d'histoire. In: *L'Expérience de l'histoire*. Edição e prefácio de Michael Werner, tradução de Alexandre Escudier, com Diane Meur, Marie-Claire e Jochen Hoock. Paris: École des hautes études en sciences sociales; Gallimard; Le Seuil, 1997. p. 15-99 [1. ed.: Stuttgart, 1975].

_____. *Le futur passé*. Contribution à la sémantique des temps historiques. Tradução de Jochen e Marie-Claire Hoock. Paris: Éditions de l'École des Hautes Etudes en Sciences Sociales, 1990 [1. ed.: Francfort-sur-le-Main, 1979].

KRACAUER, Siegfried. *L'histoire*: des avant-dernières choses. Prefácio de Jacques Revel, trad. Claude Orsoni, Paris: Stock, 2006.

L'HISTOIRE anachronique. *Les Temps Modernes*, n. 410, set. 1980.

LANGLOIS, Charles-Victor; SEIGNOBOS, Charles. *Introduction aux études historiques*. Prefácio de Madeleine Rébérioux. Paris: Kimé, 1992. [1. ed.: 1897].

LAURENTIN, Emmanuel (Dir.). *À quoi sert l'histoire aujourd'hui*. Paris: Bayard; France-Culture, 2010.

LAVISSE, Ernest (Dir.). *Histoire de France, depuis les origines jusqu'à la Révolution*. Paris: Hachette, 1903-1911 [reed.: Paris: Éditions des Équateurs, desde 2009]. 18 v.

_____ (Dir.). *Histoire de la France contemporaine depuis la Révolution jusqu'à la paix de 1919*. Paris: Hachette, 1920-1922. 10 v.

LE GOFF, Jacques. *Pour un autre Moyen Âge*. Paris: Gallimard, 1999 [1. ed.: 1977].

_____; CHARTIER, Roger; REVEL, Jacques (Dir.). *La nouvelle histoire*. Paris: Retz, 1978.

_____; NORA, Pierre (Dir.). *Faire de l'histoire*. Paris: Gallimard, 1974. 3 v.

LEDUC, Jean. *Les historiens et le temps*. Conceptions, problématiques, écritures. Paris: Seuil, 1999.

312 A ÚLTIMA CATÁSTROFE

LENCLUD, Gérard. *La culture, l'esprit.* Anthropologie, histoire, psychologie. Paris: Éditions de l'EHESS, previsto para 2012.

_____. Traversées dans le temps. *Actes de la Recherche en Sciences Sociales*, n. 5, p. 1053-1084, set. 2006.

LETERRIER, Sophie-Anne. *Le XIXe siècle historien.* Anthologie raisonnée. Paris: Belin, 1997.

LÖWY, Michael. *Walter Benjamin: avertissement d'incendie.* Une lecture des thèses "Sur le concept d'histoire". Paris: Presses Universitaires de France, 2001.

LYOTARD, Jean-François. *Le postmoderne expliqué aux enfants.* Paris: Galilée, 1986.

MACHIAVEL. *Histoire de Florence.* In: _____. *Œuvres.* Tradução e edição de Christian Bec. Paris: Robert Laffont, 1996.

MALLARME, Stéphane. *Divagations.* Edição de Bertrand Marchal: *Igitur. Divagations. Un coup de dés.* Paris: *Poèsie*/Gallimard, 2003 [1897].

MARIN, Louis. *Pascal et Port-Royal.* Coleção estabelecida por Alain Cantillon et al. Paris: Presses universitaires de France, 1997 (Coll. " Bibliothèque du Collège International de Philosophie").

MARROU, Henri-Irénée. *De la connaissance historique.* Paris: Seuil, 1954.

MERCIER, Louis-Sébastien. *Du théâtre ou nouvel essai sur l'art dramatique.* Amsterdã: E. van Harrevelt, 1773.

MOMIGLIANO, Arnaldo. *Les fondations du savoir historique.* Prefácio de Riccardo Di Donato, tradução de Isabelle Rozenbaumas. Paris: les Belles Lettres, 1992.

MOSES, Stéphane. *L'ange de l'histoire.* Rosenzweig, Benjamin, Scholem. Paris: Seuil, 1992.

NIETZSCHE. *Considérations inactuelles I et II.* Edição estabelecida por G. Colli e M. Montinari, tradução de Pierre Rusch. Paris: Gallimard, 1990.

NOIRIEL, Gérard. *Sur la "crise" de l'histoire.* Paris: Gallimard, 2005 [1. ed.: 1996].

NORA, Pierre. *Les lieux de mémoire.* Paris: Gallimard, 1984-1993. 7 v.

_____ (Dir.). *Essais d'ego-histoire*. Paris: Gallimard, 1987.

NOVICK, Peter. *That noble dream*. The "objectivity question" and the American historical profession. Cambridge: Cambridge University Press, 1988.

PARAVICINI, Werner. Nietzche et les sciences historiques. Autour de la Deuxième considération intempestive. *Francia*, v. 3, n. 29, p. 151-191, 2002.

PASCAL. *Pensées*, 436-628. In: _____. *Œuvres complètes*. Prefácio de Henri Gouhier, apresentação e notas de Louis Lafuma. Paris: Seuil, 1963.

PATOCKA, Jan. *Essais hérétiques*. Sur la philosophie de l'histoire. Prefácio de Paul Ricœur, posfácio de Roman Jacobson, tradução de Erika Abrams. Paris: Verdier, 2007 [1. ed.: 1975].

PLUMB, John H. *The death of the past*. Boston: Houghton Mifflin Co, 1969.

POLYBE. *Histoire*, XII, 27.2 à 27.5, édition publiée sous la direction de François Hartog, texte traduit, présenté et annoté par Denis Roussel, Paris: Gallimard, 2003.

POMIAN, Krzysztof. *L'ordre du temps*. Paris: Gallimard, 1984.

_____. *Sur l'histoire*. Paris: Gallimard, 1999.

PROST, Antoine. Comment l'histoire fait-elle l'historien? *Vingtième Siècle. Revue d'Histoire*, n. 65, p. 3-12, jan./mar. 2000.

_____. *Douze leçons sur l'histoire*. Paris: Seuil, 1996.

RAULFF, Ulrich. *Marc Bloch. Un historien au XXe siècle*. Tradução de Olivier Mannoni. Paris: Éditions de l'École des Hautes Etudes en Sciences Sociales, 2005 [1. ed.: Francfort, Fisher, 1995].

RICŒUR, Paul. *Histoire et vérité*. Paris: Seuil, 1957.

_____. *Temps et récit*. Paris: Seuil, 1983-1985. 3 v.

RÜSEN, Jörn. *History*. Narration, interpretation, orientation. Nova York: Berghahn Books, 2005.

_____ (Dir.). *Meaning and representation in history*. Nova York: Berghahn Books, 2006.

SEIGNOBOS, Charles. *La méthode historique appliquée aux sciences sociales*. Paris: Felix Alcan, 1909.

SEIXAS, Peter (Dir.). *Theorizing historical consciousness*. Toronto: University of Toronto Press, 2004.

SEMPRUN, Jorge. *Mal et modernité*. Paris: Seuil, 1997.

THUCYDIDE. *La Guerre du Péloponnèse*. Prefácio de Pierre-Vidal-Naquet, edição e tradução de Denis Roussel. Paris: Gallimard; Folio, 2000 [1. ed.: 1964].

TODOROV, Tzvetan. *Devoirs et délices*. Une vie de passeur. Entretiens avec Catherine Portevin. Paris: Seuil, 2002.

_____. Le siècle des totalitarismes. Paris: Robert Laffont, 2010 [reúne *Face à l'extrême* (Seuil, 1991) e *Mémoire du mal, tentation du bien* (Robert Laffont, 2000)].

VEYNE, Paul. *Comment on écrit l'histoire*. Paris: Seuil, 1971.

2. Pensar a contemporaneidade

AGULHON, Maurice. Vu des coulisses. In: NORA, Pierre (Dir.). *Essais d'ego-histoire*. Paris: Gallimard, 1987.

ALMEIDA, Fabrice d'. *Brève histoire du XXIe siècle*. Paris: Perrin, 2007.

ALTHABE, Gérard; FABRE, Daniel; LENCLUD, Gérard. *Vers une ethnologie du temps présent*. Paris: Éditions de la Maison des Sciences de l'Homme, 1992.

ARÓSTEGUI, Sánchez Julio. *La historia vivida*. Madri: Alianza, 2004.

AT the crossroads of past and present. "Contemporary" history and the historical discipline. *Journal of Contemporary History*, v. 46, n. 3, jul. 2011.

AUDOIN-ROUZEAU, Stéphane. *Combattre*. Une anthropologie historique de la guerre moderne (XIXe-XXe siècle). Paris: Seuil, 2008.

_____; BECKER, Annette. *14-18, Retrouver la guerre*. Paris: Gallimard, 2000.

_____ et al. (Dir.). *La violence de guerre, 1914-1945*. Approches comparées des deux conflits mondiaux. Bruxelas; Paris: Complexe; Institut d'histoire du Temps Présent, 2002.

AUGÉ, Marc. *Où est passé l'avenir?* Paris: Seuil, 2011.

_____. *Pour une anthropologie des mondes contemporains*. Paris: Aubier, 1994.

AUS Politik und Zeitgeschichte. *Das Parlament*, v. 51-52, p. 3-54, dez. 2002.

AZÉMA, Jean-Pierre. La Seconde Guerre mondiale matrice du temps présent. In: INSTITUT D'HISTOIRE DU TEMPS PRESENT. *Écrire l'histoire du temps présent*. En hommage à François Bédarida. Paris: Éd. du CNRS, 1993. p. 147-152.

BARRACLOUGH, Geoffrey. *An introduction to contemporary history*. Harmondsworth: Penguin Books, 1964 [trad. francesa: 1967].

_____. *History in a changing world*. Oxford: Basic Blackwell, 1955.

BEAUPRE, Nicolas. *Les Grandes Guerres 1914-1945*. Paris: Belin, 2012. (série *Histoire de France* sob a direção de Joël Cornette, Jean-Louis Biget e Henry Rousso).

BECKER, Jean-Jacques. *Dictionnaire de la Grande Guerre*. Bruxelas: André Versaille éditeur, 2008.

_____. La Grande Guerre et la naissance de la BDIC. *Matériaux pour l'histoire de Notre Temps*, n. 100, p. 5-6, out./dez. 2010.

_____. *Même si la cause était mauvaise...* Mémoires d'un historien, 1936-1968. Paris: Larousse, 2009.

BÉDARIDA, François. *Histoire, critique et responsabilité*. Textos reunidos e apresentados por Gabrielle Muc, Henry Rousso e Michel Trebitsch. Bruxelas; Paris: Complexe; Institut d'histoire du Temps Présent, 2003.

_____. *La stratégie secrète de la drôle de guerre*. Le Conseil suprême interallié. Septembre 1939- avril 1940. Paris: Presses de la FNSP; Éditions du CNRS, 1979.

_____. Penser la Seconde Guerre mondiale. In: VERSAILLE, André (Dir.). *Penser le XXe siècle*. Bruxelas: Complexe, 1990. p. 115-138.

_____ (Dir.). *L'histoire et le métier d'historien en France 1945-1995*. Paris: Éd. De la MSH, 1995.

BERG, Nicolas. *Der Holocaust und die westdeutschen Historiker*. Erforschung und Erinnerung. Göttingen: Wallstein Verlag, 2003.

BERGER, Stefan. Historians and nation-building in Germany after reunification. *Past & Present*, n. 148, p. 187-222, 1995.

316 A ÚLTIMA CATÁSTROFE

BILAN et perspectives de l'histoire immédiate. *Cahiers d'Histoire Immédiate*, n. 30-31, out. 2006/prim. 2007.

BLOCH, Marc. *L'histoire, la Guerre, la Résistance*. Edição estabelecida por Annette Becker e Étienne Bloch. Paris: Gallimard/Quarto, 2006.

BLUM, Françoise; VACCARO, Rossana. Madeleine Rebérioux: de l'histoire ouvrière à l'histoire sociale. *Cahiers Jaurès*, v. 1, n. 183-184, 2007.

BOOCKMANN, Hartmut. *Der Historiker Hermann Heimpel*. Göttingen: Vandenhoeck & Ruprecht, 1990.

BOURLET, Michaël. Les officiers de la section historique de l'état-major de la Grande Guerre. *Revue Historique des Armées*, n. 231, p. 4-12, 2/2003.

BRAUDEL, Fernand. La captivité devant l'histoire. *Revue d'Histoire de la Deuxième Guerre Mondiale*, n. 25, p. 3-5, jan. 1957.

_____. *Le monde actuel*, en collaboration avec Suzanne Baille et Robert Philippe. Paris: Belin, 1963 [reeditado em 1987 sob o título *Grammaire des civilisations*. Paris: Arthaud, 1987].

BROSZAT, Martin. Aufgaben und Probleme zeitgeschichtlichen Unterrichts. Am Beispiel der nationalsozialistischen Zeit., *Geschichte in Wissenschaft und Unterricht*, v. 8, p. 529-550, 1957.

_____. Plädoyer für eine Historisierung des Nationalsozialismus. *Merkur*, p. 373-385, maio 1985 [trad.: *Bulletin Trimestriel de la Fondation Auschwitz*, n. 24, p. 27-42, abr./set. 1990].

_____; FRIEDLÄNDER, Saul. A controversy about the historicization of national socialism. *New German Critique*, n. 44, p. 85-126, prim./ver. 1988 [trad.: *Bulletin Trimestriel de la Fondation Auschwitz*, n. 24, p. 42-86, abr./set. 1990].

CALLU, Agnès (Dir.). *Le Mai 68 des historiens*: entre identités narratives et histoire orale. Villeneuve d'Ascq: Presses Universitaires du Septentrion, 2010.

CAPUZZO, Paolo et al. (Dir.). *Pensare la contemporaneità*. Studi di storia per Mariuccia Salvati. Roma: Viella, 2011.

CATTERRALL, Peter. What (if anything) is distinctive about contemporary history? *Journal of Contemporary History*, v. 32, n. 4, p. 441-452, 1997.

CHABLAT-BEYLOT, Agnès; SABLON DU CORAIL, Amable. Les archives de la Grande Guerre: mise en ligne d'un guide. *Revue Historique des Armées*, n. 254, p. 132-134, 2009.

CHABORD, Marie-Thérèse. Le Comité d'Histoire de la Deuxième Guerre Mondiale et ses archives. *La Gazette des Archives*, n. 116, p. 5-19, 1. trim. 1982.

CHAOUAT, Bruno. *L'ombre pour la proie*. Petites apocalypses de la vie quotidienne. Villeneuve d'Ascq: Presses Universitaires du Septentrion, 2012.

CŒURÉ, Sophie; DUCLERT, Vincert. *Les archives*. Paris: La Découverte, 2001.

CONRAD, Sebastian. *The quest for the lost nation*. Writing history in Germany and Japan in the American century. Berkeley: The University of California Press, 2010 [1. ed.: Göttingen, 1999].

COURRIÈRE, Yves. *Histoire de la Guerre d'Algérie*. Paris: Fayard, 1968-1971. 4 v.

COURTOIS, Stéphane et al. *Le livre noir du communisme*. Crimes, terreur, répression. Paris: Robert Laffont, 1997.

CUESTA, Josefina. *Historia del presente*. Logroño (La Rioja): Eudema Universidad, 1993.

DARBO-PESCHANSKI, Catherine. La politique de l'histoire: Thucydide historien du présent. *Annales ESC*, n. 3, p. 653-675, maio/jun. 1989.

DELAGE, Christian; GUIGUENO, Vincent. *L'historien et le film*. Paris: Gallimard, 2004.

DESCAMPS, Florence. *L'historien, l'archiviste et le magnétophone*. De la construction de la source orale à son exploitation. Paris: Comité pour l'Histoire Economique et Financière de la France, 2001.

DESCOMBES, Vincent. Qu'est-ce qu'être contemporain? Dossier "Actualités du contemporain". *Le Genre Humain*, p. 21-32, fev. 2000.

DEWAR, Kenneth C. Geoffrey Barraclough: from historicism to historical science. *The Historian*, v. 56, n. 3, p. 449-464, mar. 1994.

DUJARDIN, Philippe. De quoi sommes-nous contemporains? Essai d'anthropologie politique. *Cahiers Sens Public*, p. 11-91, nov./dez. 2009.

318 A ÚLTIMA CATÁSTROFE

DURKHEIM, Émile. *L'Allemagne au-dessus de tout*. La mentalité allemande et la guerre. Paris: Armand Colin, 1915.

FEBVRE, Lucien. Avant-Propos. *Cahiers d'Histoire de la Guerre*, n. 1, p. 1-3, jan. 1949.

FRANKLAND, Noble. *History at war*. The campaigns of an historian. Londres: Giles de la Mare, 1998.

FREI, Norbert (Dir.). *Was heißt und zum Welchen Ende studiert man Geschichte des 20. Jahrhunderts?* Göttingen: Wallstein Verlag, 2007.

FURET, François. *Le passé d'une illusion*. Essai sur l'idée communiste au XXe siècle. Paris: Robert Laffont; Calmann-Lévy, 1995.

GALIMI, Valeria. De l'histoire de la Résistance à l'histoire du XXe siècle: l'"Istituto nazionale per la storia del movimento di Liberazione in Italia" et le réseau des Instituts associés. L'histoire du temps présent, hier et aujourd'hui. *Bulletin de l'Institut d'Histoire du Temps Présent*, jul. 2000. Disponível em: <www.ihtp.cnrs.fr/spip.php%3Frubrique89.html>.

GIRAULT, René. Pierre Renouvin, la BDIC et l'historiographie française des relations internationales. *Matériaux pour l'histoire de Notre Temps*, n. 49-50, p. 7-9, 1998.

HAMEL, Jean-François. *Revenances de l'histoire*. Répétition, narrativité, modernité. Paris: Minuit , 2006.

HARTOG, François. Le présent de l'historien. *Le Débat*, n. 158, p. 18-31, jan. 2010.

_____; SCHMITT, Pauline; SCHNAPP Alain (Dir.). *Pierre Vidal-Naquet, un historien dans la cité*. Paris: La Découverte, 1998.

HAVET, Jacques (Dir.). *Tendances principales de la recherche dans les sciences sociales et humaines*. Paris: La Haye; Nova York: Mouton-Unesco, 1978. 2 t.

HEIMPEL, Hermann. *Der Mensch in seiner Gegenwart*. Acht historische Essais. Göttingen: Vandenhoeck & Ruprecht, 1957 [1. ed.: 1954].

HIRSCHFELD, Gerhard. Niederländische Zeitgeschichte: Fragen und Perspektiven der Forschung. *Jahrbuch des Zentrums für Niederlande-Studien*, v. 16, p. 141-157, 2005.

HISTORIANS on the twentieth century. *Journal of Contemporary History*, v. 2, n. 1, jan. 1967.

HOBSBAWM, Eric. *L'Âge des extrêmes*. Histoire du court XXᵉ siècle (1914-1991). Paris; Bruxelles: Le Monde diplomatique; Éditions Complexe, 1999 [reed.: André Versailles Éditeur, 2008].

HUDEMANN, Rainer. Frankreich — Histoire du Temps présent zwischen nationalen Problemstellungen und internationaler Öffnung. In: NÜTZENADEL, Alexander; SCHIEDER, Wolfgang (Dir.). *Zeitgeschichte als Problem. Nationale Traditionen und Perspektiven in Europa*. Göttingen: Vandenhoeck & Ruprecht 2004. p. 175-200. Disponível em: <https:// docupedia.de/zg/Frankreich_-_Histoire_du_Temps_present?oldid=80318>.

HÜRTER, Johannes; WOLLER, Hans. *Hans Rothfels und die deutsche Zeitgeschichte*, Munique: Oldenbourg Wissenschaftsverlag, 2005.

HUSSON, Édouard. *Comprendre Hitler et la Shoah*. Les historiens dans la République fédérale d'Allemagne et l'identité allemande depuis 1949. Paris: Presses Universitaires de France, 2000.

IGGERS, Georg G. *Historiography in the XXᵗʰ century*. From scientific objectivity to the postmodern challenge. Hanover: Wesleyan University Press, 1997.

_____. *New directions on European historiography*. Middletown: Wesleyan University Press, 1975.

INSTITUT D'HISTOIRE DU TEMPS PRESENT. *Écrire l'histoire du temps présent*. En hommage à François Bédarida. Paris: Éd. du CNRS, 1993.

_____. *Histoire et temps présent*. Paris: Institut d'histoire du temps présent/ CNRS, 1980. Mimeografado.

ISAAC, Jules. *Jules Isaac, un historien dans la Grande Guerre*. Lettres et carnets 1914-1917. Introdução de André Kaspi, apresentação de Marc Michel. Paris: Armand Colin, 2004.

JÄCKEL, Eberhard. *Umgang mit der Vergangenheit*. Beiträge zur Geschichte, Stuttgart, DVA: 1989. p. 133-150.

JARAUSCH, Konrad (Dir.). *Zwischen Parteilichkeit und Professionalitä*t: Bilanz der Geschichtswissenschaft der DDR. Berlim: Akademie Verlag, 1991.

_____; SABROW, Martin (Dir.). *Verletztes Gedächtnis. Erinnerungskultur und Zeitgeschichte im Konflikt*. Campus Fachbuch, 2002.

JEANNENEY, Jean-Noël. *Concordances des temps*. Chronique sur l'actualité du passé. Paris: Seuil, 1987.

JOUHAUD, Christian. *Les pouvoirs de la littérature*. Histoire d'un paradoxe. Paris: Gallimard, 2000.

JOURNAL of Contemporary History, v. 1, n.1, jan. 1966.

JUDT, Tony. *Après Guerre*. Une histoire de l'Europe depuis 1945. Paris: Armand Colin, 2007 [1. ed.: Nova York, 2006].

_____. Rethinking Post-War Europe. *IWMpost* (Institut für die Wissenschaften von Menschen, Vienne), n. 104, p. 4, abr./ago. 2010.

KASSOW, Samuel D. *Qui écrira notre histoire?* Les archives secrètes du ghetto de Varsovie. Paris: Grasset, 2011.

KRUGLER, Gilles. *Historians in combat*. L'armée américaine et le concept de *Military History Operations. Revue Historique des Armées*, n. 257, 2009.

L'HISTOIRE au temps présent. *Documents. La Revue des Questions Allemandes*, n. 4, set./out. 2000.

L'HISTOIRE du temps présent. *La Revue pour l'Histoire du CNRS*, n. 9, nov. 2003.

L'HISTOIRE du temps présent, hier et aujourd'hui. *Bulletin de l'Institut D'histoire du Temps Present*, jul. 2000. Disponível em: <www.ihtp.cnrs.fr/spip.php%3Frubrique89.html>.

LABORIE, Pierre. *Les Français des années troubles*: de la guerre d'Espagne à la Libération., Paris: Desclée de Brouwer, 2001.

LACOUTURE, Jean. L'histoire immédiate. In: LE GOFF, Jacques; CHARTIER, Roger; REVEL, Jacques Revel (Dir.). *La nouvelle histoire*. Paris: Retz, 1978. p. 270-293.

LAGROU, Pieter. Historiographie de guerre et historiographie du temps présent: cadres institutionnels en Europe occidentale, 1945-2000. *Bulletin du Comité International d'Histoire de la Deuxième Guerre Mondiale*, n. 30-31, p. 191-215, 1999-2000. Disponível em: <www.ihtp.cnrs.fr/spip.php%3Farticle515.html>.

____. Ou comment se constitue et se développe un nouveau champ disciplinaire. Dossier "Histoire du temps présent". *La Revue pour l'Histoire du CNRS*, n. 9, 2003.

LAÏDI, Zaki. *Le sacre du présent*. Paris: Flammarion, 2000.

LE MOIGNE, Nicolas. L'histoire du temps présent à l'allemande: l'*Institut für Zeitgeschichte* de Munich. *Bulletin de la Mission Historique Française en Allemagne*, n. 40, p. 186-192, 2004.

LISLE, Edmond. Les sciences sociales en France: développement et turbulences dans les années 1970. *La Revue pour l'histoire du CNRS*, n. 7, 2002.

MARTENS, Stefan. Frankreich zwischen "Histoire contemporaine" und "Histoire du temps présent". *Vierteljahrshefte für Zeitgeschichte*, n. 4, 2007.

MEINECKE, Friedrich. *Die deutsche Katastrophe*. Betrachtungen und Erinnerungen. Wiesbaden: Brockhaus, 1946.

MENNE-HARITZ, Angelika. Die Verwaltung und ihre Archive. Überlegungen zur Latenz von Zeit in der Verwaltungsarbeit. *Verwaltung & Management*, v. 1, n. 5, p. 4-10, 1999. Disponível em: <www.staff.uni-marburg.de/~mennehar/publikationen/latency.pdf>.

MÖLLER, Horst; WENGST, Ugo (Dir.). *50 Jahre Institut für Zeistegeschichte*. Eine Bilanz. Munique: Oldenbourg Verlag, 1999.

MOSSE, George. *De la Grande Guerre au totalitarisme*. La brutalisation des sociétés européennes Prefácio de Stéphane Audoin-Rouzeau; tradução de Edith Magyar. Paris: Hachette, 1999 [1. ed.: 1990].

NIETHAMMER, Lutz. *Kollective Identität*. Heimliche Quellen einer unheimlichen Konjonctur, avec Axel Dossmann. Hambourg: Rowohlt, 2000.

____. *Posthistoire*. Has history come to an end?, avec Dick van Laak. Nova York: Verso, 1992 [1, ed.: 1989].

NOIRIEL, Gérard. *Les origines républicaines de Vichy*. Paris: Hachette, 1999.

____. *Qu'est-ce que l'histoire contemporaine?* Paris: Hachette, 1998.

NORA, Pierre. L'événement-monstre. *Communications*, n. 18, p. 162-172, 1972.

____. Présent. In: LE GOFF, Jacques; CHARTIER, Roger; REVEL, Jacques (Dir.). *La nouvelle histoire*. Paris: Retz, 1978. p. 467-472.

NÜTZENADEL, Alexander; SCHIEDER, Wolfgang (Dir.). *Zeitgeschichte als Problem*. Nationale Traditionen und Perspektiven der Forschung in Europa. Göttingen: Vandenhoeck & Ruprecht, 2004.

PALMOWSKI, Jan; SPOHR READMAN, Kristina. Speaking truth to power: contemporary history in the twenty-first century. Dossier: "At the Crossroads of Past and Present. 'Contemporary' History and the Historical Discipline". *Journal of Contemporary History*, v. 46, n. 3, p. 485-505, jul. 2011.

PAVONE, Claudio (Dir.). *Novecento*. I tempi della storia. Roma: Donzelli, 2008 [1. ed.: 1997].

_____. *Prima lezione di storia contemporanea*. Roma: Laterza, 2007.

PATEL, Kiran Klaus. Zeitgeschichte im digitalen Zeitalter. Neue und alte Herausforderungen. *Vierteljahrshefte für Zeitgeschichte*, v. 59, n. 3, p. 331-351, jul. 2011.

PÉROTIN-DUMON, Anne. *Historizar el pasado vivo en América Latina*. 2007. Disponível em: <http://etica.uahurtado.cl/historizarelpasadovivo/es_home.html>.

PERVILLÉ, Guy. L'histoire immédiate selon Jean-François Soulet, Jean Lacouture et Benoît Verhaegen, Bilan et perspectives de l'histoire immédiate. *Cahiers d'histoire Immédiate*, n. 30-31, p. 5-9. out. 2006/prim. 2007.

PESCHANSKI, Denis; POLLAK, Michael; ROUSSO Henry (Dir.). *Histoire politique et sciences sociales*. Bruxelas; Paris: Complexe; Institut d'histoire du Temps Présent, 1991.

POIRRIER, Philippe. L'histoire contemporaine. In: SIRINELLI, Jean-François; CAUCHY, Pascal; GAUVARD, Claude (Dir.). *Les historiens français à l'œuvre 1995-2010*. Paris: Presses universitaires de France, 2010. p. 73-91.

POLIAKOV, Léon. Une grande institution française: le Comité d'Histoire de la 2ᵉ Guerre Mondiale. *La Revue du Centre de Documentation Juive Contemporaine*, p. 19-22, abr. 1956.

PÔRTO JR., Gilson (Dir.). *História do tempo presente*. Bauru: Edusc, 2007.

POSTEL-VINAY, Karoline. Dire l'histoire à l'échelle du monde. *Esprit*, jun. 2007. Disponível em: <www.esprit.presse.fr/archive/review/article.php?code=14083>.

POZNANSKI, Renée. La création du Centre de Documentation Juive Contemporaine en France (avril 1943). *Vingtième Siècle. Revue d'Histoire*, n. 63, p. 51-64, jul./set. 1999.

PROST, Antoine. L'histoire du temps présent: une histoire comme les autres. Dossier: "Bilan et perspectives de l'histoire immédiate". *Cahiers d'histoire Immédiate*, n. 30-31, p. 21-28, out. 2006/prim. 2007.

QUE cos'è il presente? *Psiche. Rivista di Cultura Psicoanalitica*, n. 1, jan./jun. 2014.

RABINBACH, Anson. *In the shadow of catastrophe*. German intellectuals between Apocalypse and Enlightenment. Berkeley: University of California Press, 1997.

RASSMUSSEN, Anne. La "science française" dans la guerre des manifestes, 1914-1918. *Mots. Les Langages du Politique*, n. 76, 2004.

RAULFF, Ulrich. *De l'origine à l'actualité*. Marc Bloch, l'histoire et le problème du temps présent. Sigmaringen: Jan Thorbecke Verlag, 1997.

RÉMOND, René. France: work in progress. Dossier spécial "Historians on the Twentieth Century". *Journal of Contemporary History*, v. 2, n. 1, jan. 1967.

_____. *Les droites en France*. 4. ed. Paris: Aubier-Montaigne, 1982.

_____. *Notre siècle*. De 1918 à 1988. Paris: Fayard, 1988 [t. 6 da série "Histoire de France", dirigida por Jean Favier, nova ed.: *Notre siècle*. De 1918 à 1991. Le Livre de Poche, 1993].

_____. Plaidoyer pour une histoire délaissée. La fin de la IIIe République. *Revue Française de Science Politique*, v. 7, n. 2, p. 253-270, 1957.

REMOND, René (Dir.) *Le gouvernement de Vichy 1940-1942*: institutions et politiques. Paris: Armand Colin, 1972.

_____; BOURDIN, Janine (Dir.). *Édouard Daladier, chef de gouvernement*. Paris: Presses de la FNSP, 1977.

REYNOLDS, David. The origins of the two "World Wars": historical discourse and international politics. *Journal of Contemporary History*, v. 38, n. 1, p. 29-44, jan. 2003.

REYNOLDS, Gonzague de. Où va l'Europe? *La Revue universelle*, 15 ago. 1938.

RIOUX, Jean-Pierre. Présentation. *Vingtième Siècle. Revue d'Histoire*, n. 69, p. 3-5, jan. 2001.

_____. 20-01-84. *Vingtième siècle. Revue d'Histoire*, n. 1, p. 5-6, jan. 1984.

ROSENSTONE, Robert A. *Visions of the past.* The challenge of film to our idea of history. Cambridge: Harvard University Press, 1995.

ROTHFELS, Hans. Zeitgeschichte als Aufgabe. *Vierteljahrshefte für Zeitgeschichte*, n. 1, p. 1-8, jan. 1953.

ROUSSO, Henry. Histoire du temps présent. In: MESURE, Sylvie; SAVIDAN, Patrick (Dir.). *Le dictionnaire des sciences humaines*. Paris: Presses Universitaires de France, 2006. p. 555-558.

_____. L'histoire du temps présent, vingt ans après. Dossier: "L'histoire du temps présent, hier et aujourd'hui". *Bulletin de l'Institut d'Histoire du Temps Présent*, n. 75, p. 23-40, jun. 2000.

SABROW, Martin; JESSEN, Ralph; GROSSE KRACHT, Klaus (Dir). *Zeitgeschichte als Streitgeschichte*. Grosse Kontroversen seit 1945. Munique: C. H. Beck, 2003.

SALVATI, Mariuccia. *Il Novecento*: interpretazioni e bilanci. Roma: Laterza, 2004.

SCHÖTTLER, Peter. After the deluge: the impact of the two World Wars on the historical work of Henri Pirenne and Marc Bloch. In: BERGER, Stefan; LORENZ, Chris. *Nationalizing the past.* Historians as nation builders in Modern Europe. Londres: Palgrave MacMillan; European Science Foundation, 2010. p. 404-425.

_____. Fernand Braudel, prisonnier en Allemagne face à la longue durée et au temps présent. In: COLLOQUE INTERNATIONAL "CAPTIVITÉ DE GUERRE AU XXe SIÈCLE. DES ARCHIVES, DES HISTOIRES, DES MÉMOIRES", Institut d'Histoire du Temps Présent/Institut de Recherche Stratégique de l'École Militaire, 17-18 nov. 2011.

_____. La *"Zeitgeschchite"* allemande, entre révisionnisme, conformisme et autocritique. In: COLLOQUE INTERNATIONAL "TEMPS PRESENT

ET CONTEMPORANEITE", 24-26 mar. 2011, Paris: Institut d'histoire du temps présent.

_____ (Dir.). *Marc Bloch, Historiker und Widerstandskämpfer.* Francfurt: Campus, 1999.

_____ (Dir.). *Geschichtsschreibung als Legitimationswissenschaft 1918-1945.* Francfurt: Suhrkamp, 1997.

SELDON, Anthony (Dir.). *Contemporary history.* Practice and method. Oxford: Basic Blackwell, 1988.

SETON-WATSON, Robert William. A plea for the study of contemporary history. *History (The Journal of the Historical Association),* v. XIV, n. 53, p. 1-18, abr. 1929.

_____. *The historian as a political force in central Europe.* Conferência inaugural quando da criação da cadeira de estudos eslavos na Universidade de Londres, 2 novembre 1922, The School of Slavonic Studies, University of London, King's College, 1922.

SEVEGRAND, Martine. *"Temps présent", une aventure chrétienne, 1937-1992.* Paris: Éditions du Temps Présent, 2006.

SIRINELLI, Jean-François. *Comprendre le XXe siècle français.* Paris: Fayard, 2005.

_____ (Dir.). *Histoire des droites en France.* Paris: Gallimard, 1992. 3 v.

_____; CAUCHY, Pascal; GAUVARD, Claude (Dir.). *Les historiens français à l'œuvre 1995-2010.* Paris: Presses Universitaires de France, 2010.

SOLCHANY, Jean. *Comprendre le nazisme dans l'Allemagne des années zéro (1945-1949).* Paris: Presses Universitaires de France, 1997.

SOULET, Jean-François. *L'histoire immédiate:* historiographie, sources et méthodes. Paris: Armand Colin, 2009.

SOULET, Jean-François. *L'histoire immédiate.* Paris: Presses universitaires de France, QSJ, 1994.

STOOP, Paul. Das "Rijksinstituut voor Oorlogsdocumentatie" in Amsterdam. *Jahrebibliographie der Bibliothek für Zeitgeschichte,* v. 58, p. 455-465, 1986.

STORA, Benjamin. *Les Guerres sans fin.* Un historien, la France et l'Algérie. Paris: Stock, 2008.

326 A ÚLTIMA CATÁSTROFE

TRAVERSO, Enzo. *L'histoire comme champ de bataille*. Interpréter les violences du XX᷎ siècle. Paris: La Découverte, 2011.

TREBISTCH, Michel. Du mythe à l'historiographie. In: VOLDMAN, Danièle (Dir.). *La bouche de la vérité?* La recherche historique et les sources orales. *Les Cahiers de l'Institut d'histoire du Temps Présent*, n. 21, p. 13-32, nov. 1992. Disponível em: <www.ihtp.cnrs.fr/spip.php%3Farticle211.html>.

_____. L'histoire contemporaine: quelques notes sur une histoire énigmatique. In: _____. *Périodes*. La construction du temps historique. Paris: Éd. de l'École des Hautes Etudes en Sciences Sociales/Sources "Histoire au présent", 1991. p. 135-144.

VERHAEGEN, Benoît. *Introduction à l'histoire immédiate*. Gembloux: Éd. Duculot, 1974.

VIDAL DE LA BLACHE, Pierre. La frontière de la Sarre d'après les traités de 1814 et 1815. in *Annales de Géographie*, t. 28, n. 154. p. 249-267, 1919.

VIDAL-NAQUET, Pierre. *Mémoires*. Paris: Seuil/La Découverte, 1995 e 1998. 2 v.

VIERTELJAHRSHEFTE für Zeitgeschichte, n. 1, jan. 1953.

VINGTIÈME Siècle. Revue d'Histoire, n. 1, jan./mar. 1984.

VIRILIO, Paul. Les illusions du temps zéro. *Esprit*, n. 260, p. 97-104, jan. 2000.

VOLDMAN, Danièle (Dir.). La bouche de la vérité? *Les Cahiers de l'Institut d'Histoire du Temps Présent*, n. 21, nov. 1992.

WERTH, Nicolas. Totalitarisme ou révisionnisme: l'histoire soviétique, une histoire en chantier. In: TRAVERSO, Enzo (Dir.). *Le totalitarisme*. Le XX᷎ siècle en débat. Paris: Le Seuil, 2001. p. 878-896.

WESSELING, Henk L. The Annales school and the writing of contemporary history. *Review*, v. 1, n. 3-4, p. 185-194, inv./prim. 1979 [reimpresso em _____. *Certain ideas of France*: essays on French history and civilization. Westport: Greenwood Press, 2002].

WINOCK, Michel. *Histoire politique de la revue "Esprit" 1930-1950*. Paris: Seuil, 1975.

WIRSCHING, Andreas. "Epoche der Mitlebenden" — Kritik der Epoche. *Zeithistorische Forschungen/Studies in Contemporary History*, 8, maio

2011. Disponível em: <www.zeithistorische-forschungen.de/16126041-Wirsching-1-2011>.

WOODWARD, Llewellyn. The study of contemporary history. *Journal of Contemporary History*, v. 1, n. 1, jan. 1966.

3. Testemunha, presença e usos do passado

ANDRIEU, Claire; LAVABRE, Marie-Claire; TARTAKOWSKI, Danielle (Dir.). *Politiques du passé*. Usages politiques du passé dans la France contemporaine. Aix-en-Provence: Presses de l'Université de Provence, 2006.

ASHTON, Paul; HAMILTON, Paula. *History at the crossroads*: Australians and the past, 1. Halstead Press: Sydney, 2010.

ASSMANN, Aleida. *Der lange Schatten der Vergangenheit*. Erinnerungskultur und Geschichtspolitik. Munique: C. H. Beck, 2006.

ASSMANN, Jan. *Das kulturelle Gedächtnis*. Schrift, Erinnerung und politische Identität in frühen Hochkulturen. Munique: C. H. Beck, 1992.

AUZAS, Vincent; JEWSIEWICKI, Bogumil (Dir.). *Traumatisme collectif pour patrimoine*. Regards sur un mouvement transnational. Québec: Les Presses de l'Université Laval, 2008.

AZOUVI, François. *Le mythe du grand silence*. Auschwitz, les Français, la mémoire. Paris: Fayard, 2012.

BECKER, Annette. *Maurice Halbwachs*: un intellectuel en guerres mondiales 1914-1945. Noêsis, 2003.

BLAIVE, Muriel; GERBEL, Christian; LINDENBERGER, Thomas (Dir.). *Clashes in European memory*. The case of communist repression and the holocaust. Ludwig Boltzmann Institute for European History and Public Spheres. Innsbruck: StudienVerlag, 2011.

CRIVELLO, Maryline; GARCIA, Patrick; OFFENSTADT, Nicolas (Dir.). *Concurrence des passés*. Usages politiques du passé dans la France contemporaine. Aix-en-Provence: Publications de l'Université de Provence, 2006.

CRU, Jean Norton. *Du témoignage*, Paris: Gallimard, 1931 [reed.: Paris: Jean--Jacques Pauvert, 1967].

_____. *Témoins. Essai d'analyse et de critique des souvenirs des combattants édités en français de 1915 à 1928*. Paris: Les Étincelles, 1929 [reed.: Presses Universitaires de Nancy, 1993].

DAVID, Renée. *Traces indélébiles. Mémoires incertaines*. Prefácio de Raymond Aubrac. Paris: L'Harmattan, 2008.

DAVOINE, Françoise; GAUDILLIERE, Jean-Max. *Histoire et trauma*. La folie des guerres. Paris: Stock, 2006.

DULONG, Renaud. *Le témoin oculaire*. Les conditions sociales de l'attestation personnelle. Paris: Éd. de l'École des Hautes Etudes en Sciences Sociales, 1998.

FASSIN, Didier; RECHTMAN, Richard. *L'Empire du traumatisme*. Enquête sur la condition de victime. Paris: Flammarion, 2007.

FERRO, Marc. *Le ressentiment dans l'histoire*. Comprendre notre temps. Paris: Odile Jacob, 2007.

FRANÇOIS, Étienne; SCHULZE, Hagen (Dir.). *Mémoires allemandes*. Paris: Gallimard, 2007 [resumida da edição alemã de 2001, em 3 v.].

FREI, Norbert (Dir). *Martin Broszat, der "Staat Hitlers" und die Historiesierung des Nationalsozialismus*. Göttingen: Wallstein Verlag, 2007.

_____. *Vergangenheitspolitik. Die Anfange der Bundesrepublik und die NS-Vergangenheit*. Munique: C. H. Beck, 1997.

FRIEDLÄNDER, Saul. Réflexions sur l'historisation du national-socialisme. *Vingtième Siècle. Revue d'Histoire*, p. 43-54, out./dez. 1987.

FUSSEL, Paul. *The Great War and modern memory*. Londres: Oxford University Press, 1975.

GALLERANO, Nicola (Dir). *L'uso pubblico della storia*. Milão: FrancoAngeli, 1995.

GARCIA, Patrick. *Il était une fois la France*. Les présidents de la Ve République et l'Histoire (1958-2012). Paris: Gallimard, 2015.

_____. *Le bicentenaire de la Révolution Française*. Pratiques sociales d'une commémoration. Prefácio de Michel Vovelle. Paris: CNRS Éditions, 2000.

_____; LEDUC, Jean. *L'enseignement de l'histoire en France de l'Ancien régime à nos jours*. Paris: A. Colin, 2003.

GAUDARD, Pierre-Yves. *Le fardeau de la mémoire*. Le deuil collectif allemand après le national-socialisme. Paris: Plon, 1997.

GILDEA, Robert. *The past in French history*. New Haven; Londres: Yale University Press, 1994.

HALBWACHS, Maurice. *La Mémoire collective*. Edição crítica estabelecida por Gérard Namer. Paris: Albin Michel, 1997.

_____. *Les cadres sociaux de la mémoire*. Edição crítica estabelecida por Gérard Namer. Paris: Albin Michel, 1994.

HOMANS, Peter (Dir.). *Symbolic loss*. The ambiguity of mourning and memory at century's end. Charlottesville: University Press of Virginia, 2000.

JARAUSCH, Konrad; LINDENBERGER, Thomas (Dir.). *Conflicted memories*. Europeanizing contemporary histories. Com Annelie Ramsbrock. Nova York; Londres, Berghahn Publishers, 2007.

JASPERS, Karl. *La culpabilité allemande*. Paris: Éditions de Minuit, 1948.

JEANNENEY, Jean-Noël. *Le passé dans le prétoire*. Paris: Seuil, 1998.

JOCKUSCH, Laura. *Collect and record!* Jewish holocaust documentation in early postwar Europe. Londres: Oxford University Press, 2014.

JOUTARD, Philippe. *Ces voix qui nous viennent du passé*. Paris: Hachette, 1983.

L'HISTOIRE entre épistémologie et demande sociale. Créteil: Institut Universitaire de Formation des Maîtres, 1994.

LA RESPONSABILITÉ sociale de l'historien. *Diogène*, n. 168, out./ dez. 1994.

LAGROU, Pieter. *Mémoires patriotiques et occupation nazie*. Résistants, requis et déportés en Europe occidentale, 1945-1965. Bruxelas; Paris: Complexe; Institut d'Histoire du Temps Présent-CNRS, 2003.

_____. Réflexions sur le rapport néerlandais du Niod: logique académique et culture du consensus. Dossier "Srebrenica 1995. Analyse croisées des enquêtes et des rapports". *Cultures & Conflits. Sociologie politique de l'international*, n. 65, p. 63-79, 2007.

LAVABRE, Marie-Claire. Du poids et du choix du passé. In: PESCHANSKI, Denis; POLLAK, Michael; ROUSSO, Henry (Dir.). *Histoire politique et sciences sociales*. Bruxelas; Paris: Complexe; Institut d'histoire du Temps Présent, 1991. p. 265-278.

____. Paradigmes de la mémoire. *Transcontinentales*, n. 5, p. 139-147, 2007.

____. Usages du passé, usages de la mémoire. *Revue Française de Science Politique*, v. 44, n. 3, jun. 1994.

___; DAMAMME, Dominique (Dir.). Expertises historiennes. N. spécial. *Sociétés contemporaines*, n. 39, 2000.

LETOURNEAU, Jocelyn; NORTHRUP, David. Québécois et Canadiens face au passé: similitudes et dissemblances. *The Canadian Historical Review*, v. 92, n. 1, p. 163-196, mar. 2011.

LOWCZYK, Olivier. *La fabrique de la paix*. Du comité d'études à la Conférence de la paix. Paris: Economica, 2010.

MALCOLM, Janet. *The journalist and the murderer*. Nova York: Vintage Books, 1990.

MARÈS, Antoine. Louis Léger et Ernest Denis. Profil de deux bohémisants français au XIXe siècle. In: FERENCUHOVA, Bohumila (Dir). *La France et l'Europe centrale. 1867-1914*. Bratislava: AEP, 1995. p. 63-82.

MARGALIT, Avishai. *The ethics of memory*. Cambridge: Harvard University Press, 2002 [trad. francesa: 2006].

MARTIN, Jean-Clément. Histoire, mémoire et oubli. Pour un autre régime d'historicité. *Revue d'histoire Moderne et Contemporaine*, n. 47, p. 784-804, out./dez. 2000.

MÉMOIRE, histoire. *Revue de Métaphysique et de Morale*, n. 1, mar. 1998.

MORIN, Mélissa S.; NOËL, Patrick-Michel (Dir.). Les représentations du passé: entre mémoire et histoire. *Conserveries Mémorielles*, n. 9, 2011. Disponível em: <http://cm.revues.org/808>.

MOSSE, George. *De la Grande Guerre au totalitarisme*. La brutalisation des sociétés européennes. Tradução de Edith Magyar; prefácio de Stéphane Audoin-Rouzeau. Paris: Hachette, 1999 [1. ed.: 1990].

NIELSON, Jonathan M. *American Historians in war and peace*: patriotism, diplomacy and the Paris Peace Conference, 1918-1919. Lincoln: Academia Press, 2011.

ORY, Pascal. *Une nation pour mémoire, 1889, 1939, 1989, trois jubilés révolutionnaires*. Paris: Presses de la Fondation Nationale des Sciences Politiques, 1992.

PAAPE, Harry; STROOM, Gerrold van der; BARNOUW, David (Dir.). *Les Journaux d'Anne Frank*. Tradução de Philippe Noble e Isabelle Rosselin-Bobulesco. Paris: Calmann-Lévy, 1989 [1. ed.: Amsterdã, 1986].

POLLAK, Michael. *L'expérience concentrationnaire*. Essai sur le maintien de l'identité sociale. Paris: Métailié, 1990.

PROST, Antoine;WINTER, Jay. *Penser la Grande Guerre*. Essai d'historiographie. Paris: Seuil, 2004.

QUE cos'è il presente? *Psiche*. Rivista di Cultura Psicoanalitica, n. 1, jan./jun. 2014.

REY, Jean-Michel. *L'oubli dans les temps troublés*. Paris: Éditions de l'Olivier, 2010.

RICŒUR, Paul. *La mémoire, l'histoire, l'oubli*. Paris: Seuil, 2000.

RINGELBLUM, Emmanuel. *Chroniques du ghetto de Varsovie*. Paris: Robert Laffont, 1959.

ROBIN, Régine. *La mémoire saturée*. Paris: Stock, 2003.

ROUSSEAU, Frédéric. *Le Procès des témoins de la Grande Guerre*. L'affaire Norton Cru. Paris: Seuil, 2003.

ROUSSO, Henry. *Face au passé*. Essais sur la mémoire contemporaine. Paris: Belin, 2016.

_____. L'histoire appliquée ou les historiens thaumaturges. *Vingtième Siècle. Revue d'Histoire*, n. 1, p. 105-121, jan./mar. 1984.

_____. *La hantise du passé*. Entretien avec Philippe Petit., Paris: Textuel, 1997.

_____. *Le Syndrome de Vichy de 1944 à nos jours*. Paris: Seuil, 1987 et 1990.

_____. *Vichy, l'événement, la mémoire, l'histoire*. Paris: Gallimard, 2001.

_____ (Dir). *Le regard de l'histoire*. L'émergence et l'évolution de la notion de patrimoine au cours du XXe siècle en France. Actes des Entretiens du Patrimoine 2001. Paris: Fayard; Monum. Éditions du Patrimoine, 2003.

ROZENBERG, Roy; THELEN, David. *The presence of the past*: popular uses of history in American life. Nova York: Columbia University Press, 1998.

SALTER, Michael. *Nazi war crimes, US intelligence and selective prosecution at Nuremberg*: Controversies regarding the role of the Office of Strategic Services. Nova York: Routledge, 2007.

SEGEV, Tom. *Le septième million*. Les israéliens et le génocide. Tradução de Eglal Errera. Paris: Liana Levi, 1993.

STORA, Benjamin. *La gangrène et l'oubli*. Paris: La Découverte, 1991.

SULEIMAN, Susan Rubin. *Crises of memory and the Second World War*. Cambridge : Harvard University Press, 2006 [trad. francesa: 2012].

TERKEL, Studs. *"The Good War"*: an oral history of World War Two. Nova York: Pantheon Books, 1984 [trad. francesa: 2006].

TRAVERSO, Enzo. *Le passé, mode d'emploi*. Histoire, mémoire, politique. Paris: La Fabrique, 2005.

TREMEAUX, Jean-Claude. *Deuils collectifs et création sociale*. Prefácio de René Kaës. Paris: La Dispute, 2004.

VIDAL-NAQUET, Pierre. *Les Juifs, la mémoire et le présent*. Paris: Seuil, 1995.

WIEVIORKA, Annette. *L'ère du témoin*. Plon, 1999.

WILSON, Keith (Dir.). *Government and international historians through Two World Wars*. Nova York: Berghahn Books, 1996.

WILSON, Richard Ashby. *Writing history in international trials*. Cambridge University Press, 2011.

WINTER, Jay. *Sites of memory, sites of mourning*: the Great War in European cultural history. Cambridge: Cambridge University Press, 1995.

YERUSHALMI, Yosef. *Zakhor*. Histoire juive et mémoire juive. Tradução francesa de Éric Vigne. Paris: La Découverte, 1984.

ÍNDICE

Afeganistão: 35, 278.

África: 210, 269.

África do Sul: 195, 221.

AGAMBEN, Giorgio: 239.

Agamêmnon (in Homero, *Ilíada*): 57.

AGERON, Charles-Robert: 216.

AGOSTINHO (Santo): 38, 91.

AGULHON, Maurice: 168.

AÏT-TOUATI, Frédérique: 53.

Alemanha ocidental: 25, 144, 146, 147, 148, 150, 153, 154, 159-160, 166, 192, 205, 213, 220, 279, 293.

Alemanha oriental: 146, 147, 148, 157, 248, 267.

ALEMBERT, Jean Le Rond d': 68, 72, 73, 299.

ALEXANDRE III da Macedônia, dito o Grande: 62.

América do Norte: 107, 108, 146, 232, 278. Ver Canadá.

América Latina: 29, 86, 160, 195, 221, 233.

American Historical Association: 85.

AMOUROUX, Henri: 199.

Amsterdã: 134, 192.

Annales: 37, 88, 118, 122, 123, 127, 139, 169, 170, 173, 175, 179, 196, 286, 294.

ARAGON, Louis: 281.

ARENDT, Hannah: 26, 129-130, 189, 230.

Argélia, Guerra da: 195, 199, 213, 288, 290.

Argentina: 233.

ARISTÓTELES: 50, 58, 66.

Armênios: 131, 293.

ANÍSIO POLIÃO (Gaius Asinius Pollio): 47.

ARON, Raymond: 18, 262.

ARON, Robert: 183.

Arquivos Nacionais: 208, 216.

Arte (canal franco-alemão): 197.

Ásia: 131, 144, 190, 269.

Ásia do Sudeste: 210, 269.

Association pour l'histoire des chemins de fer en France (AHICF): 243.

Atenas (antiga): 44, 48.

AUBRAC, Lucie (Lucie Samuel, nascida Bernard): 261.

AUBRAC, Raymond (Raymond Samuel): 260.

AUDOIN-ROUZEAU, Stéphane: 275, 304.

AUGÉ, Marc: 241.

AULARD, Alphonse: 96.

Auschwitz: 225-226, 288, 296.

334 A ÚLTIMA CATÁSTROFE

Austrália: 233, 276.
Áustria: 136.
AZÉMA, Jean-Pierre: 217, 251, 304.

BABELON, Ernest: 101.
BACHELIER, Christian: 243, 244.
BACON, Francis: 86.
Bálcãs (Guerras Balcânicas de 1912-13): 275.
BALZAC, Honoré de: 34.
BARBIE, Klaus (Nikolaus): 296, 302.
BARBUSSE, Henri: 111.
BARIÉTY, Jacques: 217.
BARNES, Harry Elmer: 107.
BARRACLOUGH, Geoffrey: 188, 189, 190, 191, 254.
Bastilha (tomada da): 89, 98.
BAUMAN, Zygmunt: 292.
Baviera (Terra da): 149.
BAZIN, abade: ver VOLTAIRE.
BECKER, Jean-Jacques: 217, 251, 276.
BÉDARIDA, François: 10, 13, 14, 15, 16, 144,
208, 211, 212, 213, 214, 217, 251, 255, 263, 272,
301, 303.
BÉDARIDA, Renée: 213.
Bélgica: 133, 136, 143, 144, 161, 272.
Belona: 105.
BENEDICT, Ruth: 157
BENEŠ, Edvard: 108.
BENJAMIN, Walter: 30, 115, 116, 116, 129, 171,
263, 264.
BENZ, Wolfgang: 248.
BERGSON, Henri: 101.
Berlim: 23, 32, 69, 81, 143, 160, 173, 195, 221, 225,
271, 276, 277, 279.
BERSTEIN, Serge: 217.
Bíblia: 49, 58, 59, 60, 283.
Biblioteca de Documentação Internacional
Contemporânea (BDIC): 114.
Biblioteca do Arsenal: 136.
Biblioteca-Museu da Guerra na França (BMG): 113.
Bielorrússia: 229.
BIGET, Jean-Louis: 247.
BLANC, Louis: 79.
BLOCH, Camille: 113.

BLOCH, Gustave (pai de Marc): 129.
BLOCH, Marc: 47, 49, 88, 106, 123, 124, 125, 126,
127, 128, 129, 139, 144, 178, 190.
Boêmia: 106.
BOLKESTEIN, Gerrit: 134, 135.
BOUCHERON, Patrick: 33.
BOURDIN, Philippe: 235.
BOURGEOIS, Émile: 173.
BOUVIER, Jean: 217.
BRACHER, Karl-Dietrich: 192.
BRANDT, Willy: 221.
Brasil: 233.
BRAUDEL, Fernand: 169, 170, 171, 172, 173, 174,
175, 176, 177, 178, 197, 266.
Brescia (atentado de): 299.
BRIAND, Aristide: 108.
BRINTON, Crane: 117, 118.
BROSZAT, Martin: 148, 156, 260, 299, 300, 301.
Bruxelas: 144.
Buchenwald: 288.
Budapeste: 225.
Bulgária: 144.
BULLOCK, Allan: 192.
BURGUIÈRE, André: 122, 123.
BUSSI, Giovanni Andrea dei: 35.

Cabo: 223.
Cadernos do Tempo Presente: 233.
Cahiers d'Histoire de la Guerre: 138, 139, 168.
Califórnia: 189.
Canadá: 233. Ver América do Norte.
CAPETO, Hugo: 227.
Capetinos: 49.
CARLOS VII: 98.
Carolíngios: 49.
CARON, François: 217.
CARRÈRE D'ENCAUSSE, Hélène: 212.
CATTERRALL, Peter: 268.
CAVANI, Liliana: 198.
CELLARIUS, Christoph Keller, dito: 35.
Centre for Contemporary British History (CCBH;
King's College, Londres): 268.
Centre for the Study of Historical Consciousness

ÍNDICE 335

(Universidade de British Columbia): 233.

Centro de Documentação Judaica Contemporânea (CDJC): 132, 142, 168.

Centro de Estudos e de Documentação Guerra e Sociedades Contemporâneas (Ceges/Soma): 144.

Centro de História do Sindicalismo (1966): 217.

Centro de Pesquisas e de Estudos Históricos da Segunda Guerra Mundial (CPEHSGM; Bruxelas; 1967): 136, 144.

CERTEAU, Michel de: 36, 42, 45.

CHABBAL, Robert: 215.

CHAR, René: 130.

CHARPENTIER, François: 62.

CHATEAUBRIAND, François-René de: 68.

CHAUNU, Pierre: 196.

Chicago (escola de): 158.

Chile: 233.

China: 56, 85, 144, 269.

CHIRAC, Jacques: 221.

CHURCHILL, Winston: 46, 47.

CÍCERO: 39, 40.

CLEMENTE VII (Júlio de Médici): 63.

CLÓVIS: 247.

CNRS (Centre National de la Recherche Scientifique): 10, 13, 137, 206, 208, 210, 211, 212, 215, 217.

COHN, Norman: 192.

COHN-BENDIT, Daniel: 200.

COLBERT, Jean-Baptiste: 62.

Collège de France: 101.

COLLINGWOOD, Robin George: 40.

Columbia, Universidade: 158, 209.

Comitê de Estudos (1917-19): 108.

Comitê de História da Guerra (1945): 136, 138, 141.

Comitê de História da Liberação de Paris (1944): 136.

Comitê de História da Segunda Guerra Mundial (CHGM): 136, 137, 141, 142, 144, 150, 151, 168, 174, 175, 183, 207, 210, 180, 183, 185, 206, 215.

Comitê de Salvação Pública (1793-94): 96.

Comitê de Vigilance face aux Usages Publics de l'Histoire (CVUH): 214.

Comitê Internacional de História da Segunda

Guerra Mundial: 143, 150, 210, 213, 216.

Comitê Internacional das Ciências Históricas (Cish): 106, 144.

Comissão Antimáfia: 298.

Comissão de História da Ocupação e da Liberação da França (Cholf): 135.

COMMYNES, Philippe de: 37.

Conferência da Paz: 118.

CONRAD, Sebastian: 148, 150, 151, 152, 154, 166.

Conselho Supremo Interaliado (1939-40): 213.

Constantinopla (Tomada de; 1453): 264.

CORDIER, Daniel: 260, 288.

Coreia (Guerra da): 159.

Coreia do Sul: 144, 195.

CORNETTE, Joël: 247.

COURRIÈRE, Yves: 199.

COURTOIS, Stéphane: 69, 217.

CRÉMIEUX-BRILHAC, Jean-Louis: 260.

CROCE, Benedetto: 39, 40, 41, 60, 117, 250.

CRU, Jean Norton: 111, 112.

DAHLMANN, Friedrich Christoph: 77.

DALADIER, Eduardo: 213.

DARBO-PESCHANSKI, Catherine: 44, 45.

DAVID, Renée: 260, 261.

DEÁK, Ferenc: 121.

DELACROIX, Christian: 33, 78, 80, 96, 110, 214, 248, 304.

DENIS, Ernest: 108.

Departamento Nacional de Documentação de Guerra (Países Baixos; 1945): 135.

DESCOMBES, Vincent: 238.

Deutsches Institut für die Geschichte der nationalsozialistischen Zeit (1949): 149.

Dinamarca: 144.

Doação Carnegie para a paz internacional: 104.

Documentationsarchiv des österreichischen Widerstandes (DöW): 136.

DORGELÈS, Roland: 111.

DOSSE, François: 33, 96, 196, 205, 212, 304.

Drancy: 260.

DREYFUS, Alfred: 69, 102, 108.

DREYFUS, François-Georges: 217.

DROYSEN, Johann Gustav: 65, 77, 80, 91.

336 A ÚLTIMA CATÁSTROFE

DUBY, Georges: 196, 197.
DUMAS, Alexandre: 77.
DUMOULIN, Olivier: 33, 304.
DUPLEIX, Scipion: 62.
DUPUY, Jean-Pierre: 27.
DURKHEIM, Émile: 101.
DUROSELLE, Jean-Baptiste: 110, 217.
DURUY, Victor: 75, 97, 98.
DUVERGER, Maurice: 200.

École des Hautes Études en Sciences Sociales (EHESS): 169, 204, 211, 212, 214, 216, 259.
École Pratique des Hautes Études (Ephe): 84, 169.
Egípcios (antigos): 56.
EICHMANN, Adolf: 288.
ELIAS, Norbert: 171.
English Historical Review: 84.
Escandinávia: 272.
Espanha: 29, 214, 273.
Esparta: 44.
Estrasburgo: 25, 105, 217.

FABRE-LUCE, Alfred: 107.
FÁVERO AREND, Silvia Maria: 233.
FEBVRE, Lucien: 44, 88, 105, 106, 123, 124, 127, 138, 139, 140, 168, 169, 174, 175, 176, 178.
FERRO, Marc: 204, 304.
FINKIELKRAUT, Alain: 239.
FISCHER, Fritz: 148.
FLAMAND, Paul: 199.
Florent-Schmitt, Liceu (Saint-Cloud): 269.
FORCE, Pierre: 59.
FOUCAULT, Michel: 64, 65, 292.
FOURNEL, Jean-Louis: 33.
FRANCISCO JOSÉ I: 121.
FRANK, Anne (Annelies Marie): 134, 135.
FRANK, Otto, Edith e Margot: 135.
FRANK, Robert: 217, 303.
Frankfurt (Escola de): 157.
FREDERICO I HOHENSTAUFEN, dito Frederico Barba Roxa: 49.
FREDERICO II HOHENSTAUFEN: 190.
FREI, Norbert: 156, 304.

FRIEDLÄNDER, Saul: 200, 260, 299, 300, 301.
FROISSART, Jean: 37.
Fundação Nacional das Ciências Políticas (FNSP): 167, 182, 213, 217.
Fundo Nacional Judeu: 132.
FURET, François: 95.
FUSTEL DE COULANGES, Numa-Denys: 80, 91, 173, 262, 263.

GARCIA, Patrick: 33, 75, 76, 78, 80, 96, 110, 207, 235, 269, 304.
GAULLE, Charles de: 37.
GEBHARDT, Bruno: 248.
GEISMAR, Alain: 200.
Genebra: 106.
Germânia: 105.
GERMÂNICO: 68.
GIBBON, Edward: 194.
GIRARDET, Raoul: 168, 217.
GIRAULT, René: 110, 167, 217.
GISCARD D'ESTAING, Valéry: 182, 207.
GOETZ, Hans-Werner: 50, 51.
Golfo, primeira Guerra do: 278.
GOODY, Jack (John) Rankine: 35.
GOULEMOT, Jean-Marie: 55.
Grã-Bretanha: 85, 101, 104, 188, 192, 213, 276, 268. Ver Inglaterra, Reino Unido.
Grécia: 177.
Grécia antiga: 18, 32, 43, 45, 56, 58, 83, 85, 177.
GREGÓRIO DE TOURS: 50.
Grenoble: 132.
GROSSER, Alfred: 192.
Grupo Colaboração: 269.
Grupo de Pesquisa em História Imediata (GRHI): 234.
Guatemala: 233.
GUENÉE, Bernard: 35, 49, 50, 52, 77.
GUERREAU, Alain: 50.
GUIBERT DE NOGENT: 52.
GUILHAUMOU, Jacques: 33.
GUILHERME II HOHENZOLLERN: 103.
GUILLEBAUD, Jean-Claude: 199.
Gulag: 161.

Haia: 243, 257.

HALBWACHS, Maurice: 110, 255.

HALPHEN, Louis: 84, 87.

HARTOG, François: 22, 23, 33, 43, 44, 45, 46, 69, 198, 229, 230, 231, 304.

Harvard: 209.

HAUSER, Henri: 122.

HAVERKAMP, Alfred: 248.

HEGEL, Georg Wilhelm Friedrich: 68, 80.

HEIMPEL, Hermann: 25.

HÉRODOTO DE HALICARNASSO: 43, 44, 128.

Histoire (canal francês): 224.

Historial de la Grande Guerre (Péronne): 276.

Historical Review: 193.

Historische Zeitschrift: 193.

HITLER, Adolf: 146, 275, 278, 299.

HOBSBAWM, Eric: 32, 254.

HOFFMANN, Stanley: 209.

HOLLANDE, François: 227-228.

Hollywood: 156.

HOMERO: 57.

HONNORAT, André: 109.

HORÁCIO: 47, 48.

HUMBOLDT, Wilhelm von: 77, 80, 81.

IBN KHALDOUN (Abou Zeid Abd ur-Rahman Bin Mohamad Bin Khaldoun al-Hadrami): 37.

Índia: 85.

Inglaterra: 84, 161, 168, 191, 192, 206, 268, 290. Ver Grã-Bretanha, Reino Unido.

Institut für Zeitgeschichte (IfZ): 148, 149, 150, 156, 213, 166, 213, 267, 299.

Institut zur Erforschung der nationalsozialistischen Politik (1947): 149.

Institute of Contemporary History (Wiener Library): 191, 192.

Instituto de Estudos Políticos (IEP): 184, 213, 217, 251.

Instituto de História do Tempo Presente (IHTP): 9, 13, 33, 144, 185, 208, 211, 212, 213, 215, 216, 217, 233, 235, 243, 244, 251, 255, 261, 269, 299, 303.

Instituto Internacional de História Social (Amsterdã; 1935): 134.

Instituto Nacional do Audiovisual (INA): 224.

Iraque: 35, 278.

ISAAC, Jules: 105, 107, 112.

Israel: 132, 133, 144, 220, 293.

Istituto Nazionale per la Storia del Movimento di Liberazione in Italia (INSMLI; 1949): 136.

Itália: 29, 35, 86, 136, 136, 160, 167, 190, 195, 290, 299.

Iugoslávia (ex-): 144, 243, 257, 276, 278.

JAMESON, John Franklin: 102.

Japão: 144, 157, 272.

JASPERS, Karl: 147.

JAURÈS, Jean: 96.

JEANNENEY, Jean-Noël: 217, 224, 251.

Jerusalém: 52, 132.

Jewish Central Information Office: 192.

JOANA D'ARC: 34.

JOINVILLE, Jean de: 37.

JONG, Louis (Loe) de: 135, 207.

JOUHAUD, Christian: 61, 62, 63.

Journal of Contemporary History: 183, 192, 193, 194.

JOUTARD, Philippe: 158, 290.

JUDT, Tony Robert: 270, 271.

JÚLIO CÉSAR: 37, 46, 47.

KAFKA, Franz: 129.

KANT, Emmanuel: 80.

Katyn: 160.

KESTELOOT, Chantal: 144.

KLARSFELD, Beate: 222.

KLARSFELD, Serge: 222.

KLEE, Paul: 30, 115.

KOSELLECK, Reinhart: 18, 35, 65, 66, 67, 68, 75, 76, 77.

KOSSUTH, Lajos: 121.

KRAUSNICK, Helmut: 150.

KRIEGEL, Annie: 217.

KRUGLER, Gilles: 158.

LACOUTURE, Jean: 37, 199, 200, 201, 242.

LACRETELLE, Charles de: 79.

LAGARDE, André: 251.

338 A ÚLTIMA CATÁSTROFE

LAGROU, Pieter: 133, 135, 136, 137, 144, 207, 243, 304.

LAMPRECHT, Karl: 101.

LANGLOIS, Charles-Victor: 80, 86, 217.

LANZMANN, Claude: 26, 258, 297.

LAQUEUR, Walter: 192, 194, 260.

LASIERRA, Raymond: 200.

LAVABRE, Marie-Claire: 184, 217, 304.

LAVAL, Pierre: 183.

LAVISSE, Ernest: 80, 98, 108, 249.

LAZAR, Marc: 217.

LE GOFF, Jacques: 37, 49, 124, 196, 204, 212.

LE ROY LADURIE, Emmanuel: 196, 197.

LEBLANC, Henri: 113.

LEBLANC, Louise: 113.

Leipzig (processo de 1921): 103.

LEMOINE, Hervé: 34.

LENCLUD, Gérard: 22, 241, 242, 304.

LÊNIN, Vladimir Ilitch Oulianov, dito: 279.

LEOPOLDO III da Bélgica: 136, 143.

LEROUX, Nicolas: 33.

LÉVY-LEBOYER, Maurice: 217.

LÉVI-STRAUSS, Claude: 21, 177.

LEWIS, Bernard: 192.

Liberté pour l'Histoire (associação): 214.

Liga dos Direitos do Homem: 168.

LISLE, Edmond: 208.

LISSAGARAY, Hippolyte Prosper Olivier: 37.

Liverpool: 189.

Londres: 134, 189, 192, 206.

LUÍS IX (São Luís): 49.

LUÍS XIII: 62.

LUÍS XIV: 62.

LUÍS FILIPE: 79.

LÖWY, Michael: 115-116.

Lübeck: 170.

Ludwigsburg: 150.

Luxemburgo: 290.

Lyon: 260.

LYOTARD, Jean-François: 191, 225, 226.

MABILLON, Jean: 54-55.

Maison de l'histoire de France (projeto): 33.

MAISTRE, Joseph de: 75, 120.

MAITRON, Jean: 217.

MALLARMÉ, Stéphane: 93.

MALRAUX, André: 201.

Mancha: 98.

Manhattan (Torres Gêmeas): 235.

MAQUIAVEL (Niccolò Machiavelli): 63, 64, 73.

MARCUSE, Herbert: 157.

MARIN, Louis: 55.

MARITAIN, Jacques: 214.

Marne (batalha de): 104.

MARSHALL, Samuel L. A.: 157-158.

MARX, Karl: 79.

MASARYK, Tomáš: 108.

Massachusetts: 111.

MAURIAC, François: 214.

Max-Planck Institut für Geschichte (MPIfG): 25.

Mayence: 170, 171.

MÉDICI, Cosmo de: 63.

MÉDICI, João de: 63.

MÉDICI, Lourenço de, dito o Magnífico: 63.

MÉDICI, Pedro de: 63.

MEINECKE, Friedrich: 147.

MERCIER, Louis-Sébastien: 99.

Merovíngios: 49.

METELO: 47.

METTERNICH, Klemens Wenzel von: 121.

MICHARD, Laurent: 251.

MICHEL, Henri: 140, 141, 143, 144, 174, 175, 176, 207, 208, 213, 216.

MICHELET, Jules: 37, 42, 77, 80, 96, 128.

MILOSEVIC, Slobodan: 278.

MILZA, Pierre: 217.

MITTERRAND, François: 182.

Modern History School (Oxford): 84.

Moisés: 58.

Montluc (Forte de): 260.

MORIN, Edgar: 200.

Moscou: 153.

MOSSE, George Lachmann: 110, 192, 194, 260, 277.

MOULIN, Jean: 260, 288.

Mouvement Social, Le (revista): 217.

Munique: 149, 152, 154, 206, 213, 299.

ÍNDICE 339

Museu de História Contemporânea (Paris): 114.

Nanterre (Universidade Paris X): 217, 251, 304.

NAPOLEÃO I: 81, 254, 280.

Narration, Identity, and Historical Consciousness (revista): 233.

NASSER, Gamal Abdel: 278.

Nederlands Instituut voor Oorlogsdocumentatie (Niod): 243.

NERO: 68.

NEUMANN, Franz Leopold: 157.

NEVINS, Alan: 158.

Nova York: ver Manhattan.

NIETZSCHE, Friedrich: 93, 94, 239.

NIXON, Richard: 236.

NOIRIEL, Gérard: 33, 84, 87, 96, 97, 110, 127, 128, 214, 227.

NORA, Pierre: 37, 38, 74, 82, 83, 98, 197, 198, 202, 203, 204, 205, 206, 212, 214, 216, 217, 290, 291, 304.

NOVICK, Peter: 85, 86, 101, 102, 107, 118, 156, 159, 304.

Nuremberg (processo de): 66, 67, 143, 144, 145.

OFFENSTADT, Nicolas: 52.

Office of Strategic Services (OSS): 157.

Office of War Information (OWI): 157.

Oneg Shabbat (grupo): 131.

OPHULS, Marcel: 258.

Oral History Research Office (Universidade Columbia): 158.

Oran: 206.

Organização armada secreta (OAS): 199.

Organização das Nações Unidas (capacetes azuis): 243.

ORWELL, Eric Blair, dito George: 156.

OTO DE FREISING: 49, 50.

Oxford: 84.

Pacífico, oceano: 131, 159.

Países Baixos: 133, 134, 135, 144, 150, 161, 169, 207, 243, 272, 290.

Países Bálticos: 229.

Palestina: 26, 132.

PAPON, Maurice: 185, 288.

Paris: 110, 213, 217, 233, 251.

PASCAL, Blaise: 34, 56, 57, 58, 59, 60, 73, 78, 283.

PASSERINI, Luisa: 290.

PATHÉ, Anne-Marie: 208, 303.

PAXTON, Robert Owen: 209, 304.

PÉGUY, Charles: 112, 239.

Peloponeso: 44.

Perken (in Malraux, *La voie royale*): 201.

Péronne: 276.

PERTHES, Friedrich Christoph: 76.

PERVILLÉ, Guy: 199, 201, 235.

PESCHANSKI, Denis: 13, 216, 303.

PÉTAIN, Philippe: 34, 183, 199.

Petite Gironde, La (jornal): 199.

PIRENNE, Henri: 106, 144, 173.

PISAR, Samuel: 296, 297.

PLATÃO: 46, 177.

PLUMYÈNE, Jean: 200.

POEL, Gustav: 76.

POLIAKOV, Léon: 142, 143, 260.

POLÍBIO: 46, 47.

Polônia: 136, 143, 160, 161, 225, 272.

POMIAN, Krzysztof: 53, 54, 55, 58, 60, 304.

POMPEU: 47.

POSTHUMUS, Nicolaas Wilhelmus: 134.

Potsdam: 279.

PROST, Antoine: 19, 31, 32, 33, 104, 105, 107, 217, 262, 263.

QUINET, Edgar: 96.

RANKE, Leopold: 80, 81, 117.

RANSON, Marianne: 208, 303.

RAULFF, Ulrich: 25, 123.

Réalités (revista): 184.

REBÉRIOUX, Madeleine: 168.

REINHARD, Wolfgang: 248.

Reino Unido: 144, 210. Ver Inglaterra, Grã-Bretanha.

RÉMOND, René: 141, 176, 178, 179, 180, 181, 182, 183, 184, 185, 186, 187, 202, 205, 212, 213, 214, 217, 251, 253.

Reno: 98, 101.

340 A ÚLTIMA CATÁSTROFE

RENOUVIN, Pierre: 107, 109, 110, 113, 167, 187, 192, 193, 213, 217.

Répertoire méthodique de l'histoire moderne et contemporaine (1901): 96.

Révolution Française, La (revista; 1889): 96.

Revue d'Histoire de la Deuxième Guerre Mondiale (1957): 174, 175.

Revue d'Histoire de la Guerre Mondiale (1923-39): 109.

Revue d'Histoire Moderne et Contemporaine (1899): 96, 123, 252.

Revue Historique: 123, 193.

REYNOLDS, Gonzague de: 273, 274.

RICŒUR, Paul: 18, 41, 116, 191, 219, 282.

Rijksinstituut voor Oorlogsdocumentatie (Riod): 135, 150, 207.

RINGELBLUM, Emmanuel: 131, 132.

RIOUX, Jean-Pierre: 216, 251, 253, 303.

RIST, Johann Georg: 76.

Roma (antiga): 35, 43, 46, 85, 264, 274.

Romênia: 144.

Rons: 162.

ROOSEVELT, Franklin Delano: 159.

ROTHFELS, Hans: 153, 213, 267.

ROUSSEL, Denis: 46.

ROUSSO, Henry: 9, 10, 11, 33, 144, 146, 187, 215, 216, 231, 232, 235, 247, 261, 295.

Ruanda: 257.

Rússia: 23, 67, 137, 152, 159, 160, 161, 190, 254, 267, 269, 270, 273, 274, 276, 290, 256. Ver URSS.

SAFIRE, William: 233.

SAHLINS, Marshall: 22.

Saint-Cloud: 269.

Saint-Denis (necrópole real): 49.

SAINT-SIMON, Louis de Rouvroy, duque de: 98.

Santiago do Chile: 223.

SARKOZY, Nicolas: 33.

Sarre: 101.

SAUVAGEOT, Jacques: 200.

SCHILLER, Johann Christoph Friedrich von: 68.

SCHMID, Hans-Christian: 257.

SCHMITT, Florent: 269.

SCHNEERSOHN, Isaac: 132.

SEGEV, Tom: 132.

SEIGNOBOS, Charles: 80, 86, 89, 90, 170.

Sept. L'Hebdomadaire du Temps Présent: 214.

Sérvia: 278.

SETON-WATSON, Hugh: 228.

SETON-WATSON, Robert William: 108, 118, 119, 120, 121.

SHENHAVI, Mordecai: 132.

SIEGFRIED, André: 183, 187.

SIRINELLI, Jean-François: 176, 235, 251, 304.

SNCF (Société nationale des chemin de fer français): 243, 244.

Sociedade de História Contemporânea (1890): 97.

Sociedade de História da Guerra (1919): 109.

Sociedade de História da Revolução de 1848 (1904): 96.

Sociedade de História Moderna (1901): 96.

Sociedade das Nações (SDN): 120.

Sociedade Europeia de Programas de Televisão (Sept): 197.

Sorbonne: 96, 109, 167, 217, 260.

SOREL, Albert: 84.

SOREL, Charles: 62.

SOT, Michel: 33.

SOULET, Jean-François: 234, 235.

Srebrenica: 243.

STÁLIN, Iossif Vissarionovitch Djougachvili, dit: 14, 146, 271, 279.

STERNHELL, Zeev: 260, 304.

STO (Serviço do Trabalho Obrigatório): 134, 162.

STORA, Benjamin: 199, 304.

Sud-Ouest: 199.

SUETÔNIO: 98.

Suez: 278.

Suíça: 144, 273.

TÁCITO: 68.

TAINE, Hippolyte: 34, 97.

TAYLOR, Alan John Percivale: 191.

Tchecoslováquia: 108, 120, 225.

Témoignage Chrétien: 14, 213.

Tempo et Argumento (revista): 233.

ÍNDICE 341

Temps Présent (jornal): 214.
TERKEL, Studs: 158, 278.
THIERS, Adolphe: 75, 77.
THOMPSON, Paul: 290.
TILLION, Germaine: 200.
TOCQUEVILLE, Alexis Clérel de: 77, 96, 189, 230, 231.
Tóquio (processo de): 144.
TOULONGEON, François-Émmanuel d'Emskerque, visconde de: 78.
Toulouse-Le Mirail, Universidade de: 234.
TOUVIER, Paul: 185.
Tribunal penal internacional para a ex-Iugoslávia (TPIY): 243, 257.
Troia: 57.
TUCÍDIDES: 16, 32, 37, 43, 44, 45, 46, 47, 60, 78, 128, 189.
Turquia: 131.

Ucrânia: 229.
Universidade do Reich (Estrasburgo): 25.
URSS: 23, 67, 100, 115, 137, 153, 159, 136, 144, 159, 160, 161, 229, 254, 269, 270, 276. Ver Rússia.

VALENTIN, Jean-Marie: 217.
Varsóvia: 131.
Vaticano: 144, 214.
Verdun: 111.
VERHAEGEN, Benoît: 201.
Versalhes (Tratado de): 103.
Vichy: 9, 10, 13, 141, 143, 146, 151, 183, 184, 185, 186, 207, 208, 209, 214, 216, 269, 272, 291.
VIDAL DE LA BLACHE, Paul: 101, 108.
VIDAL-NAQUET, Lucien: 68, 69.
VIDAL-NAQUET, Margot (Marguerite), nascida Valabrègue: 68, 69.
VIDAL-NAQUET, Pierre: 68, 69.
Viena: 136.
Vietnã (guerra do): 278.
VIGNET DES ÉTOLES, Louis de: 120.
Vingtième Siècle: 216, 251.
VIOLANTE, Luciano: 298.
VOLDMAN, Danièle: 216, 251, 255, 303.

VOLTAIRE, François Marie Arouet, dito: 38, 72.

WAGNER, M. (professor de história): 269.
Washington: 153.
WEBER, Eugen Joseph: 192, 209.
WESSELING, Henk (Hendrik) Lodewijk: 123, 169.
WIENER, Alfred (Wiener Library): 191, 192.
WIESENTHAL, Simon: 222.
WIEVIORKA, Annette: 217.
WILSON, Thomas Woodrow: 107, 109.
WINOCK, Michel: 214, 217, 251.
WINTER, Jay: 104, 105, 107, 110.
WOODWARD, Llewellyn: 85, 194.

Yad Vashem (Memorial de): 132.
YERUSHALMI, Yosef Hayim: 59, 133.

ZANCARINI, Jean-Claude: 33.
Zentrum für zeithistorische Forschung (ZZF): 279, 280.

Este livro foi impresso nas oficinas gráficas da Editora Vozes Ltda.,
Rua Frei Luís, 100 – Petrópolis, RJ.